다이버시티 파워

다이버시티

REBEL IDEAS: THE POWER OF DIVERSE THINKING

매슈 사이드 지음 | 문직섭 옮김

다양성은 어떻게

능력주의를 뛰어넘는가

파워

위즈덤하우스

내게 영감을 주는

아버지 아바스 사이드Abbas Syed께 드립니다

왜 우수한 개인들이 모인 집단도 효율적인 결과를 만들어내지 못할까요? 순질화된 집단과 이질적 집단의 성과는 어느 곳이 더 나을까요?

이 책은 집단이 모여 목적을 위해 함께 고민하며 진화해온 인류사회 속 협력을 위한 구조의 설계에 새로운 관점을 더합니다. 동종의 모임에서 촉진된 긴밀한 합의가 다양성을 기반으로 한 치열한 의사소통보다 효율적이지 않음을 흥미로운 예제를 통해 설명해줍니다.

다양성이 소수자를 배려하는 우혜적 정책만으로 자칫 이해되는 것을 저자는 경계합니다. 사람들은 능력주의는 실용으로, 다양성의 확보는 정치적 올바름으로 생각하기 쉽기 때문입니다. 저자를 통해 우리는 '올바르기' 때문이 아니라 '효율적이기' 때문에 다양성을 추구하는 것이 더 유리함을 이해할 수 있습니다.

다양성은 다르게 생각하는 사람들로부터 각기 다른 인식을 통해 만들어져 집단지성을 형성합니다. 책에서 심리학자 브라이언 우지 교수는 "인간의 창의성에서 가장 중요한 트렌드는 개인에서 팀으로의 전환이며 팀과 개인의 격차는 시간이 지나면서 점점 더 커진다"라고 말합니다. 결국 무리를 지어 진화한 우리 종의 집단지성이 생존의 중요한 요소임을 설명합니다. 더욱이 세계화와 지구온난화 등 지금 산적한 문제들은 "선형적이거나 단순하거나 분리 가능"한 것이 아니기에 우리에게 다양성이 더욱 요구되고 있습니다.

다양한 관점은 대상에 대한 인지의 확장을 돕습니다. 경험과 관점이 다른 사람들을 고려 대상에 넣지 못하는 예제들을 통해, 차별하는 것이 아니라 고려하지 못한 것을 인식하는 게 중요함을 알 수 있습니다. 잊지 말아야 할 것은 단순히 인구사회학적 변인으로 구분되는 집단의 다양성이 아니라 사고의 다양성을 기반으로 더 큰 지혜가 만들어진다는 것입니다.

그리고 다양성이 확보되어도 상대의 다른 관점을 수용하는 문화가 부재하다면 그 기능이 제한된다는 사실도 잊지 말아야 합니다. "연봉이 가장 높은 사람이 회의에 참석하기만 해도 아이디어들이 표출되지 못한다"라는 말에서 알 수 있듯 조직이 경직되어 있으면 수직적 문화로 의사소통의 기능이 작동하지 못합니다. 그리고 의사 결정권자의 뜻대로 전체의 흐름이 움직이는 문화는 좋은 아이디어를 퇴색하게 만듭니다.

이처럼 다양한 사람이 다양한 의견을 주저함 없이 나누고 큰 지혜를 만들어나가는 비법을 알고 싶은 분들에게 일독을 권합니다.

송길영(《그냥 하지 말라》 저자, 마인드 마이너)

차례

3 건설적인 반대　△●□

4 혁신　△●□

5 에코체임버 △●□

6 평균의 개념을 넘어서 △●□

7 빅 픽처 ▲●□

에필로그 | 집단사고

1

집단적 맹목

어쩌다 CIA는 9.11 테러 예측에
완전히 실패하고 말았을까?

2001년 8월 9일 서른세 살의 프랑스계 모로코인 하비브 자카리아스 무사위Habib Zacarias Moussaoui는 미네소타주 이건Eagan에 있는 팬암 국제 비행 아카데미에 등록했다.[1] 이곳은 고성능 하이파이 시뮬레이터를 갖추고 상업용 여객기 조종을 위한 종합 훈련 프로그램을 제공하는 교육기관이었다. 겉으로 보기에 무사위는 점보제트기 조종법을 배우고 싶어 하는 여느 사람과 다를 바 없었다. 그는 친절하고 호기심이 많으며 매우 부유해 보였다. 하지만 이틀이 지난 후 그의 교관은 의아한 생각이 들었다. 무사위는 교육비 8300달러(약 1000만 원)를 100달러짜리 지폐로 한꺼번에 지불했다.[2] 게다가 조종실 출입문에 이상하리만큼 많은 관심을 보이며 뉴욕시 주변의 비행 패턴을 계속 캐물었다.

너무나 의심스러웠던 교관은 무사위가 아카데미에 등록한 이틀 후 미국 연방수사국FBI 미네소타주 지부에 신고했고 그는 적절한 절차에 따라 체포됐다. FBI는 무사위를 심문하며 그의 아파트에 대한 수색영장을 신청했지만 영장 발급에 필요한 상당한 근거를 제시하지는 못했다. 이민법 위반 혐의가 있는 사람이 역사상 가장 끔찍하고 규모가 큰 테러 공격이 일어나기 몇 주 전 비행 아카데미에 등록했는데도 결국 FBI는 무사위에 관해 알아낸 사실을 이슬람 극단주의의 광범위한 위협과 연결 짓지 못했다.

△ ● □

9.11 테러가 일어난 뒤 몇 달 동안, 전체 인원이 수만 명에 이르고 수백억 달러의 예산을 집행하는 미국 정보기관이 그렇게 대담한 음모를 저지하지 못한 이유를 밝히기 위해 여러 조사들이 진행됐다. 이들 중 다수는 테러 공격을 미리 막지 못한 무능함이 비극적인 사태의 원인이라고 결론지었다.

신랄한 비판의 대부분은 미국 중앙정보국CIA에 쏟아졌다. 무엇보다도 CIA는 특히 외국에서 시작된 위협에 대응하는 정보기관들의 활동을 조정하기 위해 만든 조직이다. 1998년 말 또는 1999년 초 오사마 빈 라덴Osama bin Laden이 테러 공격을 승인한 후 CIA에는 그 음모를 좌절시킬 수 있는 29개월의 시간이 있었다. 하지만 그러지 못했다. 살츠만 전쟁평화연구소Saltzman Institute of War and Peace Studies 디렉터 리처드 베츠Richard K. Betts는 이 테러를 "미국을 향한 두 번째 진주만 공격"이라고 했다. 저명한 정보 전문가 밀로 존스Milo Jones와 필리페 실버잔Philippe Silberzahn은 이 사태를 "CIA 역사상 가장 큰 실패"로 규정했다.

9.11 테러가 일어나기 전 몇 년 동안 축적된 단서를 감안하면 이들의 의견에 동의하는 사람들도 있을 것이다. 이슬람 극단주의 테러 조직 알카에다는 자신들의 종교적 금기 사항을 어기는 자살폭탄테러를 이미 1993년부터 감행하기 시작했다. 사우디아라비아 출신으로 부유한 사업가의 아들인 빈 라덴은 종교적 광신자의 모습을 드러내며 아랍 테러리스트 그룹에 관한 미가공 정보 보고서에 끊임없이 등장했다. 로널드 레이건Ronald Reagan 행정부에서 국가안보 조정관을 역임했던 리처드 클라크Richard Clarke는 말했다. "조직들을 구성하는 주체가 있는 것 같았는데 어쩌면 빈 라덴이었을 수도 있습니다. 우리가 알고 있는 테러 집단들의 공통분모 중 하나가 바로 그였습니다."

1996년 9월 2일 빈 라덴은 녹음된 메시지를 통해 '이슬람을 탄압하는 자'를 파괴하고 싶다고 말하며 미국에 공개적으로 전쟁을 선포했다. 그의 공격적인 메시지는 정당한 권리를 박탈당한 무슬림 사이에서 점점 더 많은 지지를 얻었다. 테러 조직의 절반은 1년을 넘기지 못했고 약 5퍼센트만 10년을 버텼다. 하지만 알카에다는 끈질기게 살아남았다. 여느 조직과 사뭇 다른 아웃라이어outlier였다.[3]

항공기를 무기로 활용하는 아이디어는 이미 10여 년 전부터 퍼져 있었다. 1994년 알제리 테러 조직이 알제리 수도 알제에서 항공기를 납치해 에펠탑에서 폭파하려 했다는 사실이 보고됐다.[4]

그해 말 소설가 톰 클랜시Tom Clancy는 보잉 747 여객기가 미국 국회의사당 건물로 날아드는 스릴러소설을 썼고 이 책은 나오자마자

〈뉴욕타임스〉베스트셀러 1위에 올랐다. 1995년 필리핀 마닐라 경찰은 항공기를 CIA 본부에 충돌시키는 자살 공격 음모에 관한 상세한 보고서를 작성했다.

빈 라덴 조직의 2인자 아이만 알자와히리Ayman al-Zawahiri는 1997년 이집트에서 어린이를 포함한 예순두 명의 관광객을 잔혹하게 살해한 대량 학살을 일으키며 알카에다의 의도를 분명히 드러냈다. 한 스위스 여성은 아버지의 머리가 잘려 나가는 끔찍한 장면을 목격하기도 했다. 스위스 연방 경찰은 빈 라덴이 이 테러에 자금을 지원했다고 결론 내렸다. 이전의 테러 집단과 달리 알카에다는 아무런 잘못이 없는 사람들까지 살해하며 인명 피해를 최대화하는 데 집중하는 듯했다.

1998년 미국을 향해 폭력을 행사하고 싶은 빈 라덴의 욕구는 더욱 커졌다. 빈 라덴은 널리 반포된 이슬람의 율법적 결정 파트와fatwa를 통해 무시무시한 말을 했다. "(전략) 민간인이든 군인이든 미국인과 그 동맹국 국민을 죽이는 일은 그렇게 할 수 있는 국가에 거주하는 모든 무슬림의 개인적 의무다." 그해 8월 7일 케냐 수도 나이로비와 탄자니아 수도 다르에스살람에서 알카에다의 폭탄 테러가 동시에 일어나 224명이 사망하고 4000명 이상이 부상을 당했다. 나이로비 테러에는 900킬로그램 이상의 폭약TNT이 든 폭파 장치가 사용됐다.

세계무역센터World Trade Center에 대한 테러가 일어나기 6개월 전인 2001년 3월 7일 러시아는 빈 라덴을 적극적으로 지원하며 아프가니스탄 군사기지 쉰다섯 곳의 위치를 알려준 파키스탄 고위 장교 서른

한 명에 대한 정보와 함께 알카에다 관련 보고서를 제출했다.[5] 곧이어 이집트 대통령 호스니 무바라크Hosni Mubarak는 테러리스트들이 폭발물을 탑재한 항공기를 이용해 로마에서 조지 W. 부시 대통령George W. Bush을 공격하는 계획을 세우고 있다며 워싱턴 당국에 경고했다. 탈레반Taliban 외무 장관은 미국에 엄청나게 충격적인 공격을 감행하려는 알카에다의 계획을 파키스탄 페샤와르 주재 미국 총영사에게 털어놓기도 했다. 그는 미국의 보복으로 자신의 조국이 파괴될지도 모른다는 두려움에 휩싸여 있었다.

무사위가 미네소타주의 비행 아카데미에 등록하기 단 몇 주 전인 2001년 6월 FBI 애리조나주 지부 분석가 케네스 윌리엄스Kenneth Williams는 동료들에게 이메일을 보냈다. "오사마 빈 라덴이 민간항공 교육기관과 대학에 학생들을 입학시키려는 치밀한 계획을 실행할 수 있다는 사실을 FBI 본부와 뉴욕에 알려주기 위해 이 이메일을 보냅니다." 그는 FBI 본부가 미국 내 모든 항공 교육기관의 운영자를 면담하고 교육용 비자를 취득한 아랍 출신 학생 전체의 명단을 작성할 필요가 있다고 제안했다. 이는 훗날 아주 유명한 '피닉스 메모Phoenix memo'로 알려졌지만 당시 실제 행동으로 이어지지는 않았다.

정보기관이 음모에 은밀하게 접근하는 건 고사하고 음모 자체를 알아차리지도 못했다는 신랄한 비판이 수많은 증거와 함께 쏟아져 나왔다. 미국 상원 합동위원회는 이렇게 결론 내렸다. "가장 근본적인 문제는 (중략) 2001년 9월 11일 이전에 주어진 정보에서 미국의 상징적인 타깃을 공격하려는 테러리스트의 의도를 '밝혀내지 못한'

우리 정보기관의 무능함입니다."

매우 비판적인 평가였다. 어쩌면 당연한 일이지만 CIA는 강하게 반발했다. 그들은 자신들의 기록을 들먹이며 테러 음모를 쉽게 알아낼 수 있다고 주장했다. 하지만 사후 확신 편향hindsight bias에 불과했다. CIA는 리처드 닉슨Richard Nixon 대통령의 역사적인 중국 방문 전에 다양한 사람들에게 방문 결과를 예측해보라고 질문한 심리학자 바루크 피쇼프Baruch Fischhoff와 루스 베이스Ruth Beyth의 연구 결과를 제시했다. 중국 방문이 미국과 중국의 영구적인 외교관계로 이어질까? 닉슨은 마오쩌둥毛澤東을 최소한 한 번 이상 만날까? 닉슨은 이번 중국 방문을 성공으로 평가할까?

결과적으로 중국 방문은 닉슨 입장에서 대성공이었지만, 놀랄 만한 사실은 질문을 받았던 연구 대상자들이 자신의 예측을 '기억하는' 방식이었다. 예를 들어 중국 방문이 완전히 실패할 거라고 생각했던 사람들은 중국 방문의 성공을 자신들이 상당히 낙관했다고 기억했다. 피쇼프는 이렇게 설명했다. "연구 대상자들은 중국 방문 결과에 자신들이 마땅히 놀랐어야 할 정도보다 훨씬 덜 놀란 것처럼 자신의 기억을 재구성했습니다." 그는 이런 현상을 '사후 판단 편향 creeping determinism'이라 불렀다.[6]

이 현상을 9.11 테러에 대입해보면, 사건이 일어난 후에야 테러 음모가 있었다는 사실이 확연히 드러나 보일 수도 있지만 사전에 정말 그렇게 분명했을까? 이는 '사후 판단 편향'의 또 다른 사례이지 않을까? CIA는 너무나 많은 다른 위협들 속에서 당시에는 감지하기 어려윘던 테러 공격 때문에 비난받은 것일까?[7]

미국과 같은 국가는 끊임없는 위험에 노출돼 있다. 테러 집단은 지구 곳곳에 뻗어 있다. 정보기관은 감시 활동을 통해 매 순간 일어나는 디지털통신을 감지하지만 욕설이나 험담 등의 쓸데없는 말과 무의미한 협박이 대부분이다. 정보기관이 모든 위협을 조사할 수는 있지만, 그러려면 감당하기 힘들 정도의 자원이 소모될 것이다. 상황을 개선하는 것이 아니라 과잉 진단하는 지경에 이를 것이다. 테러 방지 활동을 수행하는 어느 최고위급 인사의 말처럼 "위험신호를 보내는 붉은 깃발의 바닷속에서 붉은 깃발들을 가려내는 일"이 늘 문제였다.[8]

CIA와 그들을 옹호하는 사람들에게 9.11은 정보기관의 실패가 아니라 복잡함에서 비롯된 증상이었다. 이후 격렬한 논쟁이 이어졌다. 한편에서는 정보기관이 명백한 위험신호를 놓쳤다고 말한다. 다른 한편은 CIA가 논리적으로 할 수 있는 모든 일을 했고 그 음모는 모두가 알다시피 사건이 터지기 전에 감지하기가 지극히 어려웠다고 주장한다.

양쪽이 모두 틀렸을 가능성이 있다고 생각하는 사람은 거의 없었다.

다양성을 포기해야
탁월함이 확보된다는 착각

1947년 창설된 이후 몇 년 동안 CIA는 엄격한 채용 정책을 시행하며 최고 중의 최고만을 뽑는 조직으로 자리 잡았다. CIA 분석가 후보자는 철저한 신원 조사와 거짓말탐지기 조사, 재무 상태와 신용조사뿐만 아니라 일련의 심리 및 신체 검사까지 거쳤다. CIA가 특출한 인재를 채용했다는 데에는 의심의 여지가 없다.

"후보자의 지능을 증명하기 위한 SAT 형태의 시험과 정신 상태를 검증하기 위한 심리학적 분석, 이 두 가지가 중요한 시험이었습니다." 전직 CIA 요원이 내게 말했다. "두 가지 테스트 모두에서 탁월한 평가를 받지 못한 후보자는 걸러냈습니다. 제가 지원한 해에 CIA는 지원자 2만 명당 한 명만 합격시켰습니다. CIA는 최고의 인재를 채용할 때 정말 철저했습니다."[9]

그런데 채용한 인재 대부분은 공교롭게도 백인 남성에 앵글로색슨족 출신에다 개신교를 믿는 미국인으로 비슷한 점이 매우 많았다. 이는 채용 과정에서 흔히 볼 수 있는 현상으로 '동종 선호homophily'라고도 한다. 즉 사람들은 자신들과 생김새나 생각이 비슷한 사람을 채용하는 경향이 있다. 관점과 논리, 신념을 공유하는 사람들과 함께하는 현상도 입증이 되었다. 옛말에도 있듯이 유유상종類類相從이다. 밀로 존스와 필리페 실버잔은 세심하게 작성한 CIA 연구보고서에서 이렇게 표현한다. "1947년부터 2001년까지 CIA의 정체성과 문화의 변함없는 속성은 인종과 성별, 민족 및 계층적 배경에서 구성원들의 동질성을 (미국의 다른 부문과 세계 전체보다 상대적으로 더 많이) 유지하는 것이다."[10] 여기서 인재 채용에 관한 감사관의 조사 결과를 소개한다.

1964년 CIA 산하 국가정보평가국Office of National Estimates에는 흑인이나 유대인 또는 여성 전문가가 아예 없었고 가톨릭 신자도 극소수였다. (중략) 1967년에는 사무 보조원을 제외한 약 1만 2000명의 CIA 직원 중 아프리카계 미국인은 스무 명이 채 안 되는 것으로 밝혀졌다. 정보 요원 네트워크와 신규 채용을 담당했던 전직 CIA 요원에 따르면 1960년대 CIA는 아프리카계 미국인이나 라틴계 또는 소수민족 출신을 채용하지 않았으며 이런 관행은 1980년대까지 이어졌다. (중략) 미국 정보기관 공동체United States Intelligence Community는 1975년까지 동성애자 채용을 공개적으로 금지했다.*11

1979년 6월 CIA는 여성 운영 담당관을 승진시키지 않았다는 이유로 법정에 섰고 1년 뒤 합의로 사건을 종결했다. 얼마 뒤 24년 경력의 한 담당관이 제기한 성차별 관련 소송을 해결하기 위해 41만 달러의 합의금을 지불하기도 했다. 1982년에는 동일한 차별 사건으로 CIA에 제기된 집단소송에서 100만 달러를 배상했다. 그럼에도 CIA는 인사정책을 크게 바꾸지 않았다. 한 분석가는 "달라진 것이 전혀 없었다"라고 말했다.12

전직 CIA 요원은 1980년대 CIA에서 근무한 경험에 대해 이렇게 썼다. "비밀정보국 요원 채용 과정은 자신들을 채용한 사람들과 매

---

* 이렇게 한 부분적인 이유는 동성애 직원들, 특히 커밍아웃을 하지 않은 자들이 협박의 대상이 될지도 모른다는 두려움이었다.

우 비슷한 성향을 가진 신임 사무관들이 이어받아 수행했다. 즉 앵글로색슨계, 백인, 중상류층, 인문학 전공자들이었다. (중략) 유색인종과 여성은 거의 없었다. 소수인종, 심지어 최근의 유럽 국가 출신도 극소수였다. 달리 말하면 CIA 창설을 도왔던 사람들의 다양성에도 미치지 못하는 수준이었다."[13]

1999년에 '미국 정보기관과 냉전 종식'이라는 주제로 열린 콘퍼런스에 서른다섯 명의 연사와 발표자가 참석했는데 그중 서른네 명이 백인 남성이었다. "나머지 한 명은 만찬 연사를 소개하는 역할을 맡은 백인 여성이었다."[14] 콘퍼런스에 참석한 300명 중 백인이 아닌 사람은 다섯 명이 채 안 됐다.

CIA의 임무 수행 우선순위를 결정하는 고위직들의 종교 성향을 공개한 수치는 없지만 존스와 실버잔은 이렇게 서술한다. "버지니아주 랭글리에 있는 CIA 본부의 동질성에 대해 우리가 아는 지식을 감안하면, 그들 중에 무슬림이 있다 해도 매우 적었을 것이다."[15] 이 사실은 "무슬림은 말 그대로 전혀 존재하지 않았다"라는 전직 CIA 요원의 이야기로도 입증됐다.

다양성은 냉전이 끝난 뒤 더욱 위축됐다. 퓰리처상을 수상한 기자 팀 와이너Tim Weiner의 저서 《잿더미의 유산》에서 1990년대 초 CIA 국장으로 일했던 로버트 게이츠Robert Gates는 이런 말을 한다. "CIA는 조금 다른 사람들, 기이한 사람들, 정장과 넥타이가 어울리지 않는 사람들, 다른 동료들과 잘 지내지 못하는 사람들의 채용을 점점 더 꺼렸다. 사람들이 통과해야 하는 심리학적 테스트를 비롯한 모든 관문 때문에 독특한 특성을 지닌 사람들은 CIA에 입사하기가 어렵다."

전직 운영 담당관은 1990년대 CIA에 "쌀처럼 하얀 백색 문화"가 있었다고 말했다. 9.11 사태가 일어나기 몇 달 전 〈국제 정보 및 방첩 저널International Journal of Intelligence and CounterIntelligence〉은 이렇게 지적했다. "정보기관들은 설립 때부터 백인 남성 개신교도 엘리트들로만 구성됐는데 이는 단지 그들이 권력층이어서가 아니라 이 엘리트들이 자신을 미국의 가치와 도덕성을 지키는 보증인이자 수호자로 생각했기 때문이다."

CIA의 동질성은 이런 현실을 알고 있는 정치인들이 가끔 고개를 절레절레 흔들 정도로 심했다. 그들은 CIA가 보호해야 할 사회를 대변하지 못한다고 걱정했다. CIA 구성원 중 여성과 소수인종이 더 많으면 다른 계층들도 나설 수 있다고 확신하며 CIA가 보다 다양한 직원들로 구성되기를 원했다. 하지만 CIA 내부자들은 언제나 비장의 카드를 쥐고 있는 것처럼 보였다. 그들은 능력을 중시하는 문화가 조금이라도 약해지면 국가안보가 위협받을 것이라고 말했다. 만약 단거리 릴레이 팀 선수를 뽑는다면 가장 빠른 주자를 선택한다. 피부색이 같거나 성별이 같다는 사실이 무슨 상관이 있을까? 선수 선발에 스피드 외에 다른 기준을 적용하면 팀 성적을 약화하는 결과에 이른다. 국가안보의 맥락에서 볼 때 안보보다 정치적 올바름political correctness을 우선시하는 것은 받아들일 만한 옵션이 아니었다.

이처럼 탁월함과 다양성 사이에 모순이 있다는 생각은 그 뿌리가 깊다. 미국에서는 앤터닌 스캘리아Antonin Scalia 대법관이 이 생각을 바탕으로 중대한 논쟁을 벌였다. 그는 다양성과 탁월한 능력 중 하나만 선택할 수 있다고 주장했다. 노동 인력이나 학생 집단 또는 어떤 조직이든 탁월함을 추구하는 과정에서 다양성이 유기적으로 생겨나는 경우도 있다. 하지만 다양성을 탁월함보다 중시하는 것은 다른 문제다. 이는 다양성을 고취한 바로 그 목적을 훼손할 가능성이 크다.

릴레이 팀의 경우 시합에서 지는 상황에 처한다. 기업을 운영한다면 더 나쁜 결과에 이를 수 있다. 즉 기업의 존재 자체가 위태로워진다. 파산한 기업은 다양하든 그렇지 않든 직원들을 계속 고용할 수 없다. 국가안보를 놓고 보면 보호해야 할 바로 그 국민들을 위험에 빠뜨릴 위험에 직면한다. 그럴 경우, 다양성을 우선시하는 생각이 어떻게 윤리적 행동 방침이 될 수 있을까? 전직 CIA 분석가는 내게 말했다. "타협해서는 안 된다는 확고한 생각이 있었습니다. 직원들을 '폭넓게 구성하는 것'이 정확히 어떤 의미인지는 모르겠지만 우리의 예리함을 손상하는 것이라면 말이 안 된다고 생각했습니다. 이건 우리의 아집이 아니라 애국심이었어요."

비교적 최근인 2016년에도 안보 전문가들은 같은 주장을 펼쳤다. 전 CIA 분석가이며 훗날 도널드 트럼프Donald Trump 정부에서 국가안전보장회의National Security Council, NSC 사무총장에 올랐던 프레드 플레이츠Fred Fleitz는 시사잡지 〈내셔널 리뷰National Review〉에 쓴 칼럼에서 CIA의 다양성을 높이려는 계획을 비판했다. "외부의 위협으로부터 우리나라를 보호하려면 도전적인 안보와 법적 환경 속에서 정보활동을 수행하고 분석할 수 있는 엄청나게 뛰어난 능력자가 필요하다.

(중략) CIA의 사명은 너무나 중대하기에 사회공학적 활동 따위로 방해를 받을 수는 없다."

대간첩 활동에 대한 두려움 때문에 소수인종 채용을 꺼린다는 부분적인 이유를 댔지만 실상은 더욱 심했다. 보다 폭넓은 채용을 요구하는 사람들의 목소리는 탁월함을 약화한다는 이유로 묻혀버렸다. CIA는 가장 영특한 최고의 인재들로 구성돼야 한다! 국가 방위는 너무나 중요하므로 최상의 능력에 다양성을 허용할 수 없다! 어느 전문가의 표현에 따르면 "정치적 올바름이 결코 국가안보보다 상위개념이 돼서는 안 된다"라는 논리였다.

하지만 그들이 인식하지 못한 것은 이런 논리가 틀렸고 매우 위험하며 이분법적이라는 사실이었다.

갈수록 복잡해지는 현대사회에서
집단지성은 선택이 아닌 필수

이 책은 다양성과 서로 다른 생각을 지닌 사람들을 한데 모으는 힘에 관한 내용을 다룬다. 어느 측면에서는 이 주제가 이상하게 보일지도 모른다. 분명히 우리는 다르게 생각하는 것이 아니라 바르고 정확하게 생각하는 것을 목표로 삼아야 한다. 다른 사람이 잘못된 생각을 할 때에만 그들과 다른 생각을 하기를 바라야 한다. 다른 사람이 옳은 생각을 할 때 그들과 다르게 생각하는 것은 자신을 잘못된 상황에 빠뜨릴 뿐이다. 이는 상식처럼 보인다.

상식처럼 보이는 또 다른 표현은 스캘리아 대법관의 말에서 찾을 수 있다. 그는 어떤 방식으로든 누군가를 다른 사람들과 다르다는 이유로 채용하면 성과에 악영향을 미친다고 주장했다. 똑똑하거나 지식이 풍부하거나 민첩하다는 이유로 사람을 채용해야 한다고 했다. 지식이 모자라거나 민첩하지 않고 재능도 뛰어나지 않은 사람을 다른 사람과 다르다는 이유만으로 고용할 필요가 있을까?

이 책에서 우리는 이 두 가지 직관 모두가 최소한 우리가 가장 신경을 많이 쓰는 도전적인 문제에 관해서는 틀렸다는 사실을 증명할 것이다. 기후변화와 빈곤, 질병 치료부터 신제품 디자인에 이르기까지 우리의 가장 심각한 문제에 대한 해답을 구하는 데 전념하고 있다면 단순히 정확하게 생각하는 사람이 아니라 다르게 생각하는 사람들과 함께 일해야 한다. 그러려면 한 발 물러서서 근본적으로 다른 관점에서 수행 능력을 살펴봐야 한다.

우리가 성공을 판단하는 전통적인 방식 속에 담긴 아이러니를 생각해보자. 과학 또는 특히 대중문학을 보면, 우리 자신이나 동료들의 지식 혹은 관점을 개선하는 방법 등을 다루면서 개인에 초점을 맞춘다. 안데르스 에릭슨Anders Ericsson과 로버트 풀Robert Pool의 《1만 시간의 재발견》과 게리 클라인Gary Klein의 《인튜이션》, 캐럴 드웩Carol Dweck의 《마인드셋》 같은 양서들은 베스트셀러에 올랐다. 이 책들 모두가 각각의 다른 방식으로 시간을 두고 개인 역량을 개선할 수 있는 방법을 검토한다.

다수의 다른 훌륭한 책들도 약간 다르기는 하지만 이런 접근방식을 따른다. 우리는 이미 전문성이 발달된 상태에서도, 현명한 판단을 내리는 능력을 약화하는 편견과 기이한 버릇에 여전히 취약한 모습을 드러낸다. 대니얼 카너먼Daniel Kahneman의 《생각에 관한 생각》, 댄 애리얼리Dan Ariely의 《상식 밖의 경제학》, 리처드 세일러Richard Thaler의 《행동경제학》 모두 이런 편견을 이해하고 경계하며 개인의 수행 능력을 개선하는 방법을 찾는다.

하지만 개인에 초점을 맞추면서 흔히들 말하는 '전체론적 관점'을 대수롭지 않게 여기는 경향이 생겼다. 두 관점의 차이를 이해하는 좋은 방법은 개미 무리를 생각해보는 것이다. 고지식한 곤충학자는 무리에 속한 개미들을 관찰하며 전체 무리를 이해하려 든다. 개미들은 각각 잎을 모으고 줄지어 행진하는 등 다양한 행동을 전개하기 마련이다. 그들은 바쁘게 움직이고 매우 흥미로운 생명체다. 그렇지만 개개의 개미를 조사하며 1년, 심지어 평생을 보내면서도 개미 무리 전체에 대해서는 사실상 아무것도 알아내지 못할 수도 있다. 왜 그럴까? 개미들에 관한 흥미로운 사실은 개개의 개미가 아니라 무리 전체에 있기 때문이다. 무리 전체를 이해하는 유일한 방법은 개미 하나하나에 집중하는 대신 한 발 물러서서 넓게 보는 것이다. 그렇게 하면 개미 무리가 정교한 서식지를 만들고 먹이 공급원을 찾아내는 등 복잡한 문제를 해결할 능력이 있는 매우 논리적인 유기적 조직체라는 사실을 이해할 수 있다. 개미 무리는 창발성emergence(구성요소가 개별적으로 갖추지 못한 특성이나 행동 방식이 구성요소를 한데 모아놓은 전체 구조에서 자발적으로 돌연히 출현하는 현상―옮긴이)을 발휘하는 시스템이다. 전체가 각 부분의 합보다 더 훌륭하다.

이 책은 이와 비슷한 아이러니가 인간 집단에도 적용된다는 사실을 분명히 보여줄 것이다. 오늘날 거의 대부분의 도전적인 과제는 단순한 이유로 그룹이 맡아서 한다. 혼자서 다루기에는 문제가 너무 복잡하기 때문이다. 단독 저자들이 작성한 논문의 수는 거의 모든 학계에서 매년 줄어들었다. 과학과 엔지니어링 분야에서는 90퍼센트의 논문이 팀 단위로 작성된다. 의학 연구의 경우 공동으로 작성한 논문이 개인이 작성한 논문보다 세 배 더 많다.

비즈니스 분야에서도 비슷한 트렌드를 볼 수 있다. 노스웨스턴대학교 켈로그경영대학원의 심리학자 브라이언 우지Brian Uzzi 교수가 이끄는 연구팀은 1975년 이후 미국에서 발급된 200만 건 이상의 특허를 조사한 결과 팀 단위로 출원한 특허가 서른여섯 개 분야 모두에서 압도적으로 많았다는 사실을 알아냈다. 같은 트렌드는 시장에서도 보인다. 25년 전만 해도 주식형 펀드 대부분은 개인이 운용했다. 지금은 대부분이 팀에 의해 운용된다. 우지 교수는 이렇게 표현한다. "인간의 창의성에서 가장 중요한 트렌드는 개인에서 팀으로의 전환이며 팀과 개인의 격차는 시간이 지나면서 점점 더 커진다."

바로 이런 이유로 집단적 관점이 매우 중요하다. 우리는 인간의 수행 능력을 개인이 아니라 집단의 관점에서 생각해야 한다. 이처럼 보다 폭넓은 관점을 통해 다양성이 이른바 집단지성을 추구하는 데 필수적 요소임을 알 수 있다.

물론 많은 형태의 다양성이 존재한다. 젠더와 인종, 나이, 종교의 차이는 '인구통계적 다양성(또는 '아이덴티티identity 다양성')으로 분류되기도 한다. 이 책은 인구통계적 다양성이 아니라 인지 다양성cognitive diversity, 즉 관점과 통찰, 경험, 사고방식의 차이에 초점을 맞춘다. (늘 그렇지는 않지만) 종종 이 두 개념 사이에는 겹치는 부분이 있다. 배경과 경험이 서로 다른 사람들은 대개의 경우 같은 문제를 다른 방식으로 생각한다. 우리는 이 책에서 두 개념의 정확한 연관성을 분석할 것이다.

인지 다양성은 몇백 년 전만 하더라도 그렇게 중요하지 않았다. 우리가 직면했던 문제들이 선형적이거나 단순하거나 분리 가능하거나 이 세 가지 특성 모두를 나타냈기 때문이다. 달의 위치를 정확히 예측할 수 있는 물리학자는 자신의 일에 도움을 주는 다른 의견이 필요 없다. 자신이 옳다고 이미 확신하고 있다. 다른 의견은 모두 틀렸다고 생각한다. 이는 상식적인 직관에 해당한다. 다르게 생각하면 오히려 혼란스럽다. 하지만 복잡한 문제에서는 이 논리가 뒤집힌다. 다양한 관점을 지닌 그룹에 엄청나고 결정적인 이점이 생긴다.

주목할 만한 또 다른 대목은 이것들이 추측에 의한 주장이 아니라는 것이다. 오히려 처음에는 혼란스러웠을지 몰라도 너무나 자명한 이치에서 비롯된 주장들이다. 실제로 미시간주립대학교 앤아버 캠퍼스의 복잡성 과학 전문가 스콧 페이지Scott Page 교수가 지적한 대로 이처럼 자명한 이치는 인간뿐만 아니라 컴퓨터에도 적용된다. 다들 알겠지만 오늘날의 인공지능은 단 하나의 복잡한 알고리즘으로 구성되어 있지 않다. 그 대신 다르게 '생각하고' 다른 방식으로 검색하며 다양한 방식으로 문제를 인코딩하는 알고리즘들의 결합체로 이루어진다.

앞으로 이 책에서 뉴사이언스new science의 윤곽이 드러날 것이다. 그 과정에서 우리는 에베레스트산 정상 죽음의 구역death zone(해발고도 8000미터 이상의 산에서 산소가 부족해 등반 대원이 가장 많이 죽거나 실종되는 구역—옮긴이)과 2008년 미국 대통령 선거 후 일어난 신나치 운동neo-Nazi movement, 인류 태동기의 사하라사막 이남 아프리카 등 특이한 목적지를 경유할 것이다. 또한 미국 공군이 1950년대 초 왜 그렇게 많이 추락했는지, 네덜란드인이 어떻게 축구를 새롭게 바꿔놓았는지, 대부분의 다이어트가 왜 거의 모든 사람에게 잘 맞지 않는지 알아본다. 성공 스토리를 검토하며 그 비결을 하나하나 벗겨내고 그 속에 감춰진 논리를 살펴볼 것이다. 중대한 실패 사례도 볼 것이다. 대개의 경우, 무엇이 잘못됐는지 보면 어떻게 해야 맞는 길로 갈지 분명히 알 수 있다.

책의 마지막 부분에 이르면 우리는 성공하는 법에 관한 새로운 관점을 습득할 것이며, 이는 정부와 기업뿐만 아니라 우리 모두에게 영향을 미칠 것이다. 인지 다양성을 활용하면 경쟁우위에 필요한 핵심 요소를 얻고 재창조와 성장으로 나아가는 확실한 경로를 확보할 수 있다. 이제 우리는 다양성의 시대에 접어드는 중이라고 할 수 있다.

그에 앞서 몇 가지 퍼즐과 사고실험thought experiments부터 살펴보자. 이들은 인지 차이가 무엇을 의미하는지, 그리고 왜 중요한지 이해하는 데 도움을 준다. 그러고 나서 9.11 테러에 이른 과정과 현대의 결정적인 정보 실패 사례를 다시 돌아볼 것이다. 대개의 경우, 현실 세계의 사례가 무엇보다 가장 빛을 발한다.

관점이 다양할수록 문제해결 방안의 범위가 넓어진다

2001년 미시간주립대학교 앤아버 캠퍼스의 사회심리학자 리처드 E. 니스벳Richard E. Nisbett과 마스다 다카히코增田貴彦는 일본과 미국의 두 그룹에게 물속 장면이 담긴 짧은 영상을 보여줬다. 두 그룹에게 무엇을 봤는지 질문하자 미국인은 물고기를 언급했다. 그들은 물고기를 상세히 설명할 정도로 사물에 관한 내용을 많이 기억했다. "음, 큰 물고기 세 마리가 왼쪽으로 헤엄치고 있었는데 배 부분은 하얗고 분홍색 점이 있었어요." 한편 일본인은 사물이 아니라 주변 환경을 훨씬 더 많이 이야기했다. "조류처럼 보이는 물의 흐름을 봤고 물색깔은 초록색이었으며 바닥에는 바위와 조개, 식물도 있었어요. (중략) 아, 왼쪽으로 헤엄치는 물고기 세 마리도 있었네요."[16]

실험자들은 두 그룹이 문화 차이에 따라 서로 다른 장면을 보는 것 같다고 느꼈다. 미국은 보다 개인적인 사회다. 반면 일본 문화는 보다 상호 의존적이다. 미국인은 사물에 초점을 맞추는 경향이 있고 일본인은 상황에 집중한다.

다음 단계에서는 실험 대상자들에게 이미 봤던 사물들과 보지 못했던 사물들이 등장하는 새로운 물속 장면의 영상이 주어졌다. 처음에 봤던 대상initial object이 다른 상황에 놓이자 일본인들은 당황스러워하며 그 사물을 인식하는 데 어려움을 겪었다. 반면 미국인들의 문제는 정반대였다. 그들은 상황의 변화를 알아차리지 못했다.

실험을 실시한 연구자들에게 이는 엄청나게 놀라운 결과였다. 수십 년 동안 심리학의 중심에는 인간이 세상을 근본적으로 비슷한 방식으로 파악한다는 주장이 자리 잡고 있었다. 이것이 바로 '보편주의universalism'다. 니스벳 교수는 이렇게 표현했다. "평생 동안 나는 인간의 사고에 관해서 보편주의자였다. (중략) 모든 사람의 기본 인지 과정이 동일하다고 생각했다. 마오리족 목동과 아프리카 !쿵족!Kung people 수렵채집민, 인터넷기업 창업가 모두 인식과 기억, 인과관계 분석 등에서 동일한 도구를 사용한다는 논리였다."

하지만 물속 장면 실험은 세상과의 상호작용, 즉 세상을 바라보는 행위 대부분에 문화에서 형성된 체계적 차이가 있다는 사실을 보여줬다. 니스벳 교수의 논문은 지금껏 수천 번 이상 인용되며 수많은 연구 활동에 영감을 주었다. 한 발 물러나서 보면, 미국인과 일본인에게 서로 다른 '준거 프레임frame of reference'이 작동한다고 말할 수도 있다. 미국인은 그룹 내 차이점을 감안하더라도 평균적으로 보다 개인주의적인 프레임을 지니고 있다. 반면 일본인의 프레임은 보다 맥락적이다. 각 프레임은 유용한 정보를 처리하며 물속 장면에서 중요한 특성을 골라낸다. 또한 각각의 프레임에는 사각지대도 존재하기 때문에 장면 전체를 보지는 못한다.

하지만 이제 일본인과 미국인을 하나의 '팀'으로 합친다고 가정해 보자. 각 그룹으로 나뉘어 있을 때 그들은 부분적인 장면만 인지한다. 몇몇 장면은 보지 못한다. 하지만 함께 있을 때는 사물과 상황을 모두 이야기할 수 있다. 부분적인 준거 프레임 두 개를 결합하여 전체 장면에 초점을 맞춘다. 이제 그들은 현실을 보다 포괄적으로 파악할 수 있다.

이 실험은 앞서 언급한 직관 중 하나를 완곡하게 반박하는 최초의 잠정적인 시도다. 조직은 다양성과 탁월한 능력 중 하나만 선택할 수 있다는 스캘리아 대법관의 주장을 기억할 것이다. 이는 다양성과 탁월함 사이의 모순을 암시했다. 이 주장은 달리기 (또는 달의 공전궤도 예측과) 같은 선형적 과제에서는 분명 진실이다.

그러나 물속 장면 실험은 서로 다른 상황에서는 이런 논리가 약해지기 시작한다는 점을 암시한다. 불완전한 관점을 지닌 두 사람을 한데 묶어놓으면 통찰력이 줄어드는 것이 아니라 보다 크게 발휘될 수 있다. 이를테면 두 사람 모두 잘못했다. 두 사람 다 뭔가를 놓치고 있다. 하지만 그들은 각각 다른 방향에서 잘못했다. 이 말은 그들이 장면을 공유하면 관점들이 보다 풍성하고 정확해진다는 뜻이다. 이런 사실은 '통찰 퍼즐'이라는 새로운 문제를 살펴보면 약간 다른 방식으로 이해할 수 있다. 다음 문제를 생각해보자.

위에 악성종양이 있는 환자를 마주한 의사의 경우를 가정해보자. 환자를 수술하기는 불가능하지만 종양을 없애지 않으면 환자는 사망할 것이다. 그런데 종양을 제거할 수 있는 방사선 종류가 있다. 이 방사선을 종양에 상당히 높은 강도로 일시에 쬐면 종양을 제거할 수 있다. 하지만 불행하게도 이 정도의 강도라면 방사선이 종양에 이르는 경로에 놓인 건강한 조직도 파괴될 것이다. 강도를 낮추면 방사선은 건강한 조직에 해가 되지 않지만 종양에도 아무런 효과를 내지 못한다. 방사선으로 종양을 제거하는 동시에 건강한 조직에는 해를 끼치지 않으려면 어떤 형태의 치료를 해야 할까?[17]

이 문제를 풀 수 없다고 해서 자책할 필요는 없다. 당신만 그런 것이 아니다. 이 문제를 접한 사람들 중 75퍼센트 이상이 해결 방법이 없으며 환자는 죽을 것이라고 말한다. 이제 전혀 상관없어 보이는 다음 이야기를 읽어보자.

농장과 마을에 둘러싸인 한 요새가 국토 중심부에 있었다. 전원 지대를 거쳐 요새에 이르는 도로가 많았다. 반란군 장군은 요새를 반드시 함락하겠다고 다짐했지만 도로마다 지뢰가 설치돼 있다는 사실을 알았다. 소수의 사람들은 이 지뢰를 안전하게 지나갈 수 있지만 대규모 군대가 지나가면 지뢰가 폭발하도록 설정돼 있었다. 반란군 장군은 군대를 소규모 그룹으로 나눠 각기 다른 도로 입구로 보냈다. 모두가 준비되자 장군은 각 그룹에 신호를 보내 서로 다른 도

다이버시티 파워

로로 행군하게 만들었다. 각 그룹은 부대 전체가 요새에 동시에 집
결할 수 있도록 도로를 따라 행군을 이어갔다. 이 방식으로 장군은
요새를 함락시켰다.[18]

앞서 제시한 의료 문제로 돌아가 보자. 이제 해답을 찾을 수 있을까?
요새에 관한 이야기를 읽은 사람들 중 70퍼센트 이상이 환자를 살릴
방법을 찾아냈고 이는 처음 정답자 수의 세 배에 해당한다. 요새의
비유를 들은 사람들은 왜인지 모르겠지만 이전에 눈에 띄지 않았던
해결책을 찾아낼 수 있었다. (해답은 여러 대의 방사선 장비를 환자 몸 주
위에 설치해 각 장비에서 방사선을 10퍼센트씩만 쬐는 방법이었다. 이렇게
하면 건강한 조직에는 아무런 해를 끼치지 않고 종양을 제거할 수 있다.)

　물론 이건 꾸며낸 사례들이다. 그럼에도 서로 다른 관점이 어려운
문제를 해결하는 데 어떻게 기여하는지 알려준다. 위 사례에서는 군
사 전문가가 종양학자에게 도움을 줄 수 있다. 이는 한 사람은 맞고
다른 사람은 틀렸다는 말이 아니다. 그 대신 한 문제를 다른 시각으
로 보는 것이 어떻게 새로운 통찰과 새로운 비유를 일깨우는지, 그리
고 결국에는 새로운 해결 방안을 찾아내는지 알려주는 사례다.

　이 이야기는 다른 방식으로도 직관에 이의를 제기한다. 어려운 의
료 문제에 직면하면 더 많은 의사를 영입하려는 유혹에 빠진다. 어쨌
든 의사들이 가장 많은 의학 지식을 보유하고 있기 때문이다. 하지만
이 전문가들이 비슷한 배경에서 비슷한 훈련을 받았다면 (그리고 암
암리에 같은 준거 프레임을 사용한다면) 그들의 사각지대가 동일할 가

능성이 높다. 때로는 아웃사이더의 시선과 같은 새로운 방식으로 문제를 볼 필요가 있다.

요점은 복잡한 문제의 해결 방안은 일반적으로 여러 겹의 통찰에 달려 있으므로 다양한 관점이 필요하다는 것이다. 미국의 저명한 심리학자 필립 테틀록Philip Tetlock은 이렇게 표현한다. "관점이 다양할수록 문제를 해결하려는 사람들이 찾아낼 수 있는 잠재적 실행 가능성을 갖춘 해결 방안의 범위가 넓어진다." 비결은 눈앞에 놓인 문제해결에 유용한 방식으로 영향을 주는 다른 관점을 지닌 사람들을 찾아내는 것이다.

우리는 스스로 무엇을 못 보는지
자각하지 못한다

9.11 테러를 다시 분석하기 전에 이 책의 중심 주제가 될 또 다른 연구 분야인 '관점의 사각지대perspective blindness'를 잠시 살펴보자. 이는 우리가 우리 자신의 사각지대를 의식하지 못한다는 뜻이다. 우리는 세상을 우리의 준거 프레임을 통해 인식하고 이해하지만 준거 프레임 자체를 보지는 못한다. 결국 관점이 다른 사람들에게서 우리가 배울 수 있는 범위를 과소평가하는 경향이 있다는 의미다.

관점의 사각지대는 〈타임〉에서 역대 최고의 졸업식 연설 중 하나로 평가한 데이비드 포스터 월리스David Foster Wallace의 2005년 케니언

대학 연설의 주제였다. 연설은 물고기 수조에서 시작한다. "함께 헤엄치던 어린 물고기 두 마리가 반대 방향으로 가는 나이 많은 물고기를 우연히 만납니다. 그 물고기는 가볍게 목례하며 말하죠. '젊은이들, 좋은 아침이야! 물은 어때?' 어린 물고기들은 잠시 더 헤엄치다 한 물고기가 다른 물고기를 보며 이야기합니다. '대체 물이 뭐야?'"

월리스의 요점은 우리의 사고방식이 너무나 습관적인 탓에 그런 사고방식이 우리의 현실 인식을 어떻게 여과하는지 거의 알아차리지 못한다는 것이다. 삶의 영역 대부분에 다른 방식으로 사물을 보는 다른 사람들이 있다는 사실을 간과할 때 위험이 발생한다. 이런 사람들은 우리의 이해를 심화할 수 있으며 우리 또한 그들에게 그럴지도 모른다. 영국 코미디언 존 클리즈John Cleese는 말했다. "모든 사람에게는 각자의 이론이 있습니다. 위험한 사람은 자신의 이론이 무엇인지 모르는 자들입니다. 즉 사람들은 대체로 무의식적으로 이론을 작동시킵니다."

영국 저널리스트 레니 에도로지Reni Eddo-Lodge는 관점의 사각지대에 관한 많은 사례를 제시했다. 그중 하나로, 회사까지 가는 전 구간의 기차표를 살 돈이 없어서 일부 구간을 자전거로 가야 했던 시기를 설명한다. 이 경험은 그녀에게 세상을 바라보는 새로운 창을 열어주었다.

나는 자전거를 끌고 교외 지역의 기차역 계단을 오르내리며 불편한 진실을 깨달았다. 내가 타고 다녔던 대중교통의 대다수는 쉽게 접근할 수 없었다. 경사로도 없고 엘리베이터도 없었다. 전동카트를 타는 부모님들이나 휠체어를 사용하는 사람들 또는 기구나 지팡이를 사용해야 하는 이동에 문제가 있는 사람들은 접근이 거의 불가능했다. 직접 자전거를 끌고 다니기 전까지 나는 이 문제를 전혀 인식하지 못했다. 이처럼 열악한 접근성이 수많은 사람에게 영향을 끼친다는 사실을 몰랐다.[19]

이 경험은 에도로지에게 예전에 없었을 뿐만 아니라 자신에게 없다는 사실조차 알지 못했던 관점을 제공했다. 이를 통해 자신이 알아차리지 못한 또 다른 사각지대를 보는 눈이 열렸다. 물론 이 사례가 모든 통근열차 역에 반드시 경사로나 에스컬레이터, 엘리베이터를 설치해야 한다는 것을 의미하지는 않는다. 하지만 우리가 비용과 편익을 인지할 때만 의미 있는 손익 분석을 할 수 있다는 점을 보여준다. 우리는 뭔가를 이해할 수 있기 전에 눈으로 먼저 봐야 한다. 이는 결국 관점의 차이에 달려 있다. 즉 우리가 자신의 사각지대를 보도록 도와줄 수 있는 사람들과 그들이 사각지대를 보도록 우리가 도와줄 수 있는 사람들의 관점 차이를 말한다.

우리는 자신의 준거 프레임을 넘어서려고 정말 애를 쓰더라도 결국 그렇게 하기가 놀랄 만큼 어렵다는 사실을 발견한다. 이른바 '결혼 선물 목록의 역설'을 생각해보면 이 사실을 직관적으로 이해할 수 있다. 결혼을 앞둔 예비부부는 자신들이 받고 싶은 선물 목록을 사람들에게 보낸다. 하지만 주목할 만한 사실은 결혼식 하객들이 목록에 없는 독특한 선물, 즉 자신이 직접 선택한 선물을 한다는 것이다.

하객들은 대체 왜 그럴까? 2011년 하버드대학교 프란체스카 지노 Francesca Gino 교수와 스탠퍼드대학교 프랭크 플린Frank Flynn 교수는 그 이유를 밝히기 위한 실험을 했다. 실험 대상자 아흔 명을 모아 절반에게는 '보내는 사람', 나머지 절반에게는 '받는 사람'의 역할을 맡겼다. 그러고 나서 받는 사람들은 10달러에서 30달러 사이의 가격대에서 받고 싶은 선물 목록을 작성하게 했다. 한편 보내는 사람들은 그 목록에서 선물을 고르거나 자신만의 독특한 선물을 고르도록 했다.

실험 결과는 분명했다. 보내는 사람은 자신이 직접 고른 독특한 선물을 받는 사람이 더 좋아할 것이라고 예상했다. 받는 사람이 개인의 정성이 담긴 선물을 반기리라고 생각한 것이다. 하지만 그들의 생각은 틀렸다. 실제로 받는 사람은 자신이 작성한 목록에 든 선물을 훨씬 더 선호했다. 심리학자 애덤 그랜트Adam Grant는 결혼 선물을 주고받는 친구들 사이에서도 동일한 현상이 나타난다는 논문을 발표했다. 보내는 사람은 자신만의 독특한 선물을 선호하고 받는 사람은 자신의 목록에 있는 선물을 선호한다.

왜 그럴까? 이는 전적으로 관점의 사각지대 탓이다. 보내는 사람은 자신의 준거 프레임을 넘어서기 어렵다. 자신이 고른 선물을 받으면 자신이 어떤 기분을 느낄지 그것만 상상한다. 당연히 무척 좋아할 것이라 생각했기 때문에 그 선물을 선택했다. 반대로 받는 사람은 기대했던 즐거움을 느끼지 못한다. 선호하는 선물이 아니기 때문이다. 그랬더라면 처음부터 목록에 올려뒀을 것이다.

이는 인종과 젠더, 나이, 계층, 성적 취향, 종교 등의 차이에서 비롯된 인구통계적 다양성이 특정 상황에서 집단 지혜group wisdom를 향상시키는 이유를 설명하는 데 도움을 준다. 개인별 경험이 다양한 팀은 동료들을 보다 많이 그리고 미묘한 차이까지 이해하는 경향을 보인다. 관점의 폭이 넓고 사각지대는 많지 않다. 그들은 준거 프레임들 사이를 잇는 교량 역할을 잘한다. 미국 경제학자 채드 스파버Chad Sparber 교수는 인종 다양성이 한 단위의 표준편차만큼 증가하면 법률 서비스업과 의료 서비스업, 금융업의 생산성이 25퍼센트 이상 높아진다는 사실을 발견했다.[20] 글로벌 컨설팅 기업 맥킨지McKinsey가 독일과 영국의 기업을 분석한 보고서는 경영진의 젠더 및 인종 다양성이 상위 25퍼센트에 속하는 기업들의 자기자본수익률이 하위 25퍼센트에 속한 기업들보다 66퍼센트 높았다는 사실을 밝혀냈다.[21] 미국의 경우 100퍼센트 높았다.*

물론 인구통계적으로 같은 사람들 모두가 같은 경험을 공유하지는 않는다. 흑인이 모두 동질 집단은 아니다. 인종들 사이에서뿐만 아니라 동일 인종 집단 내에도 다양성이 존재한다. 하지만 그렇다고 해서 다양한 경험을 지닌 개인을 한데 모으는 것이 집단의 지식을 폭넓게, 깊게 할 수 있으며 특히 다른 사람들을 이해하려 할 때 더욱 그

---

* 이 연구들은 시사하는 바가 있지만 결정적이지는 않다. 성공에 영향을 미치는 요소가 다양성이 아니라 그 반대일 수도 있다. 성공한 기업이 더 많은 다양성을 갖출 수도 있다. 우리는 성공과 다양성 사이에 인과관계가 있다는 주장을 나중에 좀 더 보강할 것이다.

럴 수 있다는 통찰이 바뀌지는 않는다. 이는 또 다른 사실을 설명한다. 즉 동질 집단은 수행 능력이 떨어질 뿐만 아니라 그들의 저조한 성과는 예측 가능하다. 비슷한 사람들끼리 모여 있으면 각자의 사각지대를 공유할 뿐만 아니라 사각지대를 더욱 강화한다. 이런 현상을 '미러링mirroring'(거울 효과)이라 부르기도 한다. 거울에 비치듯 나의 실제 모습이 상대방에게 비치고 상대방의 모습은 나에게 비치는 집단에 속한 사람들은 불완전하거나 완전히 잘못된 판단을 더욱더 확신하기 쉽다. 그 결과 확신이 정확성과 반비례하는 지경에 이른다.

예를 들면 컬럼비아대학교 경영대학원 캐서린 필립스Catherine Phillips 교수가 이끈 한 연구에서 팀들에게 살인 미스터리를 풀어보라는 과제를 주었다. 그들에게는 복잡한 자료와 사건에 관련된 알리바이들, 목격자 증언, 용의자 명단 등이 제공됐다. 미스터리 해결에 참가한 팀들 중 절반은 친구 네 명이 한 팀을 이뤘다. 나머지 절반은 친구 세 명과 사회적 배경과 관점이 다른 낯선 사람, 즉 아웃사이더로 팀이 구성됐다. 우리가 지금껏 배운 내용을 감안할 때 아웃사이더가 포함된 팀들이 잘했다는 결과는 전혀 놀라운 일이 아니다. 아니, 훨씬 더 잘했다. 그들의 정답률은 75퍼센트인 반면, 동질 그룹은 54퍼센트였고 개인이 혼자 문제를 푼 경우에는 정답률이 44퍼센트에 불과했다.

하지만 눈여겨볼 점은 이것이다. 두 그룹에 속한 사람들은 과제를 해결하는 과정에서 매우 다른 경험을 했다. 다양한 사람들로 구성된 팀은 논의가 필요하다는 사실을 인지했다. 서로 다른 관점이 드러났기 때문에 논쟁과 의견 충돌이 많이 일어났다. 보통은 올바른 결정에 이르렀지만 완전히 확신하지는 못했다. 과제를 놓고 그토록 밀도 있고 솔직한 토론을 했다는 것 자체가 그들이 과제 속에 내재된 복잡성을 드러냈다는 뜻이다.

동질 그룹은 어땠을까? 그들의 경험은 극도로 달랐다. 그들은 서로 동의하는 분위기 속에서 과제를 풀어나갔다. 대부분의 시간을 그야말로 동의하는 데 사용했기 때문이다. 서로의 관점을 거울에 비추듯 서로에게 비췄다. 틀릴 가능성이 더 높은데도 자신들의 답이 옳다는 확신은 훨씬 더 강했다. 그들은 자기 자신의 사각지대에 대한 도전을 받지 않았기 때문에 그 사각지대를 인식할 기회가 없었다. 다른 관점도 드러나지 않았기 때문에 자신들의 관점을 더욱 확신했다. 여기서 동질 그룹의 위험성을 알 수 있다. 그들은 과도한 자신감과 중대한 오류가 결합된 판단을 내릴 가능성이 높다.

2001년, 동질 집단 CIA가 간과하고 무시한 수많은 신호들

오사마 빈 라덴은 1996년 8월 23일 아프가니스탄 토라보라Tora Bora의 한 동굴에서 미국에 전쟁을 선포하며 이렇게 말했다. "전 세계에 있는 나의 무슬림 형제들이여, 두 곳의 성지와 팔레스타인 땅에 있는 여러분의 형제들이 여러분에게 우리 모두의 적, 이스라엘인과 미국인에 대항하는 전쟁에 참전해 도움을 달라고 요청합니다."

사진 속 그는 턱수염이 가슴까지 내려온 남자의 모습이었다. 그는 전투복 안에 허름한 옷만 걸치고 있었다. 오늘날 전 세계를 뒤덮은 공포에 대해 우리가 아는 바를 볼 때 빈 라덴의 선포는 위협적이었다. 하지만 가장 중요한 미국 정보기관에 근무했던 한 내부자는 CIA가 빈 라덴을 어떻게 인지했는지 다음과 같이 설명한다. "그들은 턱수염을 기르고 모닥불 주위에 쪼그리고 앉은 키 큰 사우디아라비아인이 미국에 위협이 될 수 있다는 사실을 믿지 못했다."[22]

CIA 분석가 대다수에게 당시 빈 라덴은 문명의 혜택을 받지 못한 미개인처럼 보였기 때문에 미국 같은 거대 기술 강국에 심각한 위험이 아니라고 생각했다. 클린턴Clinton 정부의 최고위급 관료 중 한 명인 리처드 홀브룩Richard Holbrooke은 이렇게 표현한다. "동굴에 사는 사람이 어떻게 세계 최고의 정보통신 공동체 사회를 앞설 수 있겠어요?"[23] CIA와 긴밀한 관계인 다른 전문가는 말했다. "빈 라덴이 동굴에 기거한다는 사실을 감안할 때 그와 알카에다에 관한 더 많은 정보를 얻기 위해 자원을 투입한다는 아이디어를 절대로 실행할 수 없었습니다. CIA 요원들에게 빈 라덴은 후진성 그 자체였습니다."[24]

이제 이슬람 세계에 보다 친숙한 사람이 동일한 이미지를 어떻게 인지하는지 살펴보자. 빈 라덴이 허름한 옷을 입는 이유는 지적 능력이나 기술 면에서 원시적이라서가 아니라 자신을 이슬람교 선지자의 본보기로 삼기 때문이었다. 그는 이슬람교 선지자가 금식했던 날에 금식했다. 그의 자세와 태도가 서구 관객들에게는 시대에 매우 뒤 떨어진 것처럼 보일지 몰라도 이슬람 전통에서는 선지자의 가장 거룩한 모습으로 여겨진다. 빈 라덴의 위험성을 CIA가 제대로 인지하지 못하게 만들었던 바로 그 이미지 덕분에 아랍 세계에서 그의 영향력이 커졌다.

풀리처상을 수상한 로런스 라이트Lawrence Wright의 9.11 테러에 관한 저서《문명전쟁》에 나오는 표현처럼 빈 라덴은 "많은 무슬림에게 매우 의미가 있지만 이슬람교를 잘 모르는 사람들은 거의 알아차리지 못하는 이미지를 동원해 그의 활동 전체를 교묘히 조작했다." 한 CIA 내부자는 다음과 같은 말로 이 사실을 입증했다. "CIA는 누더기 같은 로브에 터번을 쓰고 가슴까지 내려온 턱수염을 자랑스럽게 내보이며 AK-47 소총을 손에 쥐고 흙바닥에 쪼그리고 앉아 있는 빈 라덴과 그의 부하들의 남루한 겉모습에 속아 아무 생각 없이 그들을 비현대적이고 무지한 오합지졸로 추정했다."[25]

동굴을 놓고 보면 더 심오한 상징적인 뜻이 있었다. 거의 모든 무슬림이 알고 있듯이 이슬람교 창시자 무함마드Muhammad는 메카에서 자신을 박해하던 사람들에게서 벗어난 뒤 동굴로 피신했다. 이때가 히즈라Hijra로 알려진 시기다. 동굴은 무성하게 자라 입구를 감추는 아카시아와 빈 공간처럼 보이게 하는 기적 같은 거미줄과 비둘기 알을 포함해, 신의 개입으로 생긴 일련의 신성한 존재들로 둘러싸여 보호받았다. 무슬림들은 무함마드가 산속 동굴에서 쿠란Quran의 환영을 봤다는 사실도 알고 있다.[26]

그리고 무슬림에게 동굴은 신성한 장소다. 종교적으로 의미가 큰 곳이다. 이슬람 예술에는 종유석 이미지가 넘쳐난다. 빈 라덴은 토라 보라로 피신한 사건을 의식적으로 자신의 개인적 히즈라의 본보기로 삼고 동굴을 선전 활동의 배경으로 활용했다. 정보 전문가인 한 무슬림 학자는 이렇게 표현한다. "빈 라덴은 미개하지 않았다. 오히려 전략적이었다. 훗날 9.11 테러에서 순교자가 될 자들을 선동하기 위해 쿠란의 형상을 어떻게 활용할지 알고 있었다." 라이트는 이렇게 설명했다. "이슬람 사회를 정화하고 한때 누렸던 이슬람의 지배력 회복을 갈망하는 수많은 무슬림들의 마음에 자신을 이슬람교 선지자로 각인시키는 방법으로 토라보라의 탄약 보관 동굴을 활용한 것은 홍보 활동의 천재인 빈 라덴의 작품이었다."

당시 빈 라덴이 보내는 메시지의 위력은 뚜렷했지만 제대로 보는 사람들에게만 그랬다. 그의 메시지는 사우디아라비아와 이집트, 요르단, 레바논, 이라크, 오만, 수단, 심지어 급진적으로 변한 한 무리의 망명 신청자들이 있는 독일 함부르크까지 전해졌으며, 서구의 타깃을 비행기로 공격하려는 음모가 알카에다 지도부 사이에서 최고조에 이른 1999년 11월 바로 그 시기에 아프가니스탄에 도착했다.

한때 '비현대적이고 무지한 오합지졸'이었던 집단은 1996년과 2000년 사이에 진행된 훈련 캠프를 거치며 약 2만 명의 무리로 늘어났다. 이들은 주로 엔지니어링을 전공하며 대학 교육을 받은 자들이었다. 이들 중 다수는 다섯 개 내지 여섯 개 언어까지 구사했다. 훗날 알카에다의 탄저균 연구원으로 활약한 야지드 수파트Yazid Sufaat는 캘리포니아주립대학교 새크라멘토 캠퍼스에서 화학과 실험과학 학위를 받았다. 자신의 믿음을 위해 목숨을 바칠 준비를 마친 사람들이 많았다.

위험 경고들이 무슬림 세계에서 나타나고 있었지만 CIA의 내부 심의는 이들을 무시했다. CIA는 가장 영리한 인재들로 구성된 최고 집단이었다. 그들은 위협을 분석하고 우선순위를 결정하기 위해 고용됐다. 하지만 알카에다는 목록 저 아래쪽에 놓여 있었다. 분석가들이 알카에다를 집중적으로 연구하지 않아서가 아니라 자신들이 발견한 사실들을 연관시키지 못했기 때문이었다.

"턱수염과 모닥불로 묘사된 일화는 숙련된 정보 사용자를 포함한 비非이슬람교도 미국인들 대부분이 문화적 이유로 알카에다를 과소평가했다는 증거다." 밀로 존스와 필리페 실버잔이 《카산드라 구성하기Constructing Cassandra》에 쓴 내용이다. 미국 정보 전문가인 한 무슬림 학자도 같은 주장을 했다. "CIA는 위험을 인지할 수 없었다. 그들의 관점에는 애초부터 모든 것을 집어삼키는 블랙홀이 존재했다."27 존스와 실버잔은 정보 분석가들 또한 빈 라덴이 시 형태로 공개 선언을 발표한다는 사실에 현혹됐다고 지적했다. 예를 들어 빈 라덴은 2000년 미국 구축함 USS 콜Cole을 공격한 후 다음과 같은 가사의 찬가로 공격을 찬미했다.

오만함과 거만함, 그릇된 힘으로 둘러싸인 파도에 당당하게 맞서네
구명정이 파도를 헤쳐 나갈 준비를 하고 적함은 천천히 죽음을 맞이
하네

아덴에서 성전에 나선 젊은이들이 파괴했네
막강한 힘에 놀란 구축함은 공포에 떨었네

이는 중산층 백인 분석가들에게 거의 진기해 보일 정도로 기이한 모습이었다. 그런 분석가들이 이런 상황에서 정반대되는 지시를 할 이유가 있을까? 빈 라덴이 '동굴에 사는 원시적인 이슬람교 율법학자'라는 관점을 계속 유지했다. 하지만 무슬림들에게 시는 다른 의미가 있다. 바로 신성함이다. 탈레반은 일상적으로 시를 통해 자신을 표현한다. 페르시아 문화의 중요한 양상이다. CIA는 공개 선언을 면밀히 조사했지만 왜곡된 준거 프레임을 사용했다. 존스와 실버잔이 언급했듯이 CIA는 "시 자체가 외국어인 아랍어로 돼 있을 뿐만 아니라 CIA 본부가 있는 랭글리에서 몇 광년이나 떨어진 관념적 우주에 기원을 두고 있다"라고 생각했다.

2000년 USS 콜이 공격당한 뒤 몇 주 동안 빈 라덴의 이름은 벽과 잡지 표지를 온통 도배했다. 그의 연설문이 담긴 테이프가 상점가에서 팔려 나갔다. 파키스탄에서는 빈 라덴의 사진이 담긴 티셔츠가 '미국은 조심하라. 오사마가 오고 있다'라는 문구가 적힌 달력과 함께 판매됐다. 정보기관은 대대적인 공격에 관한 대화를 광범위하게 듣기 시작했다. 이런 대화에는 '엄청나고 굉장한spectacular', '또 다른 히로시마' 같은 단어들이 사용됐다. 9.11 테러를 향한 북소리가 끊임없이 들려오고 있었다.

토라보라 캠프를 수료한 사람들은 이때쯤 항공기 납치와 스파이 활동, 암살을 집중적으로 배우며 세 단계의 군사훈련을 통과한 상태였다. 캠프에 참가한 신병들은 '폭군에 대항하는 지하드Jihad(성전)의 군사학'이라는 제목의 180쪽짜리 군사교범을 많은 시간을 들여 공부했다. 이 교범은 무기 사용 훈련과 침투에 관한 최첨단 정보를 제공했다. 구성원들의 움직임은 점점 더 빨라졌다.

　CIA는 알카에다 대비에 더 많은 자원을 배분할 수 있었다. 잠입을 시도할 수도 있었다. 하지만 상황의 긴급성을 충분히 파악하지 못했다. 위협을 인지하지 못했기 때문에 더 많은 자원을 배분하지 않았다. 자신들의 분석에 큰 구멍이 뚫려 있다는 사실을 몰랐기 때문에 알카에다 잠입을 시도하지 않았다. 문제는 2001년 가을 연관성을 밝혀내지 못한 무능함뿐만 아니라 정보 사이클 전반에 걸친 실패에 있었다. 이해를 확대하고 심화하는 협력 작업이 있어야 했다. CIA의 동질성이 방대한 집단적 사각지대를 만들어냈다.

　2000년 7월, 유럽에서 막 도착한 아랍 이름의 두 청년이 플로리다주 비행학교 허프먼항공Huffman Aviation에 등록했다. 모하메드 아타Mohamed Atta와 마르완 알셰히Marwan al-Shehhi는 세스나Cessna 152 기종으로 훈련을 시작했다. 지아드 자라Ziad Jarrah는 플로리다 비행 훈련 센터에서 비행 훈련을 시작했다. 그의 교관은 자라를 '완벽한 후보생'이라 묘사했다. 하니 한주르Hani Hanjour는 그때쯤 애리조나주에서 고등 시뮬레이터 훈련을 받고 있었다. 최종 단계가 점점 더 다가오고 있었다.

　한편 CIA 분석가들은 빈 라덴이 미국과 전쟁을 진지하게 생각한

　　　　　　　　　　　　　다이버시티 파워

다는 사실을 믿지 않았다. 알카에다 지도자가 심어놓은 세균의 독성을 인식할 수 없었거나 빈 라덴이 그 무렵 중동 전체에 구축한 네트워크의 중대성을 파악할 수 없었다. 승리할 수 없는 전쟁을 시작할 이유가 있을까? 서구 중산층 분석가들은 이해하지 못했다. 이는 전면적인 공격 가능성을 의심한 또 다른 이유였다.

그들은 지하디스트Jihadist(이슬람 성전주의자)의 승리는 이 세상이 아니라 천국에서 이뤄진다는 개념상의 도약(극단주의자의 쿠란 해석에 익숙한 사람들에게는 너무나 쉬운 개념상의 도약)을 그때까지도 이루지 못했다. 알카에다 핵심층 사이에 전해진 음모의 암호명은 빅 웨딩 the Big Wedding이었다. 자살폭탄테러범의 이념에서 보면 순교자가 사망하는 날은 천국의 입구에서 처녀의 영접을 받는 그의 결혼식 날이기도 하다. 이것은 그들에게 주어지는 상이자 영감靈感이었다.[28]

1998년 대통령을 위한 일일 보고는 빈 라덴이 비행기 공중납치를 준비하고 있다고 언급했지만 자살 공격의 가능성은 논의하지 않고 대신 압둘 바싯Abdul Basit을 석방시키려는 음모에 초점을 맞췄다. 여러 개의 점이 패턴으로 나타났지만 이들을 연결하려면 다양성을 갖춘 팀이 필요했다.

2001년 여름, 음모는 정점 근처에 이르렀다. 요르단 정보기관은 빅 웨딩을 언급하는 대화를 우연히 듣고 워싱턴에 이 소문을 전달했지만 그 중대성은 파악되지 않았다. 비행기 공중납치범 열아홉 명이 모두 이미 미국 국경 내에 들어와 있었다. 빈 라덴의 말이 그들의 귀에 쟁쟁하게 울렸고 이후 테러범들은 함부르크 조직원의 컴퓨터에서 그 내용을 확인했다. "형제들이 어디에 있든, 심지어 우뚝 솟은 타워에서도 죽음이 찾아올 것이다." 이 말은 연설에서 세 번 반복됐고 "임무에 나서는 공중납치범들에게 명백한 신호였다."

거의 같은 시기에 CIA 고위 관리 폴 필러Paul Pillar(아이비리그 출신, 백인, 중년 남성)는 테러리스트의 대대적인 공격이 일어날 바로 그 가능성을 무시했다. "실제로 미국이 직면할 가능성이 있는 대부분의 테러나 그로 인해 부담해야 할 비용과 상관이 없는 상황에서 '파멸적'이거나 '거대한' 또는 '슈퍼' 테러 같은 표현들로 업무를 다룸으로써 테러 방지를 재정립하는 것은 잘못된 일입니다."[29]

CIA는 자기 나름대로 변명을 하며 앞으로 일어날 일을 암시하는 메시지와 메모를 들먹였지만, 어떤 합리적인 분석도 이런 관점을 확증할 수는 없었다. CIA의 문제는 세부 사항이 아니라 보다 큰 전체 그림에 있었다. 한 정보 전문가는 다른 맥락이기는 하지만 이렇게 말했다. "정보 보고서나 정책의 문제가 아니었습니다. 그 대신, 매우 중요한 역사적 현실에 대한 심각한 오판이었습니다."

존스와 실버잔의 저서 《문명전쟁》에 따르면 2001년 9월 10일 빈 라덴과 2인자 아이만 알자와히리는 아프가니스탄의 도시 호스트Khost 북부에 있는 산으로 들어갔다. 부하들은 곧 펼쳐질 잔혹한 행위를 볼 수 있게 위성방송 수신 안테나와 텔레비전을 함께 가져갔다.[30] 그 무렵 납치범들은 천국에서 처녀를 만나길 기대하며 준비를 마치고 결연한 심정으로 대기하고 있었다.

존스와 실버잔은 빈 라덴이 테러가 일어나기 48시간 전인 9월 9일

"대담하게도 시리아에 있는 어머니에게 전화를 걸어 '이틀 후 엄청 난 뉴스를 들으실 것이며 당분간 저에게서 연락을 못 받으실 겁니 다'"라고 말한 사실을 볼 때, 그가 미국 정보기관의 블랙홀을 '분명 히' 알았을 것으로 추측한다. 알카에다 조사에 배분된 자원이 부족 했기 때문에 비록 미국 정보기관이 이 통화를 도청했다 하더라도, 이 지역의 도청-통역-분석 사이클은 무기력하게도 72시간마다 운영 되는 실정이었다. 그들이 통화 내용을 분석했을 때에는 이미 너무 늦 어버렸을 것이다.

9월 11일 아침 5시 모하메드 아타는 포틀랜드 공항 근처 모텔 컴퍼 트 인 객실에서 잠을 깼다. 면도를 하고 짐을 챙긴 뒤 룸메이트 압둘 라지즈 알오마리Abdulaziz al-Omari와 함께 프런트로 내려갔다. 아침 5시 33분 방 키를 반납하고 푸른색 닛산 알티마 자동차에 올랐다. 몇 분 뒤 두 사람은 보스턴으로 가는 US항공 5930편에 탑승 수속을 했다. 보스턴에서 로스앤젤레스로 가는 아메리칸항공 11편으로 환승할 예정이었다.[31]

거의 같은 시각 왈레드 알셰흐리Waleed al-Shehri와 와일 알셰흐리Wail al-Shehri는 자신들이 묵었던 보스턴 교외 파크 인의 432호에서 체크아 웃한 후 모하메드 아타와 합류하려고 로건 국제공항으로 향했다. 아 흐마드 알감디Ahmed al-Ghamdi와 함자 알감디Hamza al-Ghamdi는 보스턴 솔 저스필드로드Soldiers Field Road에 있는 데이스 호텔에서 체크아웃하며 지난밤 봤던 포르노 영화 비용을 지불한 후 유나이티드항공 175편 의 1등석 항공권 두 장을 들고 공항으로 갔다. 다른 비행기 납치범들도 항공권을 들고 지하드에 관한 알카에다 매뉴얼을 가슴에 새기며 이동했다. 비행기에 오르자마자 신께 기도드려야 한다. 이 일은 신을 위해 하는 일이며 신께 기도드리는 자는 반드시 승리하기 때문이다.

공항 당국이 위협에 대한 어떤 경보도 받지 않았기 때문에 비행기 납치범들 중 어느 누구도 공항 보안 검색 과정에서 제지를 받지 않았다. 이들은 비행기 객실 내에 길이 10센티미터 이하의 칼을 반입할 수 있었다. 이런 칼들을 이용해 비행기 납치범들이 제트여객기를 치명적인 미사일로 바꿔놓을 수 있다는 사실을 정보 분석가들이 파악하지 못했기 때문이었다.

첫 번째 비행기 두 대는 아침 8시 직전에 이륙했다. 8시 15분 보스턴 항공 관제 센터의 관제사는 뭔가 수상한 점을 발견했다. 아메리칸 항공 11편이 원래 항로인 남쪽으로 향하지 않고 좌측으로 방향을 틀어 매사추세츠주 우스터Worcester 상공을 날고 있었다. 8시 22분 항공기의 무선 송수신기가 신호 송신을 멈췄다. 6분 뒤 항공기는 가파르게 선회했다. 허드슨강 계곡을 찾는 것처럼 보였다. 8시 43분 항공기는 귀청이 터질 듯한 굉음을 내며 조지 워싱턴 다리 위를 스치듯 날아갔다.

그러고 나서 세계무역센터 건물의 북쪽 타워를 향해 총알처럼 날아가기 시작했다.

여러분이 마지막으로 해야 할 일은 신을 기억하는 것이며 마지막으로 해야 할 말은 알라 외에 신이 없으며 무함마드가 그의 예언자라고 고백하는 것이다. 여러분은 비행기가 멈췄다가 다시 날아오르는 것을 볼 것이다. 이

때가 여러분이 신을 영접하는 순간이다. 천사들이 여러분의 이름을 부를 것이다.

각각의 뛰어난 개인도 집단 안에서 함정에 빠질 수 있다

9.11 테러는 미리 막을 수 있었던 비극이었다. 그 부분에서는 미국 정보기관을 비판하는 사람들의 말이 옳았다. 하지만 문제는 CIA가 명백한 경고신호를 놓쳤다는 데 있지 않다. CIA가 오랫동안 주장했던 것처럼 이 부분에서 비판가들의 비판은 '서서히 머리를 드는 결정론'(이 세상의 모든 사건은 이미 정해진 곳에서 정해진 때에 이루어지게 되어 있다는 이론—옮긴이)에 묻혀버렸다. 경고신호는 CIA에 명백하게 나타나지 않았으며 아이러니하게도 CIA를 비판하는 많은 그룹들에게도 명백하게 보이지 않았을 것이다. 그들 역시 다양성이 부족했기 때문이다. CIA에 이슬람교도가 많지 않은 현상은 너무 직관적이기는 하지만 동질성이 어떻게 세계에서 가장 뛰어난 정보기관을 약화했는지 보여주는 하나의 예시일 뿐이다. 이는 다양성을 더 많이 갖춘 집단이 어떻게 알카에다가 제기한 위협뿐만 아니라 세계 전반에 걸친 위험을 보다 잘 이해했는지에 대한 통찰을 제공한다. 다양한 준거 프레임과 다양한 관점이 어떻게 더욱 포괄적이고 함축적이며 강력한 통합을 만들어냈는지 알려준다.

CIA 직원들 중 놀랄 만큼 많은 수가 중산층 가정에서 성장하며 재정적 어려움이나 정신적 이상이나 극단적인 상황이나 급진적 행동의 전조가 될 만한 현상이나 정보처리 과정에 대한 통찰 형성에 영향을 미칠 만한 이런저런 경험을 거의 하지 못했다. 그들 각자는 보다 다양성을 갖춘 팀에 있었더라면 훌륭한 자산이 됐을 것이다. 하지만 그들이 한 그룹으로 모여 있으면 결점이 드러난다. 그들의 준거 프레임이 겹치기 때문이다. 이는 개신교도, 백인, 남성, 미국인을 향한 비판이 아니다. 오히려 그 반대다. 개신교도, 백인, 남성, 미국인 분석가가 다양성이 부족한 팀에 배치되면 실망스러운 결과를 낸다는 비판이다.

사태가 일어나고 많은 시간이 흐른 뒤이긴 했지만, 가장 충격적인 증언이 바로 CIA 내부자들에게서 나왔다는 사실을 생각해보라. 전 CIA 부국장 카르멘 메디나Carmen Medina는 임명 당시 CIA 내에 몇 안 되는 여성 고위직 중 한 명으로 CIA 본부에 근무하는 32년 동안 다양성 확보를 위해 싸웠지만 대부분 실패했다. 2017년 사이버 전문가를 위한 소규모 플랫폼 '사이버 브리프The Cyber Brief'와 했던 주목할 만한 인터뷰(다른 뉴스 매체에는 이 인터뷰가 거의 보도되지 않았다)에서 메디나는 미국 역사상 가장 큰 정보 실패 중 하나의 핵심을 찔렀다. 그녀는 말했다.

CIA는 다양성을 위한 자체 목표를 달성하지 못했습니다. 미국 국가 안보 공동체가 거의 모든 구성원을 하나의 세계관을 가진 그런 형태로 조직을 구성하면 우리는 적들을 이해하고 그들이 무엇을 할지 예측할 수 없습니다. 그러므로 나는 정보기관들이 세계에 관한 다양한 관점과 전망을 이해하고 수용하는 것이 중요하다고 생각합니다.

메디나는 말을 이어갔다. "의견 차이, 반대되는 관점, 서로 다른 경험 기반을 진정으로 고려하면 보다 풍부하고 정확한 세계관을 정립할 수 있습니다."

가장 쓸쓸한 아이러니는 CIA가 아프가니스탄과 그 주변에서 나오는 경고신호를 감지하고 25개국 이상에 정보원을 두고 있는 알카에다 네트워크에 잠입하기로 결정했다 하더라도 그들이 실제로 그렇게 하는 데 어려움을 겪었을 것이라는 점이다. 왜 그럴까? CIA 분석가 사이의 다양성 부족이 현장에서의 다양성 부족으로 고스란히 이어졌기 때문이다.

정보 전문가 밀로 존스는 CIA에 중국어나 한국어, 힌디어, 우르두어, 페르시아어 또는 아랍어(이들 언어를 사용하는 인구를 합하면 전 세계 인구의 3분의 1이 넘는다)를 읽고 말할 수 있는 분석가가 거의 없다는 사실을 언급한다. 정치학자 에이미 B. 지거트Amy B. Zegart에 따르면, 2001년 비밀공작원 교육과정의 졸업반 학생들 중 20퍼센트만 로망스어(라틴어에서 발달한 프랑스어, 이탈리아어, 스페인어 등—옮긴이) 이외의 언어를 구사했다. 1998년까지만 하더라도 CIA는 아프가니스탄의 기본 언어 중 하나인 파슈토어를 쓰는 공작원을 한 명도 고용하지 않았다. 이런 양상은 많은 방면에서 9.11 테러 조사위원회가 의

아하게 여겼던 점의 근거가 되었다. "기습 공격을 탐지하고 경보를 울리기 위해 미국 정부가 진주만 공습 이후 공들여 개발했던 방법이 실패한 것은 아니었다. 다만 그 방법들이 실제로 시도되지 않았을 뿐이다."[32] 세계에서 가장 많은 비용을 들여 조직한 정보기관이 출발조차 못 한 셈이었다.

9.11 테러를 극화한 TV 드라마 중 다수가 또 다른 원인을 지목하고 있다는 사실에 주목해볼 필요가 있다. 바로 정보기관들의 경쟁의식에서 비롯된 그들 사이의 형편없는 커뮤니케이션이었다. 실제로 결정적인 순간들이 많았는데, 특히 2001년 5월 CIA가 FBI와의 미팅에서 격렬한 신경전을 벌이며, 훗날 아메리칸항공 77편의 납치범 다섯 명 중 한 명인 칼리드 무함마드 압달라 알미드하르Khalid Muhammad Abdallah al-Mihdhar에 관한 정보공개를 거부했을 때가 결정적이었다. CIA가 알고 있는 정보를 공개했더라면 알카에다 첩보원이 이미 미국 내에 들어와 있었다는 사실을 FBI가 알아차렸을 것이라고 주장하는 사람들도 있다.

이런 순간들과 여러 다른 문제들을 중요하게 여기지 않는 것은 잘못이지만,[33] 이들을 실패의 근본 원인으로 규정하는 것도 틀린 생각이다. 가장 중대한 문제는 보다 미묘한 곳에 있었다. 즉 수십 년 동안 확연히 눈에 띄는 곳에 존재했고, 비록 너무 늦었지만 카르멘 메디나가 지적했던 바로 그 문제다. 2017년 인터뷰에서 메디나는 말했다. "의견 차이를 다루는 효과적인 방법이 필요한 조직이 있다면, 그건 바로 정보기관들이어야 하기 때문에 [다양성 부족은] 너무나 아이러니합니다."

물론 이것이 CIA만의 문제는 아니다. 인지적 동질성은 현대사회에서 예외적인 일이 아니라 일반적인 표준이다. 대부분의 조직은 다양성이 심각하게 부족한 탓에 현명한 판단을 내리고 영리한 전략을 수립하며 위협을 감지하는 자신들의 능력을 손상시킨다. 아닌 게 아니라 제2차 세계대전 이후의 시기에 대다수 정보기관이 실패를 겪은 이유는 이런 관점에서만 이해될 수 있다.

쌍둥이 빌딩에 대한 테러가 일어난 후 체포된 테러 용의자들의 정보를 수집하기 위해 9.11 이후 쿠바 관타나모만에 설립된 국방부 심문 부서를 예로 들어보자. 이 부서는 미래의 참극을 막을 수 있는 정보를 확보하는 사명을 띤 고도로 훈련된 정보원들이 이끄는 매우 중요한 (그리고 종종 매우 광적인) 작전을 수행했다.

이 정보작전은 조직 내 거의 모든 사람에게 합리적인 활동으로 보였다. 신규 억류자가 도착하면 정보원은 그들의 이름을 이름과 중간이름, 성에 따라 분류된 데이터베이스에 입력했다. 이는 우리 대부분에게 익숙한 시스템으로 이를테면 항공편을 예약할 때 자신의 이름을 입력하는 포맷과 같다. 하지만 마크 와이너Mark S. Weiner가 저서 《씨족 집단의 통치 규칙The Rule of the Clan》에서 설명한 것처럼 이 시스템에는 치명적인 결함이 있었다.[34] 그런데도 2003년 중동 전문가 캐런Karen(가명)이 사우디아라비아 출신 억류자들을 감시하는 부서의 리더로 고용되고 나서야 이 결함이 드러났다.

캐런은 데이터베이스가 밝혀내야 할 바로 그 패턴을 오히려 더 이해하기 힘들게 만들고 있다는 사실을 곧바로 깨달았다. 왜 그럴까? 이름과 중간 이름, 성을 중심으로 만든 추적 시스템은, 예를 들면 제임스 D. 스미스James D. Smith나 재닛 P. 존스Janet P. Jones 같은 이름들에는 완벽하게 작동하지만, 아부 마리암 칼리드 무함마드 빈 사이프 알유타이비Abu Maryam Khalid Muhammad bin Syaf al-Utaybi 같은 아랍 이름에는 그리 효과적이지 못하다. 캐런은 아랍어와 라틴어 알파벳이 근본적으로 다르다는 사실도 깨달았다. 아랍어는 초서체로 쓰며 스물여덟 개 알파벳을 사용한다. 반면 (영어에 사용되는) 라틴어 알파벳은 스물여섯 개다. 이는 가장 간단한 아랍 이름마저도 복수 형태의 라틴어 글자로 바꿔 쓸 수 있다는 뜻이다. 리비아 독재자였던 무아마르 카다피Muammar Gaddafi를 예로 들어보자. ABC 뉴스를 보면 그의 이름은 서로 다른 112가지 형태로 쓰였다.[35] 다양한 형태 중에는 'Gathafi', 'Kadafi', 'Gadafy' 등이 포함된다. 그런데 이는 단지 그의 성에 불과하다. 그의 이름은 'Moammar', 'Mu'ammar', 'Moamar' 등의 여러 형태로 표현됐다. 덧붙여 말하자면 그의 전체 이름은 무아마르 무함마드 아부 미냐르 알카다피Muammar Mohammed Abu Minyar al-Gaddafi다.

게다가 FBI 추적 시스템의 문제는 아랍 이름을 서구 형태로 바꾸기에 실패하는 데 그치지 않고 음역 과정 자체가 표준화돼 있지 않다는 데 있었다. 각 용의자의 이름은 구금 당시 사무실에 있던 정보원의 순간적인 기분에 따라 입력됐다. 정보원들이 실행 과정 속 결함을 의식하지 못한 이유는 그들이 게을러서가 아니라 결함 자체가 그들의 준거 프레임 밖에 존재했기 때문이었다. 달리 설명하면, 전형적인 사각지대에 있었던 것이다.

캐런이 서류 기록 시스템을 수정하고 음역 과정을 표준화한 후에야 중요한 패턴이 드러났다. 그녀는 억류자의 이름을 자세히 살펴보고 나서 단 두 씨족에서 태어난 사람들의 비율이 놀랄 정도로 높다는 사실을 깨달았다. 바로 카타니Qahtani와 우타이비Utaybi 씨족이었다. 캐런은 이 씨족들이 아랍 반도의 특정 지역 출신이라는 것을 알고 있었다. 또한 그들이 현재 사우디아라비아의 왕조인 사우디 가문 및 그 지지자들과 최소한 300년에 걸쳐 갈등을 겪어왔다는 사실도 알고 있었다. 예를 들면 1979년 사우디아라비아 그랜드 모스크Grand Mosque 점령은 무함마드 빈 압둘라 알카타니Muhammad bin Abdullah al-Qahtani와 주헤이만 알우타이비Juhayman al-Utaybi가 주도한 사건이었다. 관타나모에 억류된 자들 중 한 명은 9.11 테러의 스무 번째 비행기 납치범으로 추정되는 무함마드 마나 아흐마드 알카타니Muhammad Mana Ahmed al-Qahtani였다.[36]

그 덕분에 또 다른 혼란의 근원이 잇달아 해결되었다. 정보기관 내에서는 테러리스트들이 이슬람 근본주의자, 즉 퇴폐적인 서구에 격분한 순수주의자라는 관점이 지배적이었다. 하지만 이런 관점은 일부 억류자들이 자신들을 감금한 사람들에게 맥주를 요구하고 또 다른 억류자들이 포르노물을 요청한 사실과 일치하지 않는다. 이런 행동은 많은 억류자들의 동기가 종교적 급진주의에서만 비롯된 것이 아니라는 점을 인정할 때에만 이해될 수 있다. 대다수는 근본주의자가 아니었다. 오히려 그들은 고대 부족의 복수를 영구화하기 위해 알카에다에 합류했다.

캐런은 심문 부서에 엄청난 기여를 했다. 그녀가 동료들보다 많이 알아서가 아니라 다른 관점을 도입했기 때문이었다. 동료들의 관점과 한데 합쳐진 이 관점 덕분에 사우디 테러리스트들의 동기, 그리고 (무엇보다 가장 중요한) 침투할 만한 유사 네트워크에 대한 정보 이해의 폭을 넓힐 수 있었다. 캐런이 없었더라면 뿌리 깊은 조직 내 사각지대는 영원히 사라지지 않았을지도 모른다.

정보기관이 뒤늦게나마 인지 다양성의 중요성을 이해한 덕분에 캐런을 고용했다는 사실은 매우 다행스럽다. 실제로 캐런은 2000년 FBI에 지원했을 때 아랍어 전문성에도 불구하고 떨어졌다. FBI는 그 지식이 정보활동과 "상관이 없다"고 여겼다.[37] 심지어 캐런이 국방부에 분석가로 고용됐을 때 처음에는 "아랍어 능력이 필요 없는 독일에서 완전히 따분한 임무"에 배치됐다.[38] 캐런이 심문관 자리를 제안받고 그 기회를 잡아 관타나모 수용소에서 자신의 전문성을 발휘했을 때 비로소 다른 관점이 광대한 사각지대들 중 하나를 다룰 수 있었다. 달리 설명하면 미국 정보기관에 대한 캐런의 중대한 기여는 시스템 덕분이 아니라 그런 시스템을 무시한 덕분에 이뤄졌다.

그리고 이것은 아마 역사상 가장 엄청난 비극일 것이다. 밀로 존스는 9.11 테러의 원인이라 할 수 있는 이런 실패가 쿠바 미사일 위기에서 이란 혁명, 소비에트연방 붕괴 예측 실패에 이르기까지 CIA 역사 내내 반복됐다고 주장했다. "이런 실패들의 근원은 이론의 여지 없이 직접적으로 CIA의 중심에 자리 잡은 사각지대에 있다고 볼 수 있습니다." 런던에서 만났을 때 존스가 한 말이다. 이는 오랫동안 이어지며 때로는 격렬해지기까지 한 논쟁의 양측, 즉 정보기관을 방어하는 측과 공격하는 측 모두가 핵심 문제를 간과해왔던 이유를 보여준다. 돌이켜 보면 명백한 위협이 있었다는 비판자들의 말도 틀리지는 않았다. CIA가 재능이 뛰어난 자들을 고용했고 그들에게는 위협이 명백히 드러나지 않았다는 방어자들의 대응도 옳은 말이었다.

분명한 사실은 분석가 개개인에게 비판이 쏟아져서는 안 된다는 것이다. 그들이 게으르거나 업무를 느슨하게 처리하거나 방치한 것은 아니었으며 성과 부진을 설명할 때 사용하는 어떤 경멸적인 단어도 그들에게 해당하지는 않는다. 그들의 통찰력이나 애국심 또는 근면성이 부족하지도 않았다. 실제로 정보 분석가 중 어느 누구도 부족한 점이 없었다고 주장할 수 있다. 그들이 부족했던 점은 오직 집단 단위에서만 드러났다.

CIA는 각 개인을 놓고 보면 통찰력이 있었지만 전체를 보면 집단적 맹목 상태에 있었다. 그리고 이 역설의 한가운데에 우리가 잠시 살펴본 다양성이 반드시 필요한 이유가 자리 잡고 있다.

2

반항적인 팀 vs.
복제인간 팀

기술 스타트업 창업가가
국가대표 축구팀에 조언을 한다고?

2016년 중반에 나는 영국 국가대표 축구 센터 의장 데이비드 시프생크스David Sheepshanks에게서 축구협회 기술자문위원회에 합류해 달라는 이메일을 받았다. 이 위원회는 협회 최고경영자 마틴 글렌Martin Glenn과 영국 남녀 엘리트 팀 기술감독 댄 애슈워스Dan Ashworth, 영국 남자 대표팀 감독 개러스 사우스게이트Gareth Southgate에게 조언을 주기 위해 구성됐다. 나는 영국계 아시아인으로 첨단기술 스타트업을 창업한 마노지 바달Manoj Badale과 올림픽 스포츠 행정가 수 캠벨Sue Campbell, 교육 전문가 마이클 바버 경Sir Michael Barber, 전 영국 럭비팀 감독 스튜어트 랭커스터Stuart Lancaster, 사이클 코치 데이브 브레일스포드 경Sir Dave Brailsford이 이미 속해 있고 이후 최초의 여성 샌드허스트 왕립 육군사관학교장으로 임명된 루시 자일스Lucy Giles도 참여한 위원회에 합류했다.

자문위원회의 목적은 분명했다. 영국 남자 대표팀은 가장 최근인 2016년 유럽 챔피언십에서 아이슬란드에 패하는 등 수십 년 동안 주요 대회에서 좋은 성적을 올리지 못했다. 이런 결과는 전 세계에 축구를 대중화시킨 국가가 50년 이상 월드컵이나 유럽 챔피언십에서 우승하지 못한 이유를 찾기 위한 많은 자기 성찰로 이어졌다. 어떤 이들은 멘탈 블록mental block(스스로 만든 정신적 장벽—편집자)이 원인이라고 했다. 지도 방식의 기술적 결함을 지목하는 사람들도 있었다. 반면 프리미어리그(영국 프로축구 1부 리그—옮긴이)의 영향력을 우려하는 이들도 있었다. 대부분의 사람들은 영국이 1990년, 1998년, 2006년의 월드컵과 1996년, 2004년, 2012년의 유럽 챔피언십에서 승부차기 끝에 패해 탈락한 사실을 지적하며 특히 승부차기에서 어려움을 겪었다는 데 동의했다. 실제로 월드컵과 유럽 챔피언십에서 영국보다 승부차기에서 더 많이 패한 팀은 없었다.

어쩌면 당연한 일이겠지만, 영국 축구계는 기술자문위원회 구성을 두고 심각한 불안감을 감추지 못했다. 무엇보다 자문위원회에 축구 전문가가 아닌 사람들이 많이 포함돼 있었기 때문이다. 실제로 프랑스 혈통으로 영국 프로축구팀에서 활약했던 그레엄 르 소Graeme Le Saux만 축구에 관련된 인물이었다. 영국 스포츠 저널리스트 헨리 윈터Henry Winter는 〈더 타임스〉에 이런 글을 썼다. "영국 축구협회는 많은 축구 선수들이 대회에서 불운을 겪는 이유에 대한 조언을 얻기 위해 사이클링과 럭비, 탁구의 전문가가 필요하지는 않다." 사실 이 말은 그나마 정중한 표현이었다. 핵심은 평생을 럭비에 바친 랭커스터와 기술 분야에서 경험을 쌓은 바달 같은 인물들이 여러 프로축구팀을 감독했던 해리 레드냅Harry Redknapp이나 토니 풀리스Tony Pulis 같은

다이버시티 파워

사람들보다 축구를 많이 알지 못한다는 것이다. "레드냅은 축구협회에 조언할 자문위원들보다 축구를 훨씬 더 잘 알고 있다." 한 축구 저널리스트는 말했다. "이건 말도 안 된다."

이런 말속에 담긴 놀라운 사실은 그 말들이 이론의 여지 없이 다 맞는다는 점이다. 레드냅은 축구에 관해 이미 알았다가 잊어버린 것이 바달이 앞으로 알게 될 내용보다 훨씬 더 많을 정도로 축구에 정통하며, 풀리스는 랭커스터와 자일스는 물론이고 바버와 캠벨보다 훨씬 더 많은 축구 지식을 보유하고 있다. 사실 원터의 칼럼을 읽었을 때 나는 동의하지 않을 수 없었다. 이런 자문위원 그룹이 글렌이나 애슈워스는 말할 것도 없고 사우스게이트에게 어떤 도움을 줄 수 있을까?

그럼에도 바로 이런 점 때문에 위원회에 합류한 사람들의 경험이 놀랄 만한 것으로 판명되었다. 자문위원 중 어느 누구도 보수를 받지 않았지만 우리는 서로를 더 잘 알기 시작하면서 자문위원 회의를 매우 특이한 배움의 기회로 여기며 그 시간을 기대했다. 가장 고무적인 순간은 회의에 참석한 누군가가 다른 사람들은 모르는 내용을 이야기했을 때였다. 즉 그들은 어떤 의미에서는 독특하다 할 수 있는 경험에서 우러나온 통찰을 제공했다. 달리 표현하면 기존 가치체계나 규범을 벗어난 '반항적인 아이디어rebel ideas'라 부를 만한 내용을 제시했다.

예를 들면 랭커스터는 2015년 럭비 월드컵의 경험을 바탕으로 주요 대회 전의 선수 선발에 관한 관점을 제공했다. 브레일스포드는 식단 조절과 신체 단련을 위해 방대한 데이터집합을 활용하는 방법을 상세하게 공유했다. 자일스는 육군에서 얻은 지식을 바탕으로 불굴의 정신을 기르는 법에 관한 통찰을 제공했다. 바달은 기술 스타트업이 혁신을 추진하는 데 사용하는 기법을 이야기했다. 바버는 토니 블레어Tony Blair 총리실 직속 서비스 관리기구의 첫 번째 수장으로 쌓은 경험을 바탕으로 추상적인 아이디어를 실질적인 행동으로 전환하는 방법을 제시했다. 이들이 제공한 내용의 세세한 부분까지 밝힐 수는 없지만 그것이 핵심은 아니다. 가장 중요한 점은 이 자문위원회가 인지 다양성이 넘쳐나는 그룹이라는 것이다. 실제로 나는 위원회 구성에 때때로 변화를 준다면 위원회가 경쟁 세계에 필요한 조언을 지속적으로 줄 수 있다는 사실을 거의 의심하지 않는다.

나는 또한 영국 축구협회가 레드냅과 풀리스처럼 축구 경기 경험이 풍부한 다른 사람들을 영입했다면 어떤 일이 벌어졌을지 궁금해졌다. 그 그룹은 분명히 훨씬 더 인상적인 자격들을 보유했을 것이다. 실제로 자문위원회에 참석한 모든 두뇌는 축구에 관한 노하우와 경험이 넘칠 정도로 가득했을 것이며 이는 흔히들 말하는 지혜로운 집단의 전형적인 모습이다.

하지만 그런 그룹이 효과적이었을까? 문제는 레드냅과 풀리스가 알고 있는 내용이 매우 비슷하다는 데 있다. 그들의 준거 프레임은 겹친다. 두 사람은 플레이 방식과 지도 방식, 그 밖에 다른 많은 부분에서 영국 축구의 지배적인 전제에 익숙했다. 그들은 축구에 대해 많이 알지만, 결정적으로 사우스게이트 감독이 미처 모르는 부분에 대해서는 거의 알지 못했다. 그들의 존재는 서로의 기능을 거울에 비추듯 똑같이 드러내며 의도치 않게 영국 축구에 잠재한 전제를 더욱 견고히 하는 상황으로 거의 분명히 이어졌을 것이다. 이는 동종 선호의 전형적인 특징이다. 현명한 개인들로 구성한 그룹은 거의 대부분의 경우 현명하지 못한 위원회로 이어진다. 문제는 각 개인이 아니라 전체 그룹에서 생겨난다.

다양성을 갖춘 그룹은 철저히 다른 특성을 드러낸다. 축구 전문가는 아니지만 선수 영입이나 지도 방식, 그리고 언론과의 관계 형성에 관한 신선한 관점을 제공하거나 승부차기에 대비할 때 드러나는 일부 근원적인 약점을 꿰뚫어 보는 사람들을 바라보는 것은 매우 흥미로웠다. 반항적인 아이디어는 대개의 경우 받아들여지지 않았다. 의견 교환은 활발하게 이뤄졌다. 어쨌든 이런 회의는 거의 항상 확산적 사고divergent thinking와 더욱 정교한 해결 방안을 제시하는 결과로 이어졌다.

여기서 내가 강조해야 할 점은 이런 그룹이 절대 완벽하지는 않다는 것이다. 서로가 이해하고 있는 내용에 많은 차이가 있다. 논의 자체가 매끄럽지 않게 진행되는 순간도 있을 것이다. 이럴 때 운영 방식을 일부 변경하면 어떤 그룹이라도 도움을 받을 수 있다. 집단지성은 늘 진화해야 한다.

하지만 내가 이 책의 주제를 생각한 계기는 다른 무엇보다도 자문위원회에서 겪은 경험이었다. 다양성에는 과소평가된 힘이 분명히 있다고 생각했다. 내가 예전에 전혀 파악하지 못했던 힘이었다. 그래서 나는 어떻게 그리고 왜 그런 힘이 생기는지 보다 분명히 알고 싶었다. 다양성의 역동적인 힘을 경험하는 것과, 다른 환경과 산업에서 다양성이 제대로 작동하게 만드는 방법 그리고 다양성을 정말 최대한으로 활용하는 방법을 아는 것은 완전히 다른 일이다.

나는 다양성에 관한 콘퍼런스를 찾아다니며 현장에서 일하는 사람들을 만나기 시작했다. 인사관리 전문가와 최고경영자, 심지어 정치지도자를 위한 회의에도 참석했다. 하지만 이런 회의에서 내게 가장 강한 충격을 준 사실은 다양성이 별로 새로울 게 없는 주제buzz topic이지만 사람들이 종종 이 용어를 다른 의미로 이야기한다는 점이었다. 어떤 사람들은 젠더 다양성을 말하고 또 다른 사람들은 신경 다양성neurodiversity을 말하며 인종 다양성을 이야기하는 사람들도 있었다. 대개의 경우 사람들은 자신이 뜻하는 내용을 정확히 규정하거나 그것이 중요한 이유를 구체적으로 밝히지 않았다. 토론 주제가 명확하지 않고 애매해 보였다.

이것이 바로 다양성 과학science, 즉 다양성에 관한 구체적인 지식체계를 수립하는 것이 중요해 보였던 이유다. 나는 동질성 조직이 그 원인도 모른 채 실패하기 쉬운 이유와 다양성을 갖춘 팀이 각 구성원의 총합보다 더 많은 것을 이뤄낼 수 있는 이유를 설명하는 개념을 알고 싶었다. 다양성이 학계 전반에서 주목받으며 비즈니스와 스포츠를 비롯한 여러 분야의 최선두 조직의 전략을 지배하기 시작한 이유를 설명하는 데 도움이 되는 개념을 알고 싶었다.

이를 염두에 두고 지금껏 배운 내용에 약간의 정밀함을 더하는 용

다이버시티 파워

도로 2장을 활용해보자. 우리는 집단지성의 윤곽을 살펴보며 집단지성이 어떻게 생겨나는지, 그리고 조직이 잠재력을 인식하는 데 방해가 될 수 있는 장애물이 무엇인지 알아볼 것이다. 무엇보다도 기존 가치체계나 규범을 벗어나 독창적인 생각을 하는 사람들로 이뤄진 반항적인 팀teams of rebels이 비슷한 성향의 다른 이들을 그대로 따라 하는 사람들로 이뤄진 복제인간 팀teams of clones을 이기는 이유를 살펴볼 것이다.

부유한 귀족 출신 정치인이 정책 실패를 일삼는 이유

우리는 다양성 과학의 기본 아이디어를 시각적인 형태로 표현할 수 있다. 74쪽 그림 1의 직사각형이 유용한 아이디어, 즉 특정 문제나 목적에 관련된 통찰과 관점, 경험, 사고방식의 영역을 나타낸다고 가정해보자. 우리는 이를 '문제 공간problem space'이라 부를 수 있다.

단순한 문제를 놓고 보면 한 사람이 이 모든 '정보'를 보유할 수 있다. 그럴 때는 다양성이 필요하지 않다. 하지만 복잡한 문제에 직면하면 한 사람이 관련된 모든 통찰을 확보하지 못한다. 가장 영리한 사람에게도 부분적인 지식만 있을 것이다. 그림 1에서 이 영리한 사람을 원 안에 데이비드로 표시한다. 그는 지식이 많지만 모든 것을 알지는 못한다.

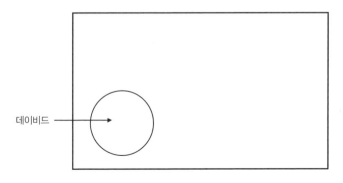

그림 1. 영리한 개인

하지만 이 그림에서 우리는 동종 선호의 위험을 알 수 있다. 그림 2에서는 사고방식이 같은 사람들끼리 어울리면 어떤 일이 일어나는지 알 수 있다. 개개인 모두는 똑똑하다. 그들은 각자 인상적인 지식을 보유하고 있다. 하지만 그들은 동종 집단이기도 하다. 알고 있는

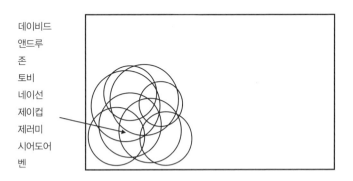

그림 2. 영리하지 못한 팀(복제인간 팀)

다이버시티 파워

것이 비슷하며 동일한 관점을 공유한다. 그들은 흔히 말하는 '복제인간과 같다.' 이것이 바로 CIA의 기본적인 문제였다.

사고방식이 같고 우리의 관점을 거울에 비추듯 똑같이 드러내며 우리의 편견을 서로 확증해주는 사람들에게 둘러싸여 있으면 얼마나 편안할지 생각해보라. 그런 환경은 우리 자신이 더욱 영리하다는 느낌이 들게 하며 우리의 세계관을 입증해준다. 실제로 다른 사람들이 우리와 같은 생각을 드러낼 때 뇌를 스캔한 사진을 보면 우리 뇌의 쾌락 중추가 자극된다는 증거도 있다. 동종 선호 경향은 인간 집단을 문제 공간의 한쪽 코너로 끌고 가는 숨겨진 중력과 비슷하다.

이런 위험은 인류 자체의 역사만큼이나 오래됐다. 고대 그리스인들은 이 사실을 분명히 잘 알고 있었다. 아리스토텔레스는《니코마코스 윤리학》에 사람들은 "자신과 닮은 사람들을 사랑한다"라고 썼다. 플라톤Plato은《파이드로스》에 "닮은 점은 우정을 낳는다"라고 언급했다.[1] '같은 깃털의 새들은 함께 모인다birds of a feather flock together('가재는 게 편'의 영어식 표현—편집자)'는 속담은 플라톤의 명저《국가론》앞부분에 나오는 표현에서 비롯됐다. 실제로 정말 자세히 보면 지적 유사성의 위험은 그리스 문화를 지속적으로 지배했다. 그림 2가 오늘날 전 세계에 널리 퍼진 문제, 즉 개인적으로 똑똑한 그룹이 집단적으로는 명청하기도 한 문제를 대표하기 때문에 이 그림은 기억해둘 만한 가치가 있다.

인두세Poll Tax는 1980년대 말 영국 정부가 처음 도입했을 때부터 악평에 휩싸였다. 이 정책의 주요 특징은 자산에 부과하던 방식에서 각 개인에게 부과하는 방식으로 지방세제를 변경하는 것이었다. 하지만 애초부터 제도 실행을 불가능하게 만든 결점들이 많았다. 세금 징수 자체가 거의 불가능해 제도를 실행할 수 없었다. 또한 세금이 그저 그런 저가 주거지에 사는 가구들에 지나치게 쏠리는 역진세(과세 대상이 증가할수록 세율이 낮아지는 조세로 누진세의 반대 개념. 고소득층에 유리하나 저소득층에 불리하다—옮긴이)였다.

정책이 실행되자 일부 가구의 세금은 1500파운드 이상 늘어났다. 다른 많은 가구들은 최소한 500파운드를 더 부담했다. 1989년 이 세금은 가구 총소득에서 상당한 부분을 차지했다. 한편 극소수 가구들은 연간 1만 파운드 정도의 세금을 오히려 절약했다. 이런 불평등은 연쇄반응을 불러일으켰다. 당연히 저항이 빗발쳤고 그래서 원래 어려웠던 세금 징수가 더욱더 힘들어졌다. 세금 미납이 정책의 개념에 이미 자리 잡고 있었던 셈이다. 형편없는 세금 제도가 실행되면서 그 결과는 쉽게 예측할 수 있었다. 한 소식통은 이렇게 표현했다. "세금 징수의 어려움은 일부 시 당국의 재정을 사실상 붕괴 상태에 몰아넣었다."

평화적인 시위자들은 "낼 수도 없고 내지도 않겠다!"라고 소리치며 가두시위에 나섰다. 일부는 공격적이었고 그 결과 폭동이 일어났다. 최대 25만 명에 이르는 시위자들의 런던 시내 행진은 상점 유리창 파손, 자동차 방화, 상점 약탈로 이어졌다. 모두 합쳐 339명이 체

다이버시티 파워

포되고 100명 이상이 부상을 입었다. 혼란이 며칠 동안 지속되면서 폭력에 전염성이 있을지도 모른다는 공포감이 일었다.

영국 정치학 전문가 앤서니 킹Anthony King과 아이버 크루Ivor Crewe는 이렇게 썼다.

> 거의 20년이 지난 후에도 그 사태 전체는 여전히 궁금증과 경악을 불러일으킨다. (중략) 인두세에 관한 모든 비관적 예측은 얼마 못 가서 현실로 드러났다. 세금 제도를 만든 사람들은 두 눈을 크게 뜬 채 뚜렷하게 보이는 함정 속으로 들어가면서도 아무것도 보지 못한 게 분명했다. 그들은 경고신호에 귀 기울이지 않으며 계속 더듬대기만 했다. 결국 총체적이고 비참한 실패를 맞이했다.[2]

어떻게 그런 일이 일어났을까? 킹과 크루에 따르면 인두세의 대실패는 제2차 세계대전 후 영국 정치 역사 전반으로 확대된 심각한 패턴의 한 부분이다. 그들은 모든 정치 형태의 정부가 저지른 가장 큰 실수들의 '상당 부분'이 표면적인 차이에도 불구하고 동일한 근본 원인, 즉 다양성의 부족에서 비롯됐다고 주장한다. 특히 정치 엘리트의 사회적 다양성 부족에 초점을 맞춘다. 인두세의 경우를 놓고 킹과 크루는 세금 제도 실행을 맡고 있는 부서의 각료였던 니컬러스 리들리Nicholas Ridley가 리들리 자작의 아들이며 영국 북동부 노섬벌랜드의 화려한 블랙던 홀Blagdon Hall에서 자랐다는 사실에 주목한다. 리들리의 어머니는 건축가 에드윈 러천스 경Sir Edwin Lutyens의 딸이자 화가 네빌 리턴Neville Lytton의 조카였다. 인두세가 시행된 기간에 재직한 다른 담당 각료들은 클리프턴과 케임브리지를 졸업한 패트릭 젱킨 Patrick Jenkin, 세인트폴과 옥스퍼드 출신의 케네스 베이커Kenneth Baker, 세인트베네딕트와 옥스퍼드 출신의 크리스 패튼Chris Patten이었으며 이들은 모두 사립학교를 다닌 후 옥스퍼드나 케임브리지에 입학했다. 리들리는 이튼과 옥스퍼드를 다녔다.

정책 심의 그룹은 윌리엄 월더그레이브William Waldegrave가 이끌었다. 그는 추턴 자작Viscount Chewton으로 알려진 콘월 공국 총독이자 가터 훈작사와 빅토리아 대십자훈장을 받고 아일랜드 의회 의원을 지낸 12대 월더그레이브 백작 제프리 노엘 월더그레이브Geoffrey Noel Waldergrave의 아들이었다. 그의 어머니는 대영제국 사업가 가문의 힐다 리틀턴Hilda Lyttleton과 아서 모턴 그렌펠Arthur Morton Grenfell의 딸인 메리 허마이어니 그렌펠Mary Hermione Glenfell이었다. 그는 서머셋 자치주에서 가장 웅장한 저택 중 하나인 추턴 하우스에서 어린 시절을 보냈다.

월더그레이브는 회고록《다른 종류의 날씨A Different Kind of Weather》에서 자신이 대부분의 사람들과 얼마나 동떨어진 삶을 살았는지 감탄할 정도로 솔직하게 고백한다. "나는 동네 아이들과 놀아본 적이 없었다. 우리에게 이웃은 약 13킬로미터 떨어진 애머다운Ammerdown에 사는 졸리프 가문Jolliffes이나 멜스Mells의 애스퀴스 가문Asquiths, 오처드 리Orchard Leigh의 더크워스 가문Duckworths, 해드스펀Hadspen의 홉하우스 가문Hopbhouses 또는 웰스Wells 지역의 대저택에 거주하는 주교

등이었다."

월더그레이브 가족은 같은 계층의 린지 가문Lindsays과 히스코트의 이머리 가문Heathcoat-Amorys, 올로프다비도프 가문Orloff-Davidoffs, 시모어 가문Seymours 사람들과 함께 유명한 콘서트피아니스트가 응접실에서 그랜드피아노를 연주하는 스코틀랜드의 휴양지 모이다트 호수Loch Moidart에서 휴가를 보냈다. 그들의 또 다른 휴양지는 스위스 샹페리Champéry였는데, 말이 끄는 썰매를 타고 가면 별장 샬레 데 프레네Chalet des Frênes가 있었다. 어린 월더그레이브에게는 요리사와 여자 가정교사가 함께했다. 그와 남동생은 사유지 내에서 꿩 사냥을 했다. 집 근처에 흑인이 나타나면 월더그레이브의 어머니는 우선 그를 테러리스트라고 생각하며 그에 대항하기 위해 정원용 제초기부터 움켜쥐었다. 그러고 나서 그 '테러리스트'가 그녀의 시야 바깥에서 자전거에 부딪힌 어린 월더그레이브를 일으켜 세우며 도움을 주고 있었음을 확인했다.

킹과 크루에 따르면, (마찬가지로 이튼을 다녔던) 월더그레이브도 일반 대중과 배경이 매우 달랐지만 정책 심의 그룹 멤버들과는 비슷했다. 모든 멤버가 월더그레이브만큼 특혜를 누리지는 못했지만 각자는 극히 부유한 배경 출신이었다. 킹과 크루는 "그들 중 어느 멤버도 영국 사회의 다른 계층 출신이 아니었다"라고 말한다. 이들은 문제 공간의 4분면 중 한곳에 몰려 있을 뿐만 아니라 그중에서도 가장 작은 점 하나에 비집고 들어가 있는 그룹이었다. 그들은 똑똑하지만 동질성 집단이었다. 유전적 의미에서는 아니지만, 인구통계적 관점에서 볼 때 복제인간들이었다. 정책 선택에 영향을 미치는 다양한 경험이 너무나 중요한 정치에서 이런 성향은 재앙이 될 것이다.

그럼에도 아이러니한 점이 있다. 바로 이 심의 그룹이 함께 일하는 것을 무척 좋아한다는 사실이다. 그들에게 협업은 아주 멋진 경험이었다. 킹과 크루는 '놀랄 만한 단결심'을 전하는 내부자의 말을 인용한다. 그들은 서로 동의하고 상대방의 사고방식을 거울에 비추듯 따르는 동조 의식을 발휘하며 서로의 행동을 모방하고 서로를 확증하고 인정하며 반영했다. 또한 동종 선호의 따뜻한 빛을 즐겼다. 이와 같은 그룹 내 사회적 하모니로 인해 멤버들은 자신들이 현명한 정책을 펼친다는 착각에 빠졌다. 하지만 실제로는 정반대였다. 각자의 사각지대를 더욱 견고히 할 뿐이었다.

그들은 브리지 카드 게임을 함께 즐기고 심지어 파티까지 함께 다닌 탓에 다양성 과학에 익숙한 사람들이라면 귀청이 떨어질 듯 크게 들었을 법한 비상벨 소리를 듣지 못했다. 이처럼 복제인간 같은 그룹이 세금 징수의 현실적인 문제와 정책 실행의 어려움, 가구들이 세금 납부를 힘들어하리란 사실을 예측하는 데 어려움을 겪는 것이 과연 놀랄 만한 일일까? 이 정책이 지방정부와 궁극적으로는 사회구조 자체에 압박을 가하리란 사실을 인식하지 못하는 것이 또 놀랄 만한 일일까?

이런 세금은 노년층에 특히 더 큰 충격을 줄 수 있었다. "런던 시내에서 연금을 받고 생활하는 부부는 순수익의 22퍼센트를 인두세로 납부해야 할 수도 있는 반면, 교외에 살며 형편이 더 나은 부부는 1퍼센트만 납부했다." 하지만 세금으로 납부할 현금이 없는 노부부들이 이런 비극적 상황에 직면했는데도 니컬러스 리들리는 문제를 전혀 파악하지 못했다. 그는 (자못 진지한 자세로) 대답했다. "그래도 그들은 집에 걸려 있는 그림을 언제라도 팔 수 있잖아요."

그보다 몇 년 앞서 리들리의 전임자 패트릭 젱킨은 1970년대 에너지 위기가 닥쳤을 때 이와 유사한 발언을 했다. 한 TV 인터뷰에서 대중에게 "어둠 속에서 이를 닦으며" 전기를 절약하라고 독려했다. 이후 젱킨이 전동 칫솔을 사용한다는 사실이 드러났고 모든 방에 불을 밝힌 런던 북부 자택의 사진이 찍혔다.

킹과 크루에 따르면 인두세는 개별 정치인이나 공무원에 달린 문제가 아니었다. 이들 중 다수는 헌신적인 공무원이었으며 뛰어난 경력을 쌓아나갔다. 또한 훌륭한 사고방식을 지닌 사람들이기도 했다. 선거학자 데이비드 버틀러 경Sir David Butler은 그들이 지방정부 개혁을 위해 "지금껏 모인 사람들 중 가장 뛰어난 그룹"이었다는 내부자의 말을 인용했다. 킹과 크루는 특권이 고위직 진출의 장애물이 되어서는 안 되며, 물려받았거나 다른 방법으로 부유한 배경을 지닌 사람들 중 다수가 공익에 많은 기여를 했다는 사실도 지적했다.

하지만 이것이 바로 문제의 본질이다. 즉 동일한 배경을 지닌 똑똑한 사람들이 의사 결정 그룹에 배치되면 집단적 맹목 현상을 보이기가 쉽다. 킹과 크루는 이렇게 표현한다. "모두가 자신의 생활 방식과 선호, 사고방식을 다른 사람들에게 투영한다. 일부는 늘 그렇게 하고 대부분은 때때로 그런다. 화이트홀Whitehall(영국 정부)과 웨스트민스터Westminster(영국 의회)에 속한 공무원들은 아무 생각 없이 자신과 전혀 상관없는 가치와 사고방식, 생활 방식 전체를 다른 사람들에게 투영한다."*3

물론 이는 보수 정치인들만의 문제는 아니다. 킹과 크루는 노동당 정부가 관련된 많은 사례들도 제시한다. 그중 하나는 2000년 7월 블레어 총리가 반사회적 행동을 다루기 위해 경찰에 새로운 권한을 부여해야 한다고 주장한 연설이었다. "만약 폭력배가 경찰에 잡힌 뒤 현금인출기로 끌려가 그 자리에서 예를 들어 100파운드의 벌금을 내야 한다면, 그는 남의 집 대문에 발길질을 하거나 원뿔형 도로 위험 경고 표지를 길거리에 집어 던지거나 늦은 밤 허공에 대고 욕설을 퍼붓는 행동을 두고 다시 한번 생각할 것입니다." 연설을 두고 특히 인권운동가들 사이에서 경찰 권력의 확대를 염려하는 반응이 즉각 나왔다. 하지만 인권운동가들과 저널리스트들이 거의 이해하지 못한 내용은 보다 세속적인 문제였다. 즉 그 정책의 조항 자체에 결점이 있었다. 왜 그럴까? 폭력배 대부분은 유효한 현금카드가 없었을 뿐만 아니라 은행 계좌에 100파운드도 없었기 때문이다. 킹과 크루는 설명한다. "총리는 다른 사람들이 자신과 비슷한 삶을 산다고 가정

---

* 인두세는 왜 각료회의에서 파기되지 않았을까? 킹과 크루에 따르면 견제와 균형이 이뤄지지 않았다. "그 정책은 이미 비밀스럽고 고립된 화이트홀 세계의 한쪽 구석에서 거의 전적으로 잉태되고 탄생했다." 결국 영국 총리의 지방 관저에서 열린 회의에서 통과됐는데, 그 회의에는 각료의 절반만 참석했고 이들 중 어떤 정책을 논의할지 사전에 알고 있었던 이는 거의 없었으며 어떤 문서도 배포되지 않았다.

다이버시티 파워

했다. 전혀 근거가 없는 가정이었다."*

문제를 깊이 파고들기 전에
관점의 사각지대부터 점검하라

동종 선호는 구성원 모두에게 스며드는 경향이 있다. 우리의 사회적 네트워크는 비슷한 경험과 관점, 신념을 지닌 사람들로 가득하다. 처음에는 다양성을 갖춘 그룹이라 하더라도 사람들이 지배적인 전제에 수렴하는 '동화同化' 현상에 따른 사회적 삼투 과정이 일어나면서 다양성이 밀려날 수 있다. 작가 셰인 스노Shane Snow는 거대 은행 최고 중역의 말을 공유했다.

그녀는 고개를 가로저으며 거대 은행이 머릿속에 온갖 아이디어가
넘치고 다양한 배경을 지닌 우수한 대학 졸업생을 잔뜩 고용했지만
그들이 조직의 문화에 '적합한' 성향으로 점점 변해가는 모습을 지

---

* 물론 한정된 인구통계적 집단(예를 들면 귀족 또는 소작농)이 현명한 정책을 제시한 역사적 사례들을 찾아낼 수는 있지만, 그 한정된 집단이 보다 나은 의사 결정 그룹을 구성한다고 추론하는 것은 잘못이다. 문제는 우리가 '다양성을 보다 많이 갖춘 그룹이 더 나은 의사 결정을 내릴까?' 같은 조건법적 서술을 이해하지 못한다는 데 있다. 이것이 바로 다양성 과학이 그토록 중요한 이유다. 무작위로 시험한 결과를 보면 다양성을 갖춘 팀이 체계적으로 보다 뛰어난 판단을 내리고 더 나은 예측과 더 현명한 전략을 제시한다.

켜보는 것이 얼마나 고통스러운지 말했다. 그들은 독특한 통찰과 목소리를 갖추고 있었다. 그녀는 그들의 목소리가 기업이 '인정한' 사고방식을 메아리치는 것이 아니면 점점 희미해지는 것을 느꼈다.[4]

그렇다면 문제 공간의 작은 부분에 사람들이 모여드는 현상은 인간 심리학적으로 예측 가능한 결과다. 한 그룹의 사람들 사이에는 복제인간처럼 되려는 경향이 내재되어 있다. 이런 의미에서 볼 때 CIA와 인두세 심의 그룹은 특이한 부류, 즉 아웃라이어가 아니라 하나의 증상이다. 실제로 수많은 내각과 대형 법률사무소, 군 지휘부, 고위 공무원과 심지어 일부 기술 기업의 임원들을 살펴보자. 이 그룹들 중 다수가 동질성을 띠고 있다는 말은 한 개인을 향한 비난이 아니라 현명한 사람들이 서로 겹치는 준거 프레임을 갖고 있으면 집단적으로 근시안적 경향을 보인다는 뜻이다.

현명한 그룹은 이와 다르게 기능한다. 그들은 복제인간 같지 않으며 동일한 관점을 앵무새처럼 흉내 내지도 않는다. 그 대신 그들은 반항적인 그룹이다. 반대를 위한 반대는 하지 않지만 문제 공간의 다른 영역에서 나온 통찰을 제시한다. 이런 그룹에는 도전하고 확대하며 일반적인 것에서 벗어나고 타화수분(다른 꽃의 수술에서 꽃가루를 받아 수정시키는 것—옮긴이)하는 관점을 지닌 사람들이 속해 있다. 이는 전체가 부분의 합보다 더 나은 집단지성의 전형적인 특징에 해당한다.

그림 3에 표시된 각 개인은 2장 초반부에 나왔던 그림 2의 팀원들

다이버시티 파워

보다 똑똑하지 않다. 그럼에도 그들은 엄청나게 더 높은 집단지성 수준을 갖추고 있다. 그들에게는 서로를 보완하는 힘coverage이 있다. 그들은 복잡한 문제에 직면할 때 다르게 생각하는 사람들과 함께 일하는 것이 중요한 이유를 보여준다.

그렇다면 어려운 문제를 다루려는 그룹이 제일 먼저 해야 할 일은 문제 자체에 대해 더 많이 아는 것이 아니다. 문제의 여러 측면을 더 깊이 파고드는 일도 아니다. 그 대신 한 발 물러서서 우리의 집단적 이해의 어느 부분에 틈이 있는지, 우리가 개념상 사각지대에 빠지지는 않았는지, 동종 선호 경향이 우리를 문제 공간의 아주 작은 구석으로 몰아넣지는 않았는지 질문해야 한다.

이처럼 보다 깊이 있는 질문을 마주하지 않으면 조직은 그룹 토의 과정 곳곳에 결함이 스며드는 위험에 빠진다. 즉 문제를 검토하고 더욱 깊이 파고드는 과정에서 오히려 자신들의 사각지대를 더욱 강화

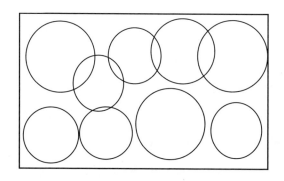

그림 3. 영리한 팀(반항적인 팀)

하는 지경에 이른다. 우리는 가장 어려운 문제를 다루기 전에 인지 다양성에 초점을 맞춰야 한다. 그렇게 해야만 그룹 토의가 거울에 비추듯 서로를 따라 하는 것이 아니라 서로를 계몽하는 깨달음에 이를 수 있다.

△●□

칼스코가는 스웨덴 북부 뫼켈른 호수의 북쪽 끝에 자리 잡은 아름다운 마을로 숲과 멋진 건물들이 가득 차 있다. 나는 10대 후반 스웨덴에 살 때 그곳을 자주 여행하며 매혹적인 모습에 마음을 빼앗기기도 했다.

스웨덴에서 지냈던 사람이라면 누구라도 지방정부의 가장 중요한 정책 중 하나가 제설 작업임을 알 것이다. 스웨덴 수도 스톡홀름은 눈이 내리는 날이 연평균 170일이며 대부분 가을과 겨울에 내린다. 눈이 온 다음 날 아침마다 룸메이트와 함께 차고 진입로에 눈을 삽으로 치웠던 일을 기억한다. 칼스코가의 제설 작업은 수십 년 동안 논리적인 것처럼 보이는 방식을 따랐다. 주요 간선도로부터 시작해 보행자도로와 자전거도로에서 끝났다. 지방의회 공무원들(대부분 남성)은 사람들이 일상적인 통근을 하는 데 최대한 지장이 없도록 노력했다. 그들은 유권자의 이익을 보호하려 했다.

그러다가 문득 의회는 특이하지만 통찰력 있는 깨달음에 이르렀다. 그들은 동질성이 너무 강한 그룹이었다. 수많은 사람들에게 영향을 미치는 정책 입안에서 인구통계적 다양성이 토의에 좋은 정보를 제공한다는 사실을 기억해보라. 캐럴라인 크리아도 페레스Caroline Criado Perez는 유명한 저서 《보이지 않는 여자들》에서 의사 결정을 내리는 자리에 여성들이 더 많이 영입될수록 집단지성이 놀랄 만한 전환을 이루기 시작했다는 사실을 강조한다.

한 새로운 분석은 남녀가 대체로 성별에 따라 다른 방식으로 이동한다는 사실을 밝혔고, 이는 공무원들이 예전에 미처 몰랐던 사실이었다. 남성은 주로 차를 타고 직장에 가는 반면 여성은 대중교통을 이용하거나 걸어서 갈 가능성이 높다. 예를 들면 프랑스 대중교통 승객의 66퍼센트가 여성이며 미국 필라델피아와 시카고는 각각 64퍼센트와 62퍼센트다.

남성과 여성은 이동 패턴도 다르다. 남성은 차를 타고 하루에 두 번 마을을 드나드는 경향이 있다. 온 세상 무급 돌봄노동의 75퍼센트를 맡고 있는 여성은 "아이들을 학교에 데려다준 뒤에 출근하고, 나이 많은 친지들을 병원에 모셔다드리고 퇴근길에 장을 보는" 경향이 있다고 페레스는 썼다. 이를 외출이나 통근 시에 한 번에 여러 가지 일을 보는 연쇄 이동trip-chaining이라 부르기도 한다. 이런 차이는 유럽 전역에서 나타나며 특히 어린 자녀가 있는 가정에서 확연하다.

새로운 관점이 드러나자 예전에 간과했던 다른 통계자료들이 눈에 들어오기 시작했다. 이는 매우 중요하다. 현명한 판단은 데이터를 해석하는 방식뿐만 아니라 우리가 애초에 구하는 데이터에 달려 있기 때문이다. 스웨덴 북부의 통계자료를 보면 부상으로 인한 병원 입원은 보행자가 압도적으로 많다. 미끄러운 빙판길에서 부상을 당하는 보행자는 자동차 운전자보다 세 배 더 많다. 이런 현상은 의료 비용에 압박을 가하며 생산성을 떨어뜨린다. 한 예측에 따르면 겨울 한철 동안 이렇게 발생한 비용이 스코네주 한 곳에서만 3600만 크로나(약 46억 원)에 달했다. 이 금액은 겨울철 도로 정비 비용의 약 두 배에 해당한다.

이런 개념상 사각지대가 사라지자 칼스코가는 '약 8센티미터 쌓인 눈 속을 차를 운전해 지나가는 편이 유아차(또는 휠체어나 자전거)로 헤쳐 나가는 것보다 수월하다'라는 이유로 보행자와 대중교통 이용자에 우선순위를 두기로 하며 수십 년간 이어져온 정책을 바꾸기로 결정했다. 이는 여성뿐만 아니라 공동체 전체에도 더 나은 정책이었고 손익 면에서도 이득이 있었다. 페레스는 "제설 작업 스케줄을 작성할 때 보행자를 우선순위에 두는 것은 경제적으로도 이치에 맞는다"라고 썼다.

여기서 주목해야 할 핵심은 원래 스케줄이 여성을 향한 악의에서 작성된 것이 아니었다는 점이다. 제설 스케줄이 유아차를 밀고 다니는 사람들보다 운전자를 의식적으로 우선순위에 둔 것은 아니었다. 문제는 바로 관점의 사각지대였다. 페레스의 표현처럼 "관점의 틈으로 인해 (중략) 일어난 일이었다. 제설 작업 스케줄을 처음으로 생각해낸 사람은 사람들이 이동하는 방식을 알았고 사람들의 필요에 맞춰 스케줄을 작성했다. 그들이 고의적으로 여성을 제외하는 방식을 제시하지는 않았다. 그저 여성들을 고려하지 못했을 뿐이었다."

다이버시티 파워

품지 못한 의문, 찾아보지 못한 데이터, 인식하지 못한 기회

반항적인 팀과 복제인간 팀의 차이를 가장 명확하게 강조하려면 아마도 예측의 과학을 통하는 방법이 좋을 것이다. 이 말이 난해한 주제처럼 들릴지 모르겠지만 예측은 일상생활 속에 스며들어 있다. 한 조직이 Y 대신 X를 하겠다고 결정할 때면 그들은 언제나 X가 더 나을 것이라고 은연중에 예측한다. 예측은 우리가 일터나 일상생활에서 내리는 거의 모든 결정의 중심에 자리 잡고 있다.[*]

최근에 나온 예측에 관한 가장 뛰어난 연구는 아마 듀크대학교 심리학자 잭 솔Jack Soll 교수가 이끈 연구일 것이다. 그와 동료들은 전문 경제학자의 예측 2만 8000건을 분석했다. 그들이 첫 번째로 발견한 사실은 전혀 놀랍지 않았다. 일부 경제학자는 다른 이들보다 예측 성과가 좋았다. 실제로 최상위 예측 성과를 낸 학자들은 평균적인 예측 성과를 낸 학자들보다 약 5퍼센트 더 정확했다.

하지만 솔은 분석 방식에 약간 변화를 줬다. 각 개인의 예측을 살펴보는 대신, 최상위 예측 성과를 보인 학자 여섯 명의 예측 평균을 선택했다. 좀 더 자세히 설명하면 이들을 한 팀으로 묶었다. 이와 같은 예측 평균을 그들의 집단적 판단이라 부를 수 있다. 그러고 나서

---

[*] 예측은 풍부한 데이터 조합을 만들어내기도 하고 수학적 분석을 훌륭하게 해내기도 한다.

솔은 이 예측 평균이 최상위에 오른 경제학자들의 예측보다 정확한지 확인했다.

단순한 예측 과제에서는 답이 분명 '아니오'여야 한다. 달리기 시합에서 주자 여섯 명의 평균 기록은 가장 빠른 주자의 기록보다 분명히 느리다. 이것이 스캘리아 대법관이 다양성과 탁월함 사이에 모순이 있다고 주장할 때 바탕에 둔 생각이었다. 하지만 이 결과는 단순한 문제가 아니라 복잡한 문제에 적용하면 뒤집힌다. 실제로 솔이 경제학자 여섯 명의 집단적 판단을 최상위 경제학자의 판단과 비교해보니 집단적 판단이 덜 정확하지 않았고, 오히려 더 정확했다. 그저 약간 더 정확한 게 아니라 15퍼센트 이상 더 정확했다. 이는 믿기 어려운 차이이며 실제로 연구자들은 그 차이가 너무 커서 충격을 받을 정도였다.

연구 결과에 어리둥절할 수도 있지만, 이는 우리가 이 책에서 이미 배운 내용을 분명히 강조해준다. 1장에서 일본인과 미국인이 물속 장면을 보는 실험을 생각해보라. 그들이 서로 다른 것을 보는 경향이 있다는 사실이 생각날 것이다. 왜 그럴까? 미국인과 일본인은 평균적으로 서로 다른 준거 프레임을 지니고 있기 때문이다. 서로 다른 관점들을 결합하면 보다 포괄적인 그림을 만들어낼 수 있는 이유가 바로 여기에 있다.

경제예측 전문가들에게도 준거 프레임이 있는 것으로 밝혀졌다. 때로는 이들을 모델이라 부르기도 한다. 모델은 관점과 견해, 그리고 종종 방정식의 집합으로 표현되는 세상을 이해하는 하나의 방식이

다이버시티 파워

다. 하지만 어떤 경제모델도 완벽하지는 않다. 각 모델에는 사각지대가 있다. 경제는 (정확히 예측할 수 있는 목성의 궤도와 달리) 복잡하다. 예를 들면 산업 생산율은 수만 개의 공장과 기업을 운영하는 경영자 수천 명의 결정에 달려 있고 수백만 가지의 변수에 영향을 받는다. 어떤 모델도 이 모든 복잡함을 설명할 수는 없다. 모든 것을 다 아는 전지적 경제학자는 없다.

하지만 이는 서로 다른 모델들을 결합하면 보다 완벽한 그림을 만들어낼 수 있다는 사실을 뜻한다. 어떤 경제학자도 완벽한 진실을 알지는 못하지만 다양한 경제학자로 구성된 그룹은 그 진실에 더 가까이 다가갈 수 있다. 대개의 경우 훨씬 더 가까이 다가간다. 예측 과제에서 이는 '대중의 지혜the wisdom of crowds'로 알려져 있다. 현재 다양성 과학의 이런 측면에 관한 많은 사례들이 있다. 예를 들면 연구자 스콧 페이지가 학생들에게 런던 지하철의 길이를 마일 단위로 예측해 쪽지에 써서 제출하라고 했을 때, 학생들의 집단적 예측은 249마일이었고 실제 길이 250마일과 1마일(약 1.6킬로미터) 차이였다.

집단 지혜는 정보가 서로 다른 생각 속에 분산될 때마다 드러난다. 런던 지하철의 길이를 추측하는 학생들을 생각해보자. 런던을 방문했던 학생, 뉴욕 지하철에 익숙한 학생 등 다양한 학생들이 있을 것이다. (심리학자 필립 테틀록의 말을 이해하기 쉽게 바꾸어 인용하면) 사람들은 예측을 할 때 알고 있는 어떤 정보도 모두 숫자로 변환한다. 각자의 예측은 정보 풀pool of information에 추가된다.

물론 각 개인은 실수와 근거 없는 믿음, 사각지대의 원인이 되기도 한다. 이 때문에 거의 정보 풀만큼이나 큰 오류 풀이 만들어진다. 하지만 정보는 그 정의에 따르면 정답을 가리키기 마련이다. 반면에 오류는 다른 출처에서 생겨나 다른 방향을 가리킨다. 일부는 너무 높게 예측하고 다른 일부는 너무 낮게 예측하며 서로를 상쇄하는 경향을 보인다. 테틀록은 이렇게 말한다. "타당한 정보가 쌓이고 오류가 자체적으로 무효화되면서 최종 결과는 놀랄 만큼 정확한 예측이 된다." 집단 의사 결정에 관한 유명한 책의 저자 제임스 서로위키James Surowiecki는 또한 이렇게 말한다. "각 개인의 예측에는 정보와 오류의 두 가지 요소가 있다고 할 수 있다. 여기서 오류를 제거하면 정보만 남는다."[5]

물론 집단에 속한 개인들이 많은 정보를 갖고 있지 않다면 그들의 판단을 결합하더라도 많은 것을 이루지 못한다. 일반인 집단에 다음 10년 동안 해수면이 얼마나 높아질지 예측하라고 하면 그리 좋은 결과를 얻지 못할 것이다. 집단 지혜를 달성하려면 현명한 개인들이 필요하다. 하지만 다양한 사람들도 필요하다. 그렇지 않으면 그들끼리 동일한 사각지대를 공유할 것이다.

이제 이 사실을 염두에 두고 사고실험을 해보자. 세상에서 가장 빠른 육상 선수를 찾았고 그를 우사인 볼트Usain Bolt로 부른다고 가정한다. 또 우리가 이 선수를 복제할 수 있다고 가정해보자. 만약 이런 선수 여섯 명으로 우사인 볼트 릴레이 팀을 구성하면 그 팀은 상대방을 압도할 것이다(물론, 선수들이 배턴을 효과적으로 전달한다고 가정한다).

다이버시티 파워

우사인 볼트 팀의 각 선수는 다른 팀의 그 누구보다 빠를 것이다.

이는 이 책 초반부에서 시사한 내용을 말해준다. 단순한 과제를 처리할 때 다양성은 집중을 방해하는 요소다. 그저 똑똑하고 빠르고 지식이 많은 사람들을 고용하면 된다. 하지만 복잡한 문제에 이르면 상황이 그저 달라지는 것이 아니라 완전히 반대다. 앞서 봤던 경제예측을 다시 생각해보자. 세상에서 경제예측을 가장 정확히 하는 사람을 찾아내고 그를 복제할 수 있다고 가정해보자. 만약 예측 전문가 여섯 명으로 팀을 구성한다면, 이렇게 복제된 예측 전문가로 팀을 구성하는 것이 타당할까? 표면상으로는 그 팀이 대항할 자가 없는 최상의 팀처럼 보인다. 각 팀원은 다른 팀의 누구보다 더 정확한 예측을 한다. 완벽한 팀이 아닐까?

우리는 이제 이 질문에 대한 답이 확실히 '아니오'라는 것을 알 수 있다! 그런 예측 전문가들은 모두 같은 방식으로 생각한다. 동일한 모델을 사용하고 똑같은 실수를 한다. 그들의 준거 프레임은 겹친다. 실제로 솔의 실험은 다양성을 갖춘 여섯 명의 예측 전문가로 구성한 그룹이 각 개인의 능력은 다소 떨어지지만 15퍼센트 이상 정확하다는 것을 의미한다.

이 결과가 세상을 변화시킬 가능성이 얼마나 되는지 잠시 생각해볼 만한 가치가 있다. 이는 정확히 수학적 언어로, 인지 다양성의 완전한 힘을 보여준다. 동일한 방식으로 생각하는 세계 최상급 예측 전문가 팀은 서로 다르게 생각하는 예측 전문가 그룹보다 극적으로 덜 지능적이다.

물론 우리 대부분이 일터나 일상에서 경제학자에게 익숙한 그런 종류의 수치 예측을 하지는 않는다. 하지만 문제를 해결하고 창의적인 아이디어를 떠올리고 전략을 결정하며 기회를 포착하고 그 외 많은 일들을 하려고 노력한다. 이것이 앞으로 세상을 지배할 집단 기반 업무의 본질이다. 더 나아가 우리는 다양성이 이와 같은 과제에 더 강하게 영향을 미칠 것으로 기대할 수 있다.

창조성과 혁신을 생각해보자. 먼저 자기 자신에게 이런 질문을 해보라. 예를 들어 비만으로 인한 위기 상황을 해결할 아이디어를 생각해내야 하는 사람 열 명으로 팀을 구성하고 이들 각자가 유용한 아이디어를 열 개씩 제시하면, 총 몇 개의 유용한 아이디어가 생길까?

이제 책을 덮고 답을 생각해보라.

사실 이는 교묘한 질문이다. 팀원들의 아이디어 숫자로 그룹의 아이디어 숫자를 추론할 수는 없다. 팀원들이 복제인간이고 각자가 동일한 아이디어 열 개를 제시하면 전체 아이디어는 열 개뿐이다. 하지만 열 명이 서로 다른 생각을 지닌 다양한 사람들이고 모두 다른 아이디어들을 제시하면 유용한 아이디어 100개를 얻을 수 있다. 이는 50퍼센트 또는 100퍼센트 더 많은 아이디어가 아니라 거의 1000퍼센트 많은 아이디어다. 이것이 바로 순전히 다양성에서 비롯된 또 하나의 엄청난 효과다.

문제해결팀에서도 동일한 패턴이 나타난다. 우리는 경제예측 과제에서 각 개인의 독자적 경제예측들의 평균을 택하는 것이 효과적인 정보 통합 방식임을 확인했다. 하지만 문제해결에서는 평균화가 형편없는 아이디어인 경우도 종종 있다. 제안된 해결 방법 두 개의 평균을 택하면 논리가 맞지 않는 상황에 이를 수 있다. 이것이 '낙타도 위원회를 거치면 말이 된다a camel is a horse designed by committee'라는 표현이 나온 배경이다. 대부분의 문제에서 팀은 선호하는 다른 해결 방안을 위해 일부 '해결 방안들'을 거부해야 한다.

하지만 이를 통해 다양성이 중요한 이유가 다시 한번 드러난다. 동질성 집단에서 사람들은 같은 지점에 빠져드는 경향이 있다. 반면 다양성을 갖춘 팀은 새로운 통찰을 제시하며 자신들이 한곳에 빠져들지 않게 한다. 반항적인 아이디어는 집단적 상상력을 자극하는 데 효과적이다. 선도적 심리학자 샬런 네메스Charlan Nemeth는 이렇게 표현한다. "소수자의 관점은 압도적인 효과가 있어서가 아니라 서로 다른 관심과 생각을 자극하기 때문에 중요하다. 그 결과 소수자의 관점은 비록 잘못됐다 하더라도 모든 상황을 감안할 때 질적으로 더 나은 참신한 해결 방안을 찾는 데 도움을 준다."[6]

하지만 다양성의 힘은 이런 사례들이 암시하는 것보다 감지하기가 더 어렵다. 동질성의 가장 큰 문제는 복제인간 같은 팀이 이해하지 못한 데이터와 잘못된 해답, 충분히 활용하지 못한 기회가 아니다. 바로 물어볼 생각조차 하지 못한 질문과 미처 찾아볼 생각도 하지 못한 데이터, 인식하지도 못한 기회가 있다는 사실이다.

도전적인 분야일수록 개인이나 개별 관점이 모든 것을 파악하기가 더 어렵다. 경제예측팀의 경우, 동일한 생각들이 같은 실수를 저지른다. 문제해결팀에서는 같은 지점에 갇혀버린다. 전략팀의 경우도 같은 방식으로 기회를 놓친다.

스캘리아 대법관이 성과와 다양성 사이에 모순이 있다고 주장했을 때 그는 유혹적인 개념적 오류를 저질렀다. 이는 대부분의 사람들이 예측 전문가 여섯 명의 평균치가 최상위 예측 전문가 한 명의 예측보다 정확하다는 말을 들었을 때 놀라고, 현명한 개인들이 반드시 현명한 그룹을 구성한다고 착각하는 것과 동일한 오류다. 스캘리아는 사실상 전체론적 관점이 아니라 개인주의적 관점에서 문제를 봤다. 그는 집단지성이 개인의 지식뿐만 아니라 개인들의 차이에서 나온다는 사실을 고려하지 않았다. 이를 '복제 오류clone fallacy'라고 부르도록 하자.

비극적인 사실은 이 오류가 널리 퍼져 있다는 것이다. 실제로 내가 이 책을 쓰기 위한 연구 과정에서 나눈 가장 충격적인 대화는 유명한 경제예측 전문가와 했던 것이었다. 나는 그에게 같은 방식으로 생각하는 사람들과 일하는 것이 더 좋은지, 아니면 다르게 생각하는 사람들과 일하는 게 더 좋은지 물었다. 그는 이렇게 대답했다. "만약 내가 진정으로 내 모델이 현재 가장 우수하다고 생각한다면 나처럼 생각하는 사람들과 함께 일해야 합니다." 이 논리는 매우 설득력이 있다. 동시에 엄청나게 잘못되기도 했다.

능력과 인지 다양성,
두 마리 토끼를 모두 잡으라

대부분의 조직에는 능력을 중시하는 공언된 고용 정책이 있다. 이는 사회적 관계나 인종 또는 젠더와 같은 자의적 요소가 아니라 기능과 잠재력을 바탕으로 고용하겠다는 아이디어다. 또한 도덕적으로 인정받을 만하며 자신들의 이익에 도움이 된다. 기관들은 보이는 모습과 상관없이 인재를 뽑는다. 하지만 여기에는 위험도 숨어 있다. 이 논리를 구체화하기 위한 가상 사례를 생각해보자. 일부 대학교가 이를테면 소프트웨어 개발로 명성이 높다고 가정한다. 이 대학교들은 가장 똑똑한 소프트웨어 전공 학생들을 불러 모을 가능성이 높다. 이 학생들은 결국 가장 인상적이며 공인된 학위를 받고 졸업할 것이다. 이제 우리가 최상위 소프트웨어 기업을 운영한다고 가정해보자. 이런 학생들을 고용하고 싶지 않을까? 가장 똑똑한 최고의 졸업생들로 당신의 조직을 채우고 싶지 않을까?

이 질문에 대한 현명한 대답은 '아니오'다. 이 졸업생들은 분명 같은 교수에게서 배우며 동일한 통찰, 아이디어, 휴리스틱(의사 결정 과정을 단순화한 지침—편집자), 모델, 어쩌면 세계관까지 흡수했을 수 있다. 때로는 이와 같은 경우를 '지식 군집화knowledge clustering'라 부르기도 한다. 능력 중심으로 졸업생을 뽑는 조직은 복제인간 같은 팀을 향해 가고 있는 자신들의 모습을 볼 수 있다. 이는 능력중심주의를 무시하거나 받아들이지 않는다는 뜻이 아니다. 단지 집단지성을 이루려면 능력과 다양성이 모두 필요하다는 사실을 지적하는 것이다.

스콧 페이지는 실제로 어떤 시험도 그 자체만으로 현명한 집단을 구성할 수 없다는 또 하나의 사실을 지적하며 말했다. "창의적인 아이디어를 제시할 팀을 구성한다고 가정해보자. 첫째, 각 개인이 치르는 모든 시험은 그 개인의 아이디어만 측정할 수 있다. 둘째, 어느 시험에서 가장 높은 점수를 기록한 사람의 복제인간은 다른 아이디어를 지닌 차점자에 비해 어쩔 수 없이 집단에 보탬이 덜 된다. 그러므로 현명한 팀을 구성하는 시험은 존재할 수 없다."[7]

이제 생각과 통찰, 관점의 차이를 뜻하는 인지 다양성과 인종과 젠더, 계층 등의 차이를 뜻하는 인구통계적 다양성의 차이에 관한 이야기로 돌아가 보자. 우리는 1장에서 인구통계적 다양성이 인지 다양성과 겹치는 경우가 종종 있다는 것을 확인했다. 이는 우리의 정체성이 우리의 경험과 관점 등에 영향을 미치므로 직관적으로 알 수 있는 사실이다. 예를 들어 광고 회사는 고객 기반에 폭넓게 어필할 수 있는 광고를 만들어내기 위해 인구통계적 다양성에 의존한다.

이는 수십 명의 다른 연구자와 함께 채드 스파버 교수가 인종 다양성이 한 단위의 표준편차만큼만 증가하면 법률 서비스업과 의료 서비스업, 금융업의 생산성이 25퍼센트 이상 높아진다는 사실을 발견한 연구를 설명하는 데 도움을 준다. 다양한 사람들을 이해해야 하는 모든 영역에서 인구통계적 다양성은 매우 중요한 요소로 판명될 가능성이 높다.

하지만 이렇게 겹치는 부분이 크게 두드러지지 않거나 아예 존재하지 않는 영역도 있다. 스파버는 앞서 말한 바로 그 연구에서 인종 다양성의 증가가 비행기 부품과 기계와 같은 제품을 생산하는 기업의 효율성을 개선하지 못한다는 사실도 발견했다. 왜 그럴까? 이를테면 흑인으로서 얻은 경험이 엔진 부품 등의 디자인에 새로운 통찰을 제공하는 경우가 있다고 하더라도 매우 드물기 때문이다.

우리는 이 점을 경제예측에 다른 방식으로 적용할 수 있다. 중년 백인 동성애자 남성 경제학자와 젊은 흑인 양성애자 여성 경제학자가 있다고 하자. 이 경제학자들은 인구통계적 특성이 다르며, 전통적인 다양성 매트릭스 구성에 필요한 모든 특성을 충족할 수도 있다. 하지만 이들이 같은 대학을 다니며 같은 교수에게서 배우고 유사한 예측 모델을 지닌 채 졸업했다고 가정해보자. 이런 상황에서 그들은 한 문제에 관해 복제인간처럼 생각할 것이다.

이제는 같은 수의 자녀를 두고 같은 TV 프로그램을 좋아하며 안경을 쓴 중년 백인 경제학자 두 명이 있다고 하자. 그들은 동종처럼 보이며 인구통계적 관점에서는 분명히 그렇다. 하지만 한 사람은 통화주의자이고 다른 사람은 케인스학파Keynesian라고 가정한다. 이들은 서로 다른 두 가지 방식, 즉 크게 다른 두 모델로 경제를 이해한다. 두 사람의 집단적 예측은 시간이 지나면서 어느 한쪽의 독자적 예측보다 훨씬 더 나아질 것이다. 두 경제학자가 똑같아 보일지 모르겠지만, 그들이 그 문제를 놓고 생각하는 방식은 다양하다.

이 점은 기억해둘 만한 가치가 있다. 피부색이나 젠더가 다른 사람을 고용하는 일이 인지 다양성을 반드시 높이지는 않기 때문이다. 집단지성 구축은 점검표의 체크박스를 채우는 일로 축소될 수 없다. 처음에는 다양성을 갖추고 시작한 사람들이 집단의 지배적인 전제에 끌릴 수 있다는 사실도 기억해야 한다. 이는 다양한 사람들로 구성된 것처럼 보이는 경영진이 인지적 측면에서는 전혀 그렇지 않은 상황으로 이어질 수 있다. 그들 모두는 조직에 너무 오랫동안 있었던 탓에 몽타주사진처럼 똑같은 관점과 통찰, 사고방식을 공유하기에 이르렀다.

성공적인 팀은 다양성을 갖추고 있지만, 그것은 임의적인 다양성이 아니다. 강입자 충돌기hadron collider를 디자인하는 과학자 그룹이 이를테면 특정 피부색이나 젠더의 스케이트보더를 고용한다고 해서 이익을 볼 가능성은 없다. 또는 브레일스포드, 캠벨, 자일스, 랭커스터가 속한 영국 축구협회 자문위원회가 영국 축구가 아니라 이를테면 DNA 염기서열 결정에 조언을 한다면 어떤 일이 일어날지 생각해보라. 위원회가 다양한 정보를 보유하고 있다고 하더라도 문제 공간에 영향을 미치는 일은 거의 없었을 것이다.

그렇다면 다양성은 집단지성에 분명 기여하지만 관련성이 있을 때만 그렇다. 핵심은 밀접한 관련성이 있고 시너지 효과를 낼 수 있는 관점을 지닌 사람을 찾아내는 것이다.

경제예측 전문가의 집단지성은 서로 다른 모델을 활용해 정확하게 예측하는 사람들에게서 나온다. 정보기관의 경우, 다양한 경험을 많이 보유하고 자신들이 직면한 위협의 다양성과 복잡성을 더 많이 이해하는 뛰어난 분석가들에게서 나온다. 정책 입안자의 집단지성

다이버시티 파워

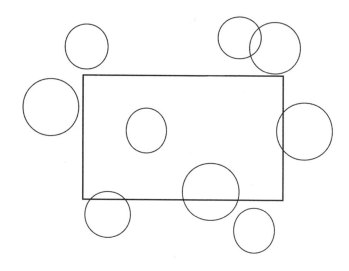

그림 4. 다양성을 갖췄지만 집단적으로는 영리하지 못한 팀(근거 없이 반항적인 팀)

은 다른 무엇보다도 자신이 섬기는 유권자들의 인구통계적 스펙트럼과 관련 있는 배경을 지닌 특출한 정치인들에 의해 형성된다. 다른 환경에서 일하는 팀을 비롯한 더 많은 사례는 앞으로 계속해서 살펴볼 것이다.

아마도 가장 중요한 점은 일반화된 다양성의 중대성일 것이다. 다양성은 선택적인 추가 사항이 아니다. 비단 위에 꽃을 더하는 금상첨화처럼, 있으면 더 좋은 그런 것이 아니다. 그보다는 집단지성의 기본적인 구성요소라 할 수 있다. 우리는 또한 보다 광범위한 관점에서 다양성의 힘을 볼 수 있다. 가격체계가 그렇게 효과적으로 작동하는 이유와 오픈소스 혁신 플랫폼과 위키wikis(방문하는 사람 누구라도 내용을 바꾸거나 추가할 수 있는 웹사이트—옮긴이)가 보편화된 이유를 다양성으로 설명할 수 있다. 이 모든 것에 동일한 근본적인 특징이 있다. 즉 이들은 다양한 생각 속에 담긴 전혀 다른 정보를 결합한다.*

다양성은 인공지능의 핵심 부분에도 영향을 미쳤다. 20여 년 전만 하더라도 머신러닝machine learning(기계학습)은 단일 알고리즘에 기반을 두고 있었다. 오늘날 머신러닝은 대체로 다양한 예측 변수들의 총체로 특징지을 수 있다. 스콧 페이지는 문제해결 컴퓨터 모델을 만들 때 동일한 패턴을 생각해냈다. "나는 반직관적인 사실을 우연히 발견했다. 다양성을 갖춘 문제해결 집단은 (중략) 가장 똑똑한 최고 인재들로 구성된 집단보다 언제나 더 좋은 성과를 냈다."[8]

여성 과학자는 남성이 보지 못하는 것을 본다

정치와 그 외 영역들에서 나타나는 다양성 부족을 해결하는 방안 중 크게 칭찬받을 만한 것이 포커스그룹focus group의 활용이다. 이는 종종 정치 엘리트들의 권력 구조에서 드러나는 사교적 동질성을 약화하지 않고도 다양성의 혜택을 제공하는 수단으로 여겨진다. 기본

---

* 이는 경제학자 프리드리히 하이에크Friedrich Hayek의 주장이었다. 그는 가격이 자신만의 정보와 선호도에 따라 행동하는 수많은 다양한 사람들의 독자적 판단의 결과로 형성되는 과정을 증명했다. 시장가격은 종종 널리 분산된 정보를 결합하는 데 놀랄 만큼 효과적인 역할을 한다.

다이버시티 파워

아이디어는 각 집단을 대표하는 사람들을 회의실에 불러 질문하고 그들이 좋아하는 것과 싫어하는 것을 알아내며 반대 의견이나 현실적인 문제들을 기록하고 나서 그에 따라 정책을 개선하는 방식이다. 때로는 광고주들이 무엇이 제대로 먹히고 무엇이 그렇지 않은지 알아보기 위해 다양한 고객층을 상대로 테스트하는 '시장조사'로 동일한 효과를 내기도 한다.

하지만 이런 방식들이 저마다의 조건에서는 합리적이지만 보다 중요한 점을 놓치고 있다는 것도 분명한 사실이다. 왜 그럴까? 단순히 포커스그룹이나 시장조사에서 답을 구하는 것이 다양성은 아니기 때문이다. 다양성은 애초에 물어야 하는 질문, 즉 어떤 이슈를 문제화하는 데 스며들어 있는 신중한 생각과 가정의 바탕을 이루는 데이터에 관한 것이다.

이는 정치뿐만 아니라 가장 객관적인 학문이라 할 수 있는 과학에도 적용된다. 한 스포츠과학 저널의 조사에 따르면 연구의 27퍼센트가 남자들만 상대로 이뤄졌고 여자들에 관한 연구는 단 4퍼센트에 불과했다.[9] 스포츠과학자의 대부분이 남자인 것은 우연의 일치가 아니다. 이는 과학자들이 질문에 대한 답변을 시작하기 전에 어떻게 편견이 그들의 생각과 의도 속에 녹아들 수 있는지, 실질적인 지혜가 판명되기 전에 어느 부분에서 데이터가 왜곡되는지 보여주는 하나의 작은 예다. 이는 또 인구통계적 다양성과 인지 다양성이 개념상으로는 분명히 다르지만 일반적으로는 겹친다는 사실을 보여준다.

영장류 동물학을 보면 또 다른 방식으로 동일한 현상을 볼 수 있다. 제인 구달Jane Goodall이 등장하기 전에 이 분야는 남성들이 지배하고 있었다. 그들은 찰스 다윈Charles Darwin의 진화론 관점을 채택하며 암컷에 접근하기 위한 수컷들의 경쟁에 초점을 맞췄다. 이런 프레임워크에서 암컷 영장류는 수동적이며, 우두머리 수컷이 모든 암컷을 차지하거나 암컷은 단순히 가장 강력한 수컷을 선택한다. 하지만 이런 준거 프레임에는 사각지대가 존재했다. 상당수의 여성 학자가 이 분야에 등장하고 나서야 영장류 동물학은 암컷 영장류가 보다 적극적이며 다수의 수컷과 교미하기도 한다는 사실을 발견했고 이런 통찰을 통해 영장류 행동에 관한 더욱 풍성하고 설명적인 이론이 탄생했다.

여성 과학자가 남성이 놓쳤던 것을 본 이유는 무엇일까? 인류학자 세라 블래퍼 허디Sarah Blaffer Hrdy는 흥미진진한 저서《여성은 진화하지 않았다》에 이렇게 썼다. "이를테면 암컷 여우원숭이나 보노보가 수컷을 지배하거나 암컷 랑구르(인도산 원숭이—편집자)가 낯선 수컷을 유혹하기 위해 무리를 벗어나면 여성 현장 연구원은 그런 행동을 우연한 일로 여기며 무시하는 것이 아니라 그들을 쫓아가고 관찰하며 궁금해할 가능성이 높다."

1장에서 일본인은 미국인과 비교했을 때 사물 하나하나보다 상황에 더 초점을 맞추는 경향이 있다는 것을 봤다. 영장류 동물학이 바로 이런 효과에서 혜택을 입었다는 사실은 주목할 만한 가치가 있다. 더글러스 머딘Douglas Medin 교수와 캐럴 D. 리Carol D. Lee 교수, 메건 뱅Megan Bang 교수는 미국 과학잡지 〈사이언티픽 아메리칸〉 표지 논문에

다이버시티 파워

서 이렇게 설명한다.

> 1930년대와 1940년대 미국 영장류 동물학자들은 (중략) 수컷 지배
> 와 이에 따른 짝짓기 접근권에 집중하는 경향이 있었다. 오랜 기간
> 에 걸쳐 개별 동물이나 무리를 추적하는 일은 거의 없었다. 그에 반
> 해 일본 연구원들은 일본 사회에서 상대적으로 중요성이 더 높은 지
> 위와 사회적 관계에 훨씬 더 주목했다. 이런 성향 차이는 두드러진
> 통찰 차이로 이어졌다. 일본 영장류 동물학자는 수컷의 서열이 사회
> 적 관계와 집단 구성을 결정하는 요소 중 하나일 뿐이라는 사실을
> 발견했다. 또한 암컷들 사이에도 서열이 존재하며 무리의 핵심은 수
> 컷이 아니라 동족 암컷들의 자손들로 구성된다는 사실도 발견했다.

이는 앞서 언급했던 내용을 우리에게 상기시켜준다. 영국 코미디언
존 클리즈의 경고를 기억해보자. "모든 사람에게는 각자의 이론이
있습니다. 위험한 사람은 자신의 이론이 무엇인지 모르는 자들입니
다. 즉 사람들은 대체로 무의식적으로 이론을 작동시킵니다." 우리
는 이제 이 말이 다른 분야만큼이나 과학에도 적용된다는 것을 알 수
있다. 과학철학자 중 가장 뛰어나다고 할 수 있는 칼 포퍼Karl Popper는
예리하고 멋진 저서 《추측과 논박》에서 수많은 다른 것들과 함께 이
렇게 주장한다. 그의 글은 내가 가장 좋아하는 글들 중 하나이며, 과
학자뿐만 아니라 우리 모두에게 유용한 충격을 준다.

25년 전 나는 다음과 같은 지시로 강의를 시작하며 오스트리아 빈의 물리학 전공 학생들이 요점을 깨닫게 하려고 노력했다. "면밀히 관찰한 뒤, 자신이 관찰한 내용을 연필로 종이에 써보세요!" 물론 학생들은 무엇을 관찰해야 할지 물었다. '관찰하라!'라는 지시는 분명 터무니없는 말이었다. (중략) 관찰은 항상 선택적이다. 관찰을 하려면 선택된 대상과 명확한 과제, 관심, 관점, 문제 등이 필요하다. 과학자들의 경우, 자신의 이론적 관심과 연구 중인 특별한 문제, 추측과 직감, 그리고 준거 프레임과 '기대지평'과 같은 자신의 배경으로 수용하는 이론에 의해 [관점이] 정해진다.[고딕 서체는 내가 강조하는 부분]

제2차 세계대전에서 암호해독 요원이 된 십자말풀이 장인

108쪽의 십자말풀이crossword를 살펴보자. 가로 열여덟 개와 세로 열여덟 개, 총 서른여섯 개 힌트가 있다. 힌트 중 일부는 일반 상식이나 수수께끼이고 단어의 철자를 재배열해 새로운 단어를 만드는 방식도 있다. 십자말풀이에 도전해보고 싶으면 정답은 377쪽에 있다. 이 십자말풀이는 1942년 1월 13일 자 〈데일리 텔레그래프〉에 실렸던 것이다. 당시 신문 독자들은 매일 게재되는 십자말풀이가 점점 더 쉬워진다고 불평했다. 실제로 일부 독자는 단 몇 분 만에 풀 수 있다고 주장했다. 십자말풀이는 일부 사람들의 불신에 직면했고, W. A.

J. 가빈Garvin이라는 괴짜 클럽Eccentric Club 회장이 어느 누구라도 12분 안에 문제를 풀면 자선단체에 100파운드를 상금으로 제공하겠다고 제안하기에 이르렀다.

당시 〈데일리 텔레그래프〉 편집자였던 아서 왓슨Arthur Watson은 이에 화답하며 가빈의 제안에 도전할 수 있다고 생각하는 모든 사람을 위해 대회를 열었다. 1월 12일에 서른 명이 넘는 사람들이 플리트 거리Fleet Street에 있는 보도국 사무실에 모여 통제된 상태에서 십자말풀이에 도전했다. 그 십자말풀이 문제는 다음 날 신문에 실렸다.

그날 오후 참가자들 중에 회계법인 사무원인 스탠리 세즈윅Stanley Sedgwick이 있었다. 매일 기차로 출퇴근하는 동안 십자말풀이를 하며 전문가가 다 된 그는 훗날 이렇게 말했다. "나는 〈데일리 텔레그래프〉에 실리는 십자말풀이를 꽤 잘 풀었어요. 그날 오후 십자말풀이를 빨리 푸는 사람이 되려는 약 서른 명과 함께 대회에 참가했죠. 우리는 편집장과 괴짜 클럽 가빈 회장, 게시원을 포함한 감독관들이 자리 잡은 강단 앞 개별 탁자에 앉았습니다."[10]

그 대회에서 네 명의 참가자가 시간 내에 문제를 풀었다. 세즈윅은 종이 울렸을 때 전체 문제 중 한 문제를 못 풀었지만 독창성과 수평적 사고lateral thinking(고정관념에 얽매이지 않고 여러 다른 각도에서 문제에 접근하려는 사고방식—옮긴이)로 참관인들에게 깊은 인상을 남겼다. 대회를 마친 참가자들은 〈데일리 텔레그래프〉가 제공한 접대 행사에 초대받았다. 세즈윅은 당시를 이렇게 기억했다. "우리는 회장 전용 식당에서 차를 대접받은 뒤 토요일 오후를 즐겁게 보낸 기억을 간직한 채 헤어졌어요."

몇 주 뒤 세즈윅은 편지 한 통을 받았다. 봉투에는 '기밀Confidential'
이라는 단어가 찍혀 있었다. 당시는 전 세계가 전쟁에 휩싸이며 위
험한 역사적 드라마가 펼쳐지던 시기였다. 바로 전해에 아돌프 히틀
러Adolf Hitler가 러시아를 침공하는 바르바로사 작전Operation Barbarossa을
개시했고, 영국은 극도로 취약한 상태였다. 세즈윅은 편지를 집어 들
며 궁금해했다. 이게 대체 뭘까?

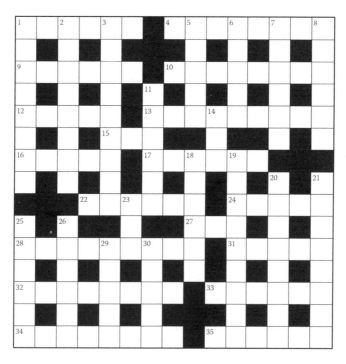

십자말풀이 5062
〈데일리 텔레그래프〉, 1942년 1월 13일

*괄호 안 숫자는 알파벳 글자 개수

가로 힌트

1. 극단 (6)
4. 영국 청교도혁명기의 의회파인 원두당 Roundheads이 선호하는 직선 경로 (5, 3)
9. 상록수의 한 종류 (6)
10. 향기로운 (8)
12. 적절하게 마무리 짓는 과정 (5)
13. 목재 상인에게서 많이 얻을 수 있는 것 (5, 4)
15. 가진 게 없어 빚지고 있는 상태 (3)
16. 가장하다 (5)
17. 대홍수에 대비가 된 도시? (6)
22. 어린아이가 맥주를 마시는 모습을 보니 내 얼굴에서 핏기가 사라진다 (6)
24. 프랑스 명가의 패션 (5)
27. 나무 (3)
28. 사과 속을 파내기 위해 이 도구를 사용하기도 한다 (6, 3)
31. 한때 비공식 화폐로 사용됐다 (5)
32. 잘 자란 사람들은 이들이 어려운 처지에서 벗어나는 데 도움을 준다 (4, 4)
33. 급하게 진행되는 스포츠 (6)
34. 모터의 이 부분을 생산하는 공장은 사건을 쉬쉬할까? (8)
35. 작동 중인 조명 (6)

세로 힌트

1. 공무원을 기억할 수 있는 공식 표시 (8)
2. 화상치료제로 알려져 있다 (5, 3)
3. 일종의 가명 (9)
5. 못마땅한 무리 (5)
6. 채권자가 채무를 이것 해주지 않는 이상 채무자는 채무상환을 위해 돈을 이것 해야 한다 (5)
7. 누구에게나 당연히 어울릴 수 있는 보트 (6)
8. 장비, 도구 (6)
11. 목적이 보이는 비즈니스 (6)
14. 자택을 개방해 학생들을 가르치던 기숙학교를 시작하기에 적합한 여성 (3)
18. 'the war'의 철자를 재배열해 만든 단어 (6)
19. 망치질할 때 이것을 정통으로 때리지 않도록 조심해야 한다 (5, 4)
20. 종소리처럼 울리다 (8)
21. 2주의 절반을 뜻하는 고어 (8)
23. 새, 접시(요리) 또는 주화 (3)
25. 황도 12궁 중 이 별자리는 물고기와 전혀 관련이 없다 (6)
26. 치아 방부제 (6)
29. 유명 조각가 (5)
30. 기관차의 이 부분은 골퍼들에게 귀에 익은 단어다 (5)

"〈데일리 텔레그래프〉의 십자말풀이 빨리 풀기 대회에 참가한 결과를 보고 참모본부의 니컬스Nicholls 대령이 '국가적 중대 사안을 두고 나를 무척 만나고 싶어 하니' 그와 만날 약속을 잡으라고 요청하는 편지를 받았을 때, 내가 얼마나 놀랐을지 상상해보세요."[11]

런던에서 북서쪽으로 약 88킬로미터 떨어진 전원 지역 버킹엄셔에 있는 사유지 블레츨리 파크Bletchley Park에 남녀 한 팀이 가장 비밀스러운 미션을 수행하기 위해 모여 있었다. 에니그마Enigma 기계(독일어로 수수께끼 기계라는 뜻—옮긴이)는 나치 독일이 모든 부대에서 사용하던 암호장비였다. 이 장비는 크기가 작았고 그 모양이 나무 상자에 담긴 타자기와 다를 바 없었으며, 알파벳 스물여섯 글자를 뒤섞어 놓는 전기기계적 회전자 메커니즘으로 구성된 암호화 기술을 갖추고 있었다. 한 운영자가 키보드로 문자를 입력하면 다른 사람은 한 키를 누를 때마다 키보드 위에 있는 스물여섯 개 표시등 중 어느 곳에 불이 들어오는지 기록했다. 독일 고위 사령부의 많은 이들은 이렇게 생성한 암호는 해독될 수 없다고 생각했다.

블레츨리 파크 그룹은 영국 비밀정보부가 무엇보다도 에니그마 암호를 해독하려고 모집한 사람들이었다. 마이클 스미스Michael Smith의 훌륭한 저서 《스테이션 X의 비밀The Secrets of Station X》에 따르면 그곳은 "붉은벽돌로 건축하고, 비바람에 노출돼 녹색으로 변한 거대한

다이버시티 파워

돔 형태의 구리 지붕이 한쪽 면을 뒤덮고 있으며, 모방한 튜더양식과 고딕양식이 혼합된 보기 흉한" 저택이었다. 거의 모든 해독 작업은 땅속에 임시로 지은 나무 오두막에서 이뤄졌다.

이 오두막들은 아주 기본적인 골격만 갖추고 있었지만 제2차 세계대전에서 가장 중요한 (그리고 대단히 흥미로운) 활동 중 일부가 진행되는 장소였다. 블레츨리 파크 팀은 에니그마가 생성한 암호를 해독한 뒤 온 힘을 다해 치르는 전쟁 전반에 필수적인 보물과 같은 정보를 제공했다. 이런 정보가 전쟁 기간을 최대 3년 단축했다고 주장하는 사람들도 있었다. 또 다른 이들은 이 정보가 전쟁 결과 자체를 바꿔놓았다고 주장하기도 했다. 윈스턴 처칠Winston Churchill은 블레츨리 파크를 "황금알을 낳은 거위"로 묘사했다.

만약 암호해독 전문팀을 구성하려는 사람이 있다면, 나는 그가 세계 최고의 수학자들을 영입하려 할 것이라고 생각한다. 이것이 바로 체구가 아주 작은 스코틀랜드인 앨리스터 데니스턴Alistair Denniston이 블레츨리 파크 운영을 이끌어달라는 요청을 받았을 때 시도한 방식이었다. 1939년 데니스턴은 21세기 최고의 수학자 중 한 명으로 널리 알려진 당시 스물두 살의 케임브리지 킹스칼리지 연구원 앨런 튜링Alan Turing과 스물세 살의 옥스퍼드 브래스노스칼리지 출신 피터 트윈Peter Twinn을 영입했다. 시간이 지나면서 더 많은 수학자와 논리학자가 팀에 합류했다.

하지만 하루 종일 마리화나에 취해 있는 사람으로 동료들에게 알려진 데니스턴에게는 중요한 통찰이 있었다. 그는 복잡한 다차원 문제를 풀려면 인지 다양성이 필요하다는 사실을 인식하고 있었다. 그에게는 복제인간 팀이 아니라 기존 가치체계나 규범을 벗어나 독창적인 생각을 하는 반항적인 팀이 필요했다. 앨런 튜링과 비슷한 사람들로 구성된 팀(물론 그런 팀은 존재하지 않았지만 있었다고 하더라도)은 임무를 완수할 수 없었을 것이다. 많은 사람들이 합리적이며 바람직하다고 생각한 범위보다 데니스턴이 영입 인재의 폭을 훨씬 더 넓게 고려한 이유가 바로 이것이었다. 그는 문제 공간 전체를 다뤄야 한다는 것을 인식했다.[12]

마이클 스미스가 《스테이션 X의 비밀》에 언급한 대로 데니스턴이 영입한 인재에는 독일과 르네상스 시대 학자 레너드 포스터Leonard Foster와 비교언어학 교수 노먼 브룩 조프슨Norman Brooke Jopson, 역사학자 휴 라스트Hugh Last, 법철학자 A. H. 캠벨Campbell이 포함돼 있었다. 데니스턴은 옥스퍼드의 고대영어(앵글로색슨어) 교수 J. R. R. 톨킨Tolkien도 접촉했다. 톨킨이 정부 코드 암호학교 런던 본부에서 교육과정을 수강하기는 했지만 그는 최종적으로 옥스퍼드에 남기로 결정했다. 하지만 (톨킨의 이탈로) 암호해독학 부문에서 입은 손실은 문학적 수확으로 이어졌다. 톨킨은 전시에 《반지의 제왕》 대부분을 집필했다.[13]

블레츨리 파크 팀은 다양한 영역에 속한 인재들로 구성됐다. 지적 배경뿐만 아니라 인구통계적 배경도 서로 달랐다. 앨런 튜링은 동성애가 불법인 시기의 게이gay였다. 직원 대다수는 주로 행정직을 맡은 여성이었다(블레츨리 파크가 사회에 광범위하게 퍼진 성차별주의에서 벗어난 것은 결코 아니었다). 팀에는 고위층 유대인 암호분석가가 많았고, 다른 종교와 사회적 배경을 지닌 사람들도 있었다.[14]

암호해독 부문에서 이런 요소가 왜 중요할까? 암호해독은 그저 논리와 방대한 숫자 처리에 관한 일이 아닐까? 사실 모든 복잡한 과제와 마찬가지로 이 도전은 다층적 통찰에 달려 있다. 나중에 '실리스 Cillies'라는 암호로 밝혀진 난문제를 생각해보자. 이는 독일 암호 운영자가 기계의 메시지 설정을 위해 사용한 세 글자의 배열 순서로, 그들은 주로 여자 친구의 이름이나 욕설의 앞 세 글자를 사용했다. 처음 찾아낸 단어들 중 하나가 독일 여성의 이름 실리Cillie의 약자인 CIL이었기 때문에 이 암호를 실리스로 불렀다. 이런 단서들은 팀이 암호해독 과제의 범위를 줄이는 데 도움을 줬다.[15]

그렇다면 암호해독은 단순히 데이터뿐만 아니라 사람에 대한 이해가 필요한 작업이다. "군사령관들에게 보내는 메시지를 암호로 만들며 아주 작은 창에 세 글자 또는 네 글자를 입력해야 할 때, 한창 전쟁 중인 상태에서 여자 친구의 이름이나 더러운 독일어 욕설을 떠올려야 하는 사람들의 심리 상태가 어떨지 늘 생각했습니다." 젊은 여성 암호해독자가 털어놓은 말이다. "전 이제 더러운 독일어 욕설의 세계적인 전문가라니까요!"[16]

십자말풀이에 열광하는 사람을 영입하려는 생각은 문제 공간 전체에 걸친 통찰을 구하려는 것과 같은 요구에서 비롯됐다. 블레츨리 파크의 인재 영입 담당자들이 〈데일리 텔레그래프〉의 십자말풀이 대회를 자세히 살펴보고 있었다는 것이 이상하게 보일지도 모르겠다. 어쩌면 전시에 어울리지 않는 매우 어이없는 일처럼 보일 수도 있었다. 하지만 그들은 전체론적 관점에서 움직였다. 그 결과 십자말풀이에는 암호 작성 및 해독 기술과 공통된 중요한 특성들이 있다는 사실을 활발한 상상력의 도약을 통해 알아냈다.

마이클 스미스는 이렇게 말했다. "단순한 암호든, 블레츨리 암호 해독자들이 풀려고 하는 복잡한 에니그마 암호든, 비결은 글자와 단어를 연계시키는 것이다. 십자말풀이는 수평적 사고 훈련과 같다."[17]

영국이 마타판 해전the Battle of Matapan에서 승리하는 데 결정적인 역할을 했던 것으로 드러난 이탈리아 에니그마 암호해독에 도움을 줬던 메이비스 베이티Mavis Batey는 2013년 사망하기 직전에 자신의 수평적 사고 역량을 보여주는 인터뷰를 했다. "옥스퍼드대학교 보들리언 도서관에서 일하는 내 딸이 어느 날 'J'층에서 일했다고 하더군요. 나는 'J면 10층이네'라고 말했어요. 딸은 의아한 표정으로 나를 쳐다보며 그걸 어떻게 곧바로 알 수 있었는지 물었습니다."

과학 작가 톰 치버스Tom Chivers의 주장대로 인간적 요소도 있었다.

십자말풀이는 상대방의 생각을 이해하는 것이며, 마찬가지로 암호해독도 적의 생각을 이해하는 것이다. 십자말풀이를 하는 사람이 출제자의 성향을 파악하듯이 암호해독자는 메시지를 암호화하는 각 개인을 자신들의 방식으로 파악했다. 메이비스 베이티는 에니그마 기계 운영자 두 명에게 로사Rosa라는 이름의 여자 친구들이 있었다는 사실을 알아냈다.[18]

다이버시티 파워

스탠리 세즈윅의 집 문 앞에 도착한 편지는 도박이 아니었다. 다양성 자체를 위한 다양성도 아니었다. 집단지성을 극대화하기 위해 정밀하게 설계된 다양성이었다. 저널리스트와 작가가 되기 전에 정보 장교로 복무했던 마이클 스미스는 내게 말했다. "극도로 어려운 문제를 풀려면 다양한 생각을 한데 모을 필요가 있다는 상상력이 발휘된 것입니다."

달리 표현하면 에니그마 암호해독은 예전 암호, 즉 다양한 암호를 해독하는 데 달려 있었다. 배경이 비슷한 같은 부류의 뛰어난 개인들을 영입하는 것은 매우 쉬웠을 것이다. 에니그마 기계에서 나온 데이터를 분석하는 데 탁월한 수학자를 영입하는 것도 아주 쉬웠겠지만, 그들은 기계를 운영하는 사람들의 생각을 궁금해하지 않았을 것이다. 한 걸음 물러서서 관점의 사각지대를 곰곰이 생각하며 유용한 아이디어의 세계 전체에 걸친 통찰을 구하려는 창의적인 생각을 바탕으로 블레츨리 파크 팀은 특이하고 놀랄 만한 집단지성을 실현했다.

철학자이자 비평가인 조지 스타이너George Steiner는 블레츨리 파크를 "1939년에서 1945년 사이, 어쩌면 20세기를 통틀어 영국이 달성한 가장 뛰어난 업적"으로 묘사했다. 블레츨리 파크에서 근무했고 이후 미국 정부 국무부 차관보에 올랐던 미국인 암호해독자 빌 번디Bill Bundy는 "그렇게 폭넓은 기술과 통찰, 상상력으로 더 철저히 과제에 전념하는" 사람들과 함께 일한 적이 한 번도 없었다고 말했다.[19]

세즈윅은 편지를 받은 뒤 영국 정보과 MI8의 수장이기도 했던 참모본부 니컬스 대령을 방문해달라는 요청을 받아들였다. "나는 MI8

본부인 피커딜리의 데번서 하우스를 방문했고 그곳에 같은 이유로 초청받은 사람들이 몇몇 더 있다는 사실을 알았습니다. 그렇게 해서 베드퍼드의 올버니 로드 1에 있는 '스파이 학교'에 등록했어요." 훗날 세즈윅은 당시 상황을 이렇게 설명했다.

세즈윅은 블레츨리 파크에 도착하자마자 날씨 암호 도청에 주력하는 10번 오두막Hut Ten 업무에 배치됐다. 날씨 암호는 영국 공군의 전략폭격 사령부가 보다 많은 정보를 바탕으로 작전상 결정을 내리는 데 도움을 주었기 때문에 매우 중요했지만, 또 다른 목적도 있었다. 이 정보들은 독일 해군이 사용하는 에니그마 기계를 분석하기 위한 참고 자료로 사용됐다.*

이 암호해독은 대서양 전투에서 핵심 역할을 하며 엄청나게 중요했던 것으로 판명됐다. 즉 미국을 출발한 호송함이 숨어서 기다리고 있던 독일 잠수함 유보트를 피해 갈 수 있게 하며 미국과 유럽 사이의 밀접한 관계를 만들어냈고, 그 덕분에 영국은 전쟁을 계속 수행하는 데 필수적인 물자 공급을 안정적으로 확보하는 혜택을 입었다. 한 정보원의 추산에 따르면 영국은 1942년 12월과 1943년 1월에만 최대 75만 톤의 물자를 공급받을 수 있었다.

스미스는 내게 이런 말을 했다. "세즈윅이 사망하기 몇 년 전 그와 나눈 대화에서 가장 놀라웠던 점은 그의 겸손함과 사명감이었습니

---

* 독일 해군 에니그마의 보안이 1942년 초에 강화돼 암호해독이 특히 어려워졌다.

다이버시티 파워

다. 그는 전쟁 전에 다소 평범한 일을 했기 때문에 블레츨리 파크에 영입돼 한 일은 매우 흥미로운 도전이었어요. 세즈윅이 뛰어난 인재들로 구성된 팀과 함께 가장 중요한 임무를 수행하며 인생 최고의 시간을 보냈다는 인상을 받았습니다."

이것이 바로 매일 출퇴근길에 십자말풀이를 하는 법을 터득했으며 조용조용하게 말했던 사무직원이 나치 독일을 무너뜨리는 데 도움을 준 방식이었다. 스탠리 세즈윅은 역사상 가장 훌륭한 반항적인 팀들 중 하나에 속한 멤버였다.

3

건설적인 반대

1996년 에베레스트 참사는
도대체 왜 일어났을까?

1996년 5월 10일 자정이 조금 지난 시각 롭 홀Rob Hall과 그의 팀은 에베레스트산 정상 근처 죽음의 구역에 들어섰다. 이들이 바위처럼 단단한 얼음과 강한 바람에 노출돼 반들반들해진 바위가 끝없이 펼쳐진 광활한 공간에서 강풍을 맞으며 텐트를 치고 하룻밤을 보낸 사우스콜South Col부터 세계 최고봉 정상까지는 수직으로 약 950미터였다. 모든 것이 계획대로 진행된다면 이들은 티베트불교의 기도 깃발, 여러 가지 기념품과 함께 열두 시간 내에 에베레스트산 정상에 오를 수 있었다.

이 팀에는 수염을 기른 서른다섯 살의 탐험대 리더 롭 홀 외에도 앤디 해리스Andy Harris와 마이크 그룹Mike Groom이라는 가이드 두 명, 셰르파들과 대원 여덟 명이 있었다. 대원들은 경험 많은 등반가들이었지만 아무런 도움 없이 에베레스트를 등반할 정도로 세계 최상급 기술 자격을 갖추지는 못했다. 대원들 중에는 작가이자 모험가이며 훗날 잡지 〈아웃사이드Outside〉에 이 탐험에 관한 글을 올릴 존 크라카우어Jon Krakauer와 텍사스 출신의 병리학자로 10년간의 등반 경험을 지닌 벡 웨더스Beck Weathers, 마흔일곱 살의 도쿄 출신 여성 사업가이며 전 세계 일곱 대륙 중 여섯 대륙의 최고봉을 등반했던 난바 야스코難波 康子가 포함돼 있었다. 그녀는 에베레스트 등반에 성공하면 일곱 대륙의 최고봉을 모두 정복한 가장 나이 많은 여성이라는 기록을 세울 수 있었다.

홀은 자신의 팀과 준비 상태에 자신이 있었다. 에베레스트 정상에 이미 네 번 올랐고 탁월한 기술력과 영민함, 강인함을 두루 갖추고 있었다. 그는 1990년 에베레스트 등반을 시도하던 중 자신의 부인이 된 잰Jan(그녀는 베이스캠프 아래 병원에서 의사로 일하고 있었다)을 만나 사랑에 빠졌다. 홀은 당시를 이렇게 기억했다. "나는 에베레스트에서 하산하자마자 잰에게 데이트를 신청했습니다."[1] 첫 데이트는 알래스카주의 매킨리산 등반이었으며 그로부터 2년 후 두 사람은 결혼했다. 1993년 그들은 에베레스트 정상에 함께 올랐는데 에베레스트를 정복한 단 세 번째 부부였다.[2]

홀이 에베레스트에 도전하는 동안 잰은 주로 베이스캠프에서 일했는데 이번에는 그 기회를 포기할 수밖에 없었다. 당시 임신 7개월이었던 것이다. 이는 홀이 이번 등반을 더 기대한 이유이기도 했다. 뉴질랜드 집으로 돌아가면 홀은 처음으로 아버지가 된 황홀함을 경험할 터였다. 홀은 "정말 기대된다"라고 말했다.

하지만 홀은 정상을 향해 한 걸음 내디딜 때마다 팀원들이 더 큰 위험에 빠진다는 사실을 경험상 충분히 잘 알았다. 해발고도 약

8000미터인 사우스콜은 공기가 너무 희박해 등반가들은 대류권의 혹독한 조건에 신체가 움츠러들면 끈으로 얼굴에 묶어놓은 마스크에 연결된 산소통을 사용했다. 홀은 팀원들에게 말했다. "이런 고도와 그보다 높은 곳에 머무는 매 순간 여러분의 심신은 점점 더 악화됩니다." 크라카우어는 그 상황을 이렇게 표현했다. "뇌세포가 죽어갑니다. 혈액은 위험할 정도로 걸쭉해져 슬러지처럼 돼버려요. 망막속 모세혈관이 저절로 터져서 출혈이 생기고요. 휴식을 취할 때도 심장이 엄청나게 빨리 뜁니다."[3]

현지에서 초몰랑마Chomolungma, 즉 세계의 어머니로 불리는 유명한 삼각형 모양의 정상을 올려다보며 그들은 마지막 오르막이 기술적으로 매우 까다로운 도전임을 직감했다. 먼저 헤드램프로 길을 비추고 로프로 경사면을 가로질러 오르며 인내심을 발휘해 발코니Balcony로 천천히 나아가는 동안, 치명적인 낙석이 일어날 가능성은 항상 존재하는 두려움이다. 그리고 나면 아침 해가 남쪽의 로체산Lhotse을 환영과 같은 빛으로 휘감고, 에베레스트 사우스서밋South Summit을 향한 가파른 길이 끝없이 이어진다.

그다음에 정상 바로 아래에 있는 힐러리스텝Hillary Step에 이른다. 이곳은 셰르파 텐징Tenzing과 함께 처음으로 에베레스트 정상에 오른 에드먼드 힐러리 경Sir Edmund Hillary의 이름을 따 명명된 곳으로 모든 등반 중 가장 유명한 수직 벽이다. 힐러리 경은 이곳을 이렇게 묘사했다. "산마루에서 가장 어려운 지점은 높이가 12미터 정도인 암벽 구간이었다. 매끄럽고 잡을 곳이 거의 없는 암벽 자체는 영국 국립공

원 레이크 디스트릭트Lake District에서 일요일 오후를 즐기는 전문 등반가 그룹에게는 흥미로운 문제일지 모르지만, 여기서는 인간의 미약한 힘으로 극복하기 힘든 장벽이었다."[4]

산을 잘 아는 사람들에 따르면 에베레스트산 봉우리는 세계에서 가장 아름다운 정상이 아니다. 수많은 명산들의 우뚝 솟은 실루엣과 비교하면 두껍고 평범하다. 하지만 부족한 미적 매력이 신비함을 더해준다. 크라카우어는 네팔 루클라 공항에서 베이스캠프로 이동하는 길에 단층지괴를 바라보며 이런 글을 썼다. "나는 30분쯤 정상을 응시하며 강풍이 휘몰아치는 정상에 서 있으면 어떤 기분이 들지 상상해봤다. 이미 수백 개의 산 정상에 올랐지만 에베레스트는 내가 예전에 등반했던 모든 산들과 무척 달라 내 상상력만으로는 가늠하기 어려웠다. 에베레스트 정상은 너무나 추워 보였고, 불가능할 정도로 멀어 보였다."

하지만 에베레스트는 신비로우면서도 치명적이다. 1921년 영국 탐험대가 처음 정상 정복을 시도한 이후 에베레스트에서 130명의 등반가가 사망했으며, 정상에 도달한 넷 중 한 명꼴로 희생자가 발생했다.[5] 아주 초기에 일어난 사망 사건 중 하나로 어쩌면 가장 유명한 것은 1924년 영국인 조지 리 맬러리George Leigh Mallory의 죽음이다. 가장 기본적인 장비만 갖췄지만 믿기 힘들 정도의 용기로 무장한 영국인은 동반자 앤드루 '샌디' 어빈Andrew 'Sandy' Irvine과 함께 6월 8일 정상을 향한 최종 등정에 과감하게 나섰다.[*]

그날 에베레스트 정상은 연무에 둘러싸여 있어 지원팀은 두 사람의 등반 과정을 관측할 수 없었지만 오후 12시 50분에 안개가 몇 분 동안 사라졌다. 그때 팀원 중 한 명인 노엘 오델Noel Odell은 그들이 예정보다 다섯 시간 늦었지만 '신중하고 효율적으로 움직이며' 정상을 향해 북동쪽 산등성이를 오르는 모습을 목격했다. 그 이후로 맬러리와 어빈의 모습은 다시 보이지 않았고, 1999년에 이르러서야 맬러리의 시신이 에베레스트 북면 8156미터 지점에서 발견됐다. 역사가들은 두 사람 중 누구도 정상에 오르지 못했다는 데 동의한다.

홀의 팀원 모두는 위험을 뚜렷하게 감지했다. 그들은 산비탈에 흩어져 있는 시신들을 이미 목격했으며 추가 산소 확보가 중요하다는 엄중한 경고를 받았다. 고도 약 5400미터 지점에 있는 베이스캠프에 도착한 이후 세 차례에 걸쳐 적응 등반을 실시했다. (크레바스가 곳곳에 널려 있고 얼음덩어리가 굴러다니며 눈사태의 위험이 있는) 쿰부 아이스폴Khumbu Icefall을 향한 첫 번째 등반에서는 약 5950미터 고도에 이르렀다. 두 번째와 세 번째 등반 때 각각 6400미터와 7160미터 고도까지 올랐고, 각 고지에서 한 시간씩 보내며 산소 함유량이 해수면의 3분의 1에 불과한 정상 공기에 심신이 더 많이 적응할 수 있게 했다.

하지만 이제 모든 산악인이 가장 두려워하는 고도 8000미터 이상의 이른바 죽음의 구역에 이르렀다. 홀은 아무리 늦어도 오후 1시나

---

* 불멸의 경계선을 지닌 에베레스트산을 목숨과 신체의 위험까지 무릅쓰면서 등반한 이유를 물으며 괴롭히던 저널리스트에게 맬러리는 이렇게 대답했다. "에베레스트가 거기 있기 때문입니다!"

2시에는 팀이 복귀를 시작해야 한다고 결정했다. 만약 그때까지 정상에 도달하지 못하면 하산해야 했다. 이는 기술적이라기보다는 수학적인 판단이었다. 한 사람당 산소통 세 개가 지급되고 각 산소통은 여섯 시간에서 일곱 시간 정도 산소를 공급하므로 그 시각보다 늦어지면 재앙에 무도하게 도전하는 셈이었다. 홀의 말처럼 "투지만 충분하면 완전히 멍청한 사람도 이 산에 오를 수 있다. 여기에 숨겨진 비결은 살아서 하산하는 것이다."[6]

그날 상황을 더 복잡하게 만든 또 다른 요인은 히말라야 정상 정복에 전 세계가 매료된 탓에 흔해진 일이기는 하지만 다른 팀들도 정상에 도전했다는 것이었다. 마운틴 매드니스Mountain Madness 팀은 온화한 성격의 미국인으로 세계에서 가장 기술이 뛰어난 고산 등반가 중 한 명인 스콧 피셔Scott Fischer가 이끌었다. 그를 도와주는 가이드도 에베레스트 정상에 두 번 올랐던 아나톨리 부크레예프Anatoli Boukreev를 포함해 그 분야에서 최고로 뛰어난 자들이었다. 대원들 중에는 난바 야스코처럼 전 세계 일곱 대륙 정상 중 여섯 개에 올랐던 미국 등반가 샌디 피트먼Sandy Pitman도 있었다. 그녀는 매일 NBC에 비디오 블로그를 업로드했다. 그날 에베레스트에는 규모가 훨씬 작기는 했지만 타이완에서 온 팀도 있었다.

태양이 지평선 가장자리의 정점에 이른 오전 5시 15분쯤 홀 팀의 멤버 크라카우어가 남동쪽 산마루에 도달했다. 그는 훗날 이 장면을 이렇게 썼다. "세계에서 가장 높은 다섯 개의 정상 중 세 개가 파스텔 색 여명을 배경으로 험준한 형세를 뚜렷하게 드러냈다. 내 고도계는

다이버시티 파워

8412미터를 가리켰다."[7] 눈부시게 아름다운 장면이었지만 산등성이의 다른 곳에서는 작은 문제들이 쌓이기 시작했다.

8350미터 이상에는 로프가 미리 설치돼 있지 않았기 때문에 로프를 고정하는 동안 정체 현상이 일어났고 마운틴 매드니스 팀의 가이드인 부크레예프와 닐 바이들먼Neal Beidleman, 셰르파들은 위험에 노출된 윗부분에서 로프를 힘겹게 풀어 내려줬다. 한편 스콧 피셔는 산비탈의 한참 아래쪽에 있었다. 사흘 전 병이 난 친구 데일 크루스Dale Kruse를 베이스캠프로 옮기느라 에너지를 많이 소비한 상태였다. 또한 폐 속에 체액이 차오르는 고소폐부종 증상까지 보였다.

오후 1시가 조금 넘어서야 다른 팀원들보다 앞서 있던 크라카우어가 정상에 도착했다. 그는 평생의 야망을 이룬 황홀감에 빠졌지만, 탐험대의 이동 상황이 계획과 점점 더 어긋나고 있다는 것을 감지할 수 있었다. 홀은 여전히 정상에서 멀리 떨어진 아래쪽에 있었고, 다른 팀의 샌디 피트먼과 팀원들은 더욱더 지쳐갔다. 안전한 복귀를 위한 데드라인이 빠르게 다가오고 있었다. 몇 줄기 구름이 남쪽으로 뻗은 계곡을 덮기 시작했다.

그럼에도 불구하고, 어쩌면 그런 상황에서도, 등반가들 중 누구도 앞으로 몇 시간 안에 멤버 여덟 명이 목숨을 잃을 것이며 세계에서 가장 유명한 산들의 등반 역사상 가장 악명 높은 날 중 하루가 될 것이라는 사실을 상상조차 할 수 없었다. 1996년 에베레스트 참사는 이렇게 시작됐다.

1996년 이후 몇 년 동안 많은 생존자들이 자신의 이야기를 들려줬다. 크라카우어는 《희박한 공기 속으로》라는 베스트셀러를 썼다. 홀의 또 다른 대원이었던 벡 웨더스는 《죽음에 내버려지다Left for Dead》를 썼다. 영화제작사 아이맥스는 〈에베레스트Everest〉라는 다큐멘터리를 만들었고 내셔널지오그래픽은 〈에베레스트의 어두운 면The Dark Side of Everest〉이라는 제목으로 특집을 제작했다. 2015년 이 참사는 제이슨 클라크Jason Clarke와 조시 브롤린Josh Brolin, 키이라 나이틀리Keira Knightley가 출연한 할리우드 블록버스터 영화로 만들어졌다. 영화 〈에베레스트〉는 티켓 판매로 2억 달러가 넘는 수익을 올렸다.

그런데 이렇게 이야기들이 넘쳐나는데도 무엇이 잘못됐고 함축적으로 어떤 교훈을 얻어야 할지를 두고 지금까지 어떤 의견 일치도 이뤄지지 않고 있다. 크라카우어는 다른 대원들보다 너무 많이 앞서 나갔던 마운틴 매드니스 팀 가이드 아나톨리 부크레예프를 크게 비판했다. 부크레예프는 자신의 저서 《등반The Climb》에서 이를 반박했고 등반 분야의 많은 권위자들이 그를 옹호했다. 당시 일어났던 재난에 사로잡혀 몇 년 동안 괴로움에 시달렸던 샌디 피트먼은 여러 이야기들이 그의 인격을 훼손했다는 불만을 털어놓았다.[8] 크라카우어는 그의 입장에서 볼 때 영화 〈에베레스트〉에 묘사된 자신의 모습(영화에서는 마이클 켈리Michael Kelly가 연기했다)이 "완전히 터무니없는 소리"라고 했다.

어쩌면 이런 형태의 견해 차이는 특히 책임을 분산하려는 욕구가 있을 때 생길 수밖에 없을 것이다. 사람들이 사망했고, 가족들은 사

다이버시티 파워

랑하는 사람과 사별했으며, 많은 이들은 어떻게 일이 그 정도로 잘못될 수 있는지 혼란스러워했다. 재난을 직접 체험한 사람의 이야기가 그 후유증으로 서로 갈리는 현상은 흔히 있는 일이며, 때로는 완전히 다르기도 하다. 하지만 3장에서 우리는 이 모든 이야기가 틀렸을 가능성을 살펴볼 것이다. 아울러 문제가 어느 개인의 행동이 아니라 그들이 소통한 방식에 있다는 견해를 검토해볼 것이다.

1장과 2장에서 우리는 서로 다른 관점이 어떻게 집단지성을, 주로 특이한 방식으로, 확대할 수 있는지 검토했다. 하지만 다양성의 혜택이 매우 평범한 경우도 있다. 산등성이에서는 다양한 등반가들이 경사면의 여러 지점에서 서로 다른 것을 보고 있다. 어떤 지점에 있는 한 등반가는 근처에 있는 등반가들의 체력 수준, 주위에 보이는 문제들, 서쪽에서 몰려오는 구름을 관찰한다. 산의 다른 지점에 있는 사람들은 이런 것들을 보지 못한다. 한 사람에게는 눈이 두 개뿐이다. 한 팀에는 눈이 많다. 그래서 우리가 묻고 싶은 질문은 이렇다. 유용한 정보와 관점을 어떻게 결합할 것인가? 다양성이 마법을 부리려면 다양한 관점과 판단이 드러나야 한다. 널리 알려지지 않는 유용한 정보는 아무 쓸모가 없다.

일단 다양한 관점이 드러나면 누가 최종 결정을 하는지 늘 의문이 든다. 서로 대립하는 관점들이 있으면 무엇을 선택해야 할까? 서로 다른 통찰들이 있으면 그것들을 융합해야 할까? 아니면 그것들 중 하나를 택해야 할까? 3장에서 우리는 다양성의 개념적 기반에서 더 나아가 실질적인 실행 방법을 살펴볼 것이다.

에베레스트산은 많은 면에서 에베레스트 탐험에 적절한 수단이 무엇인지 드러낸다. 기상 상태는 본질적으로 불안정하다. 아무리 많은 계획을 세우고 준비를 했더라도 예상치 못한 상황이 일어난다. 이동 횟수는 기상 상태의 변화에 따라 단지 지구력뿐만 아니라 인지 부하에도 부담을 준다. 이런 의미에서 등반은 이론가들이 말하는 VUCA(뷰카) 환경, 즉 변동이 심하고volatile 불확실하며uncertain 복잡하고complex 애매모호한ambiguous 환경에 놓여 있다.

지배적인 리더가 될 일을 오히려 망쳐놓는다

심리학자와 인류학자는 많은 부분에서 서로 동의하지 않지만 그들의 의견이 일치하는 한 가지는 지배계급dominance hierarchies의 중요성이다. 인간뿐만 아니라 다른 영장류에도 계급이 존재하며, 심리학자 조던 피터슨Jordan Peterson에 따르면 심지어 바닷가재들 사이에도 계급이 있다. 플로리다주립대학교 심리학 교수 존 매너Jon Maner는 "계급의 존재는 수만 세대를 거쳐 호모사피엔스가 출현한 시기까지 거슬러 올라가며, 사실상 그보다 훨씬 이전의 다른 영장류까지 포함한다. 인간의 사고는 말 그대로 계급에 따라 서열이 정해진 집단 내에서 살도록 디자인돼 있다"라고 말했다.[9]

지배계급에 연관된 감정과 행동은 인간의 생각 속에 너무나 깊이 새겨져 있기 때문에 우리는 지배계급이 존재한다는 사실조차 거의 의식하지 못한다. 지배적인 개체는 보다 과장된 몸짓으로 위협하고, 공포감을 조성해 하위 계급을 자극한다. 특히 최상위 개체는 목소리를 높이고 흥분된 몸짓을 보이며 이빨을 드러낸다. 이는 침팬지 무리의 최상위 개체와 마찬가지로 금융가 보스들에게도 해당된다. 계급이 낮은 이들은 고개를 숙이고 어깨를 움츠리고 시선을 회피하며 종속돼 있음을 표시하는 경향이 있다. 조지 오웰Goerge Orwell은 이를 "비굴한 태도cringing"라 표현했다.

실제로 우리는 지위 심리에 너무나 익숙하기 때문에 서로 모르는 사람 다섯 명을 한방에 모아놓고 과제를 주면 단 몇 초 만에 지배계급이 형성되는 모습을 볼 수 있다. 더욱 놀랄 만한 사실은 방 안에서 어떤 말이 오가는지 들을 수 없는 외부 관찰자가 그들의 자세와 표정만 보고도 사람들을 여러 계급에 정확하게 배치할 수 있다는 것이다.

계급 체계는 우리가 하는 것일 뿐만 아니라 우리 그 자체다.

지배계급이 곳곳에서 나타나는 현상은 그것이 중요한 진화 목적에 부합한다는 점을 시사한다. 부족이나 집단이 직면한 선택이 단순하면 리더가 결정하고 다른 사람들 모두가 동의하는 것이 말이 된다. 이는 속도와 구성원의 화합을 향상한다. 지배적인 리더가 있는 부족이 인류 진화의 역사에서 가장 잘 살아남는 경향을 보였다.

하지만 복잡한 상황에서는 지배 역학 관계가 보다 암울한 결과를 가져올 수 있다. 앞서 살펴봤듯이, 집단지성은 우리가 반항적인 아이디어라 불렀던 다양한 관점과 통찰의 표출에 달려 있다. 이는 최상위 계급이 반대 의견을 자신의 지위에 대한 위협으로 여기는 계급구조에서는 나타나지 못할 수도 있다. 그런 의미에서 지배구조는 역설적이다. 즉 인간은 본질적으로 계급구조에 익숙하지만 이와 관련된 행동들은 효과적인 커뮤니케이션을 방해할 수 있다.

1978년 12월 28일 덴버에서 출발해 오리건주 포틀랜드로 비행한 유나이티드항공 173편 사건에서 이런 아이러니가 잘 드러난다.* 비행은 최종 진입을 시도할 때까지 순조롭게 진행됐다. 기장이 랜딩 기어를 내리기 위해 레버를 당겼을 때 착륙용 바퀴가 부드럽게 내려가는 대신 쾅 하는 소리가 크게 나며 랜딩 기어가 안전하게 내려왔음을 알려주는 표시등에 불이 들어오지 않았다. 승무원들이 착륙용 바퀴가 제대로 내려왔는지 확신하지 못했기 때문에 그들이 문제해결을 시도하는 동안 기장은 착륙을 보류하고 선회비행을 했다.

그들은 바퀴가 내려왔는지 확인하려고 비행기 아랫부분을 볼 수는 없었기에 다른 부분을 점검했다. 먼저 항공기관사가 객실로 갔다. 만약 랜딩 기어가 제대로 내려왔다면 볼트 두 개가 날개 끝 위로 불쑥 올라왔을 것이다. 실제로 볼트들은 올라와 있었다. 그리고 나서 샌프란시스코에 있는 유나이티드항공 관제 센터에 연락해서 어떤 일이 있었는지 설명했고, 바퀴가 아마 내려왔을 것이라는 조언을 받았다.

하지만 기장은 여전히 확신하지 못했다. 무엇 때문에 쾅 소리가

---

* 내가 쓴 책 《블랙박스 시크릿》의 안전성 조사 부분에서 이 사건을 언급했다.

　　　　　　　　　　　　　　다이버시티 파워

크게 났을까? 왜 계기판의 표시등에 불이 들어오지 않았을까? 바퀴가 제대로 내려오지 않은 상태에서 착륙을 시도해도 일반적으로 인명 손실 없이 성공할 수 있지만 그래도 위험하다. 경험이 많고 올곧은 사람이었던 기장은 승객들을 불필요한 위험에 빠뜨리고 싶지 않았다. 그는 표시등에 불이 들어오지 않은 이유가 배선 문제가 아닐까 의문을 품기 시작했다. 아니면 전구 결함일 수도 있었다.

하지만 기장이 깊이 생각하며 선회비행 상태를 계속 유지하는 동안 새로운 위험이 발생했다. 비행기의 연료가 점점 더 떨어지고 있었다. 항공기관사는 연료가 매우 심각한 상태에 이르렀다는 것을 알았다. 연료 게이지에서 연료가 줄어드는 모습을 바로 눈앞에서 볼 수 있었기 때문이다. 기장에게 이 상황을 알려야 한다는 강한 동기도 있었다. 자신의 삶과 비행기에 탑승하고 있는 모든 사람의 목숨이 위태로웠다.

그러나 당시는 1970년대였다. 항공업계의 문화는 계급이 지배하는 분위기가 특징이었다. 기장을 부를 때는 '서sir'라는 경칭을 붙였다. 승무원들은 기장의 판단을 따르고 그의 명령에 따라 행동해야 했다. 사회학자들은 이를 '가파른 권위 경사도steep authority gradient'라 부른다. 만일 항공기관사가 연료에 대한 자신의 염려를 말하면 이는 기장이 모든 주요 정보를 파악하지 않고 있다(실제로 그는 그랬다!)는 암시로 비칠 수도 있었다. 또한 기장의 지위에 대한 위협으로 받아들여질 수도 있었다.

현지 시각 오후 5시 46분, 연료는 계기판의 5까지 떨어졌다. 이제 비상 상황이었다. 항공기관사를 포함한 거의 200명의 목숨이 심각한 위험에 빠져 있었다. 기장은 여전히 표시등에 집중하느라 점점 줄어드는 연료를 의식하지 못했다. 인식이 좁아진 탓이었다. 당신은 항공기관사가 "지금 당장 착륙해야 합니다! 연료 문제가 심각합니다!"라고 말했을 것으로 추측할지도 모르겠다. 하지만 그는 그러지 않았다. 조종실 음성기록장치에 따르면 그는 그저 문제를 넌지시 알렸을 뿐이었다. "저기, 15분 후에는 연료가 정말 간당간당해질 겁니다."

항공기관사는 기장에게 직접 이의를 제기하기가 너무나 두려워 에둘러 말했다. 기장은 항공기관사의 말을 한 번 더 선회하면 연료가 간당간당해지겠지만 완전히 바닥나지는 않는다는 뜻으로 해석했다. 그것은 잘못된 판단이었고, 항공기관사는 그 사실을 알았다. 어쩌면 너무 늦었을지도 모르는 오후 6시 1분에 이르러서도 기장은 비행기의 미끄럼 방지 시스템에 집중하고 있었으며 항공기관사와 부기장은 여전히 문제를 명확히 설명하는 데 어려움을 겪고 있었다.

비행기 엔진이 갑자기 멈춰버린 오후 6시 6분이 돼서야 두 사람은 마침내 문제를 있는 그대로 명백하게 밝혔지만 너무 늦었다. 그들은 돌아올 수 없는 지점을 이미 넘어버렸다. 팀에 정보가 부족해서가 아니라 공유되지 않기 때문이었다. 몇 분 뒤 비행기는 나무가 우거진 교외 주택가로 추락했고 주택 한 채를 뚫고 지나간 뒤 또 다른 주택 위에 멈춰 섰다. 기체의 좌측 아랫부분은 완전히 찢겨 나갔다. 맑은 저녁 시간에, 착륙 전 선회비행을 했던 터라 공항이 잘 보이는 위치에서 항공기관사를 포함해 스무 명 이상이 사망했다.

아주 희한한 사건처럼 보일지 모르겠지만 이런 심리는 보편적이다. 미국 연방교통안전위원회에 따르면 부기장이 당당하게 의견을 말하지 못했을 때 일어난 추락 사고가 서른 건 이상이었다.[10] 보건의료 부문의 서로 다른 스물여섯 건의 연구를 폭넓게 분석한 결과를 보면 의견을 제대로 말하지 못하는 것이 "커뮤니케이션 오류를 일으킨 중요한 요인"이었다.[11]

이는 안전 필수 산업만이 아니라 인간의 심리와도 관련돼 있다. 에버딘대학교 응용심리학 명예교수 로나 플린Rhona Flin은 말했다. "사람들은 종종 자신의 산업이 매우 다르다고 생각한다. 사실, 다양한 산업 환경에서 일했던 심리학자의 입장에서 보면 모든 산업이 거의 같아 보인다. (중략) 이런 기술적 환경에서 일하는 주체는 모두 인간이다. 그들은 동일한 종류의 감정과 사회적 요인으로부터 영향을 받는다."[12]

포틀랜드 추락 사고가 일어나고 얼마 지나지 않아 실행한 한 실험에서 연구원들은 비행시뮬레이터에서 서로 소통하는 승무원들을 관찰하며 같은 문제가 계속 반복되는 것을 발견했다. 플린은 이렇게 설명했다. "기장들에게 잘못된 결정을 내리거나 무능력한 것처럼 해달라고 미리 부탁한 뒤 부기장들이 의견을 당당히 말할 때까지 얼마나 걸리는지 측정했다. 그들의 반응을 관찰하던 한 심리학자는 이런 말을 했다. '부기장들은 기장에게 반박하느니 차라리 죽음을 택할 것 같았다.'"[13]

최상위 계급에 도전하느니 차라리 죽음을 무릅쓰겠다는 심리가 표면상으로는 이상하게 보일 수도 있다. 분명히 여러분이나 내게 영향을 미치지 않을 일처럼 보인다. 하지만 당당하게 말하지 못하는 현상은 무의식적으로 일어날 수 있다. 사람들은 자동적으로 그렇게 한다. 일터를 생각해보자. 종속적 위치에 있는 사람은 상사의 생각과 심지어 손동작까지 따라 하며 그를 기쁘게 하려고 노력한다. 이는 다양한 통찰들을 사라지게 만든다. 그런 통찰들이 없어서가 아니라 표출되지 않기 때문이다.

네덜란드 에라스무스대학교 로테르담경영대학원이 실행한 기발한 연구는 1972년 이후에 진행된 300개 이상의 실세계 프로젝트를 분석한 뒤, 하위 관리자가 이끄는 프로젝트가 상위 관리자가 담당하는 프로젝트보다 성공할 가능성이 높다는 사실을 발견했다.[14] 겉으로 보기에는 정말 믿기 힘든 사실일지도 모르겠다. 아는 것이 가장 많은 멤버 중 한 명이 빠진 팀이 어떻게 더 좋은 성과를 낼 수 있을까?

이유는 리더십이 지배 역학 관계에 연결되면 사회적 대가를 치르기 때문이다. 상위 관리자가 프로젝트에서 빠지며 사라진 지식은 상위 관리자가 없는 팀에서 표출되는 추가 지식으로 더 많이 보완된다. 연구의 제1 저자인 발라즈 사트마리Balazs Szatmari는 이렇게 설명했다. "우리가 발견한 내용 중 놀라운 것은 지위가 높은 프로젝트 리더가 더 자주 실패한다는 사실이다. 나는 이런 일이 리더들이 얻는 절대적 지지에도 불구하고 일어나는 것이 아니라, 바로 그것 때문에 일어난다고 확신한다."[15]

인도의 기술 부문 창업기업가 아비나쉬 카우식Avinash Kaushik은 지배 역학 관계가 많은 조직에 영향을 미치는 방식을 이런 구절로 환기시킨다. 그는 연봉이 가장 높은 사람의 의견Highest Paid Person's Opinion을 뜻하는 영어 구절의 머리글자를 따 만든 HiPPO라는 용어를 사용한다. "HiPPO는 세상을 지배하고 당신들의 데이터를 뒤엎고 자신의 의견을 당신들과 기업의 고객들에게 강요하며 자신이 가장 잘 안다고 생각한다(물론 그럴 때도 있다). HiPPO가 회의에 참석하기만 해도 아이디어들이 표출되지 못한다."[16]

우리는 138쪽 그림 5에서 지배 역학 관계를 볼 수 있다. 그림 속 팀은 매우 인상적인 다양성을 갖추고 있으며 문제 공간 전반에 걸쳐 많은 부분을 다루고 있다. 그럼에도 지배적인 리더(두꺼운 선의 원)에 종속되면 하위 구성원들은 자신이 정말로 생각한 것이 아니라 리더가 듣고 싶어 한다고 생각하는 것을 말한다. 그들은 리더의 생각을 메아리처럼 되풀이하며 그의 기분을 살핀다. 반항적인 아이디어는 사라진다.

실제로 그들은 최상위 리더의 관점을 따라 하고 그 과정에서 자신만이 할 수 있는 영역을 축소하며 최상위 리더와 같은 모습으로 변하기 시작한다. 그림 6과 같이 팀의 인지능력이 사실상 단 한 사람의 두뇌 한도로 낮아진다. 반항적인 팀이 지배 역학 관계의 과정을 거치면서 사회적 관점에서 복제인간과 동등한 팀으로 변해버렸다.

보건의료 부문에 관한 연구들은 수술팀의 하급자들이 외과의사를 두려워한 나머지 자신의 의견을 당당히 말하지 못한다는 사실을 보여준다. 외과의사가 고압적일수록 그런 효과는 더 강력하다. 리더가 단지 권한이 많을 뿐만 아니라 똑똑한 사람으로 자리매김한다는 사실을 기억하라. 리더가 하급자들이 말해야 할 내용을 이미 다 알고 있기 때문에, 하급자들이 그런 말을 할 필요가 없다고 생각하며 스스로 위안하기 얼마나 쉬울까? 이런 생각이 진화된 종속 심리에 의해 이미 자리 잡은 요구와 정확히 맞아떨어지면 일이 얼마나 수월해질까?

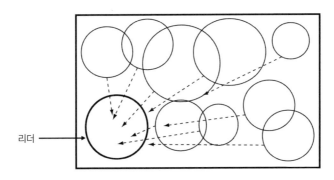

그림 5. 지배 역학 관계에서 다양성을 갖춘 팀

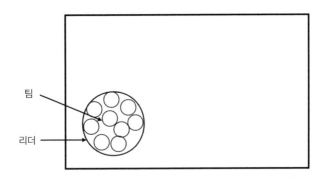

그림 6. 지배적인 리더를 따라 하기 시작하는 팀

다이버시티 파워

이런 관점에서 보면 유나이티드항공 173편 항공기관사의 행동을 더 많이 이해할 수 있다. 연료가 점점 줄어들자 자신의 염려를 알리려 절실하게 노력하지만 눈에 보이지 않는 지배의 영향력 때문에 그렇게 하지 못하며, 자신의 침묵을 정당화할 만한 이유를 찾으려 미친 듯이 애쓰고, 기진맥진한 상태에서 기장이 이미 연료 상태를 알고 있으며 해결 방안을 찾아냈을 수 있다는 생각에 초점을 맞추는 항공기관사의 사고 과정을 우리는 거의 느낄 수 있다.

마침내 항공기관사가 자신의 염려를 명확히 알렸을 때에는 이미 너무 늦었다. 팀은 필요했던 모든 정보를 가지고 있었지만 정보에 대한 커뮤니케이션이 이뤄지지 않았다. 인지 다양성으로 얻을 수 있었던 혜택(이 사례에서는 두 사람이 급변하는 상황의 다양한 측면에 집중하는 극히 평범한 일)은 사라져버렸다. 이는 가차 없이 재앙으로 이어졌다.

복종에 따른 침묵과 맞바꾼 위험신호

롭 홀은 오후 2시 20분에 에베레스트 정상에 도달했다. 정상에서 보는 전망은 장관이었고 이웃한 히말라야산맥 정상들은 발아래 작은 언덕처럼 보였으며 에베레스트 정상이 너무 높아 지구의 굴곡을 거의 한눈에 볼 수 있을 정도였다.

홀은 마냥 행복했다. 몇 분 전 힐러리스텝을 횡단할 때, 팀원 중 한 명이며 이미 정상을 정복하고 하산 중인 존 크라카우어와 마주쳤다.

두 사람은 포옹했고 크라카우어는 자신의 평생 야망을 실현할 수 있게 해준 탐험을 지휘한 홀에게 감사를 표시했다. 홀은 대답했다. "아! 그래요, 상당히 성공적인 탐험이었죠."[17] 이때가 크라카우어가 살아 있는 홀의 모습을 본 마지막 순간이었다.

롭 홀은 세계에서 가장 뛰어난 등반가 중 한 명으로 에베레스트 정상을 이미 네 번 정복했다. 리더로서 홀은 팀 화합의 중요성을 깊이 인식하고 있었다. 다양한 멤버들이 반드시 서로를 잘 알아야 한다며, 정상 정복이 그들과 그들의 사랑하는 이들에게 어떤 의미가 있는지 각 개인의 이야기를 공유하게 했다. 초기에는 등반가에서 지원 스태프까지 모든 팀원이 분명히 서로를 성원하고 격려했다. 베이스캠프 매니저 헬렌 윌턴Helen Wilton은 당시를 이렇게 기억했다.

나는 뭔가 위대한 것의 한 부분이 된 듯한 느낌이 들었다. 공동 목표를 위해 사람들과 뭔가를 한다는 것은 정말 멋진 일이라고 생각한다. 사람들이 꿈을 이루는 데 도움을 준다는 사실도 내 마음을 사로잡았다. 정말 많은 감정과 경험과 요구가 6주라는 아주 짧은 기간의 삶 속에서 집중적으로 일어난다.[18]

이런 목적의식이 등반가의 용기와 어우러지면 재앙이 닥칠 때 믿기 힘든 영웅적인 행동으로 나타난다. 하지만 치명적인 그날의 문제는 그동안 자주 주장돼왔던 화합에 관한 것이 아니었다. 재난 이후

다이버시티 파워

따라다니던 비난에도 불구하고 어느 개인의 실수 때문에 일어난 일이 아니었다. 문제는 보다 미묘한 부분, 즉 지배 역학 관계에 있었다.

마운틴 매드니스 팀의 하급 가이드로, 핵심 역할을 했던 것으로 판명된 닐 바이들먼은 오후 2시 30분 에베레스트 정상에 서 있을 때 불안감이 점점 더 커졌다. 팀 리더인 스콧 피셔가 설정한 복귀 시간이 이미 훌쩍 지났고 휴대용 산소 비축량에 압박을 받고 있었다. 어쩌면 병에 시달리던 피셔가 분명한 판단을 내리지 못했을 수도 있었다. 대원들이 정상에 도달하는 모습을 보겠다는 열망에 지나치게 많은 영향을 받았을지도 모르겠다. 분명한 사실은 상급 가이드인 아나톨리 부크레예프가 홀로 하산하기로 결정하며 대원당 가이드 비율을 위태롭게 하고 바이들먼의 불안감이 더 커지게 만들었다는 것이다. 그럼에도 바이들먼은 점점 늦어지는 복귀 시간이나 부크레예프의 단독 하산 결정에 이의를 제기하지 않았다.

왜 그랬을까? 표면상으로는 이상해 보인다. 개입과 간섭은 그룹의 안전에 결정적인 영향을 미친다. 이는 지위를 고려해야 이해가 되기 시작한다. 크라카우어는 이렇게 설명했다. "바이들먼의 높은 고도 경험이 상대적으로 적었기 때문에 마운틴 매드니스의 명령 계통에서 그의 지위는 피셔와 부크레예프 아래였다. 그가 받는 보수에도 그의 하급 지위가 반영돼 있었다." 재난이 일어나고 몇 달 뒤 바이들먼은 그날 가파른 계급 서열이 작동했음을 암시하며 이 사실을 시인했다. "나는 분명 가이드 중 세 번째 서열로 간주됐다. 그래서 지나치게 밀어붙이지 않으려 했다. 그 결과 그렇게 해야 할 때에도 늘 당당하게 의견을 말하지 않았고 지금은 그것 때문에 자책하고 있다."[19]

하지만 상급 가이드와 하급 가이드 사이에 지배 역학 관계가 너무 심하게 작용하면 가이드와 대원들 사이에는 더욱 심해진다. 리더들과 비슷한 정도로 풍부한 경험이 없을지는 몰라도 대원들은 수년간에 걸쳐 고산 등반 경험을 이미 쌓았다. 게다가 등반이 진행되면서 변화하는 상황과 동료들의 육체적 상태와 그 외 많은 정보를 수집했다. 각 가이드에게는 두 눈밖에 없었지만, 팀원들에게는 수많은 눈이 있었다.

그런데도 그날 등반을 시작하기 전 홀은 당당한 의견 제시가 아니라 존경의 뜻을 담은 침묵의 중요성에 관한 단호한 연설을 했다. 크라카우어는 이렇게 썼다. "[그는] 정상을 정복하는 날 자신이 내린 명령에 순종하는 것이 얼마나 중요한지 우리에게 설교하듯 말했다. 그는 나를 날카롭게 응시하며 '산을 오르는 동안 어떤 의견 차이도 용납하지 않을 것입니다'라고 충고했다. '내 말은 요청이 아니라 절대적인 법입니다. 만약 내가 내린 특정한 결정이 여러분의 마음에 들지 않으면 기꺼이 등반을 마친 후 논의하겠지만 등반 중에는 절대 그러지 않을 것입니다.'"[20]

홀은 자신의 생각이 최고의 판단이라 믿었기에 이 연설을 했다. 그는 에베레스트에 대한 경험이 많았고 핵심 결정을 내리는 최상의 위치에 있었다. 하지만 현명한 결정을 내리는 능력이 단지 자신의 관점뿐만 아니라 팀원들의 관점에 달려 있다는 사실을 간과했다. 리더로서 자신의 최종 결정에 따르는 행동의 중요성을 강조하는 것은 당연한 일이었지만, 이것이 팀의 집단지성에 접근하지 못한 채 치명적인 위험에 이를 수도 있다는 사실을 인식하지 못했다.

두 팀 모두의 특징이었던 가파른 계급 서열은 압박이 가중되면서 몇 번이고 반복해서 그 실체를 드러냈다. 마운틴 매드니스 팀의 대원인 마틴 애덤스Martin Adams는 조금씩 정상에 더 가까이 다가가는 동안 자신의 심장을 더 빨리 뛰게 만드는 뭔가를 인지했다. 아래쪽에 몇 줄기의 옅은 구름 같은 것이 보였는데 그는 소나기구름임을 알아챘다. 상업용 비행기 조종사였던 애덤스는 구름 형성을 해석해본 경험이 많았다. 훗날 그는 말했다. "비행기에서 소나기구름을 보면 일단 곧바로 거기를 벗어나고 봐야 한다."

하지만 그 사실을 말하지 않았다. 가이드나 동료 팀원들 중 누구도 그 구름이 무엇을 의미하는지 몰랐다. 애덤스와 달리 그들은 구름 형태의 미묘한 차이를 인식할 만한 경험이 없었다. 크라카우어는 이렇게 설명했다. "나는 약 8800미터 높이에서 소나기구름 입자를 자세히 살펴보는 데 익숙하지 않았기 때문에 그 순간에도 점점 더 다가오는 폭풍우를 의식하지 못했다." 그런데도 애덤스는 이 중대한 정보를 가이드들에게 알리지 않았다.

위험성을 감안할 때 애덤스의 침묵이 이상해 보이겠지만, 심리를 이해한다면 충분히 예측 가능한 일이다. 가이드들은 리더의 역할을 했다. 하지만 명목상으로만 지배적인 위치에 있었다. 대원들은 의사결정에 기여하는 대신 순종하라는 지시를 받았다. 당당하게 말해야 한다는 생각은 아마도 그들의 머리에 떠오르지 않았을 것이다. 정상 정복 시도를 포기하고 모든 사람을 안전하게 하산시켜야 할 가이드들도 그런 생각을 하지 않았다.

내려오던 몇 안 되는 사람들 중 한 명이었던 크라카우어는 몇 분 뒤 사우스서밋에 도착했고 그곳에 보관 중인 추가 산소를 확보하고 싶은 마음이 간절했다. 그때 산소통 더미를 분류하고 있던 가이드 앤디 해리스를 보고는 이제 신선한 공기를 이용할 수 있어 정말 다행이라고 말했다. 하지만 해리스는 의아한 반응을 보였다. "여기에 산소는 없습니다. 이건 모두 빈 통이에요." 하지만 그는 틀렸다. 그곳에는 산소가 가득 든 통이 최소한 여섯 개는 있었다. 아마도 그의 산소조절기가 얼음으로 막혀 있어 산소통을 테스트하면서 빈 통으로 판단했을 가능성이 있다.

해리스는 이미 신선한 산소통을 들고 그의 몸이 간절히 원했던 산소를 흡입했을 것이므로 크라카우어는 어느 경우든 그가 실수했음을 알았다. 그런데도 그는 해리스에게 전혀 이의를 제기하지 않았다. 해리스가 틀렸다는 사실과 산소가 자신뿐만 아니라 자신의 팀의 안전에 필수적이라는 것도 알고 있었지만 그 일을 밀어붙이지 않았다. 그 대신 해리스가 하산하는 대원들을 지원하기 위해 사우스서밋에서 기다리는 동안 산 아래로 향했다.

크라카우어는 왜 당당하게 말하지 않았을까? 어떻게 되든 전혀 개의치 않았을까? 동료 팀원들의 안전을 의식하지 못했을까? 플린 교수의 증언을 다시 한번 생각해보자. "부기장들은 기장에게 반박하느니 차라리 죽음을 택할 것 같았다." 유나이티드항공 173편의 항공기관사도 다시 생각해보자. 인간은 계급 서열에 매우 민감하며, 심지어 위험이 실제로 존재하는 상황에서도 그렇다. 자기 침묵self-silencing은 무의식중에 일어난다.

어쩌면 자신의 저서에서 가장 강력한 구절일지도 모르는 부분에 크라카우어는 이렇게 썼다.

> 명백한 사실을 알아차리지 못한 나의 무능함은 (중략) 가이드와 대원 사이의 의례적인 관계에 의해 더욱 악화됐다. 해리스와 나는 신체적 능력과 기술적 전문성 측면에서 매우 비슷했다. 만약 우리가 가이드 없이 동등한 파트너로 함께 등반했더라면, 내가 그의 어려움을 인식하는 일을 소홀히 했다는 것은 상상도 할 수 없었을 것이다. 하지만 이번 등반에서 그는 아무도 거스를 수 없는 가이드로 영입되며 나와 다른 대원들을 감독하는 역할을 맡았다. 우리는 가이드들의 판단에 이의를 제기하지 말도록 철저히 세뇌돼 있었다. 그렇기 때문에 해리스가 실제로는 엄청난 곤경에 처해 있으며 그에게 내 도움이 절실하게 필요할지도 모른다는 생각이, 마비된 내 머릿속에 전혀 떠오르지 않았다.

이는 치명적인 결과를 만들어낸 또 하나의 상호작용이었다. 오후 4시 41분 이미 정상에 올라 있던 홀은 자신과 더그 한센Doug Hansen 대원이 힐러리스텝 위에서 어려움에 처했으며 산소가 절실하게 필요하다는 사실을 무전으로 베이스캠프에 알렸다. 만약 그가 새 산소통이 사우스서밋에 있다는 것을 알았더라면 그쪽으로 내려가 산소통을 확보한 후 다시 올라갈 수 있었을지도 모른다. 하지만 해리스가 무전에 끼어들어 산소통이 비어 있다는 (잘못된) 정보를 전달했다. 크라카우어가 조금 전에 당당하게 의견을 말하지 못한 상황은, 실제로 폭풍우가 마침내 몰아치기 단 몇 분 전에 산소통도 없이 한센과 함께 힐러리스텝 위에 남아 있던 홀이 정상 능선 아래로 필사적으로 그를 끌고 내려오는 결과로 이어졌다.

정보를 공유하지 않는 상황이 몇 번이고 되풀이됐다. 중요한 결정이 팀 전체가 알고 있는 사항들을 반영하지 않은 채 이뤄졌다. 그런데도 재난을 회고하는 이야기를 보면 등반에 참여한 사람들이 의견을 당당히 말하지 못한 이유를 두고 어리둥절해하는 모습은 충격적이다. 내가 알고 있는 내용을 왜 공유하지 않았을까! 내가 염려하는 부분을 왜 말하지 않았을까! 크라카우어는 자신이 해리스에게 이의를 제기하지 못한 대목을 설명하던 부분에서 이렇게 덧붙였다. "이후 몇 시간 동안 펼쳐진 일을 감안할 때, 내가 쉽게 책임을 회피한 행동, 즉 해리스가 심각한 어려움에 처했을 수도 있다는 점을 고려하지 않았던 나의 큰 실수는 앞으로 평생 동안 뇌리에서 떠나지 않으며 나를 괴롭힐 것 같다."

그 실수를 뒤집어서 보면 등반 참가자들이 서로를 충분히 배려하지 않았던 것 같다. 동료 팀원들에게 도움을 줄 만한 동기를 충분히 부여받지 못했던 듯하다. 소통에 실패하면 자신을 위험에 빠뜨린다는 말은 기억할 만한 가치가 있다. 문제는 동기부여가 아니라 계급

다이버시티 파워

서열이었다. 의사 결정 나무의 주요 가지들이 팀의 지혜를 결합하지 않고 선택됐다. 의사 결정 나무에서 새로운 가지가 뻗어 나갈 때마다 산등성이에 있는 서른 명 이상의 등반가들은 서서히, 그러나 가차 없이 재난에 내몰렸다.

폭풍이 몰려오는 마지막 순간까지 축적된 잘못된 판단들은 비극의 규모를 키웠다. 한 등반가는 훗날 말했다. "방금 전만 해도 아래를 내려다보면 베이스캠프가 눈에 들어왔는데, 바로 다음 순간에는 보이지 않았다." 눈이 내리기 시작하면서 시야가 흐려졌다. 가이드 바이들먼과 그룹은 캠프 4를 향해 길을 더듬어 나아가면서 대원 일곱 명과 셰르파 두 명으로 구성된 한 팀에 합류했다. 바람 소리로 귀청이 터질 것 같았다. 달라붙어 떨어지지 않는 고드름 때문에 눈꺼풀이 계속 감겼다. 그들은 동쪽으로 너무 멀리 가는 바람에 에베레스트에서 가장 외지고 루트가 험난한 캉슝페이스Kangshung Face에서 재난을 당하지 않도록 늘 조심해야 했다.

훗날 벡 웨더스는 말했다. "앞으로 나아갈수록 방향감각이 더 없어지며 혼란에 빠지고, 이렇게 하는 내내 폭풍과 바람, 눈, 추위 등 모든 것이 점점 더 심해진다. 이제 소음 수준이 사람을 압도할 정도로 높아지고 소통을 하려면 서로 소리를 질러야 한다. 우리는 양 떼처럼 이끌려 다닌다는 느낌이 들었다."[21] 폭풍의 나락 속에서 도저히 어찌할 바를 몰랐던 그들은 느린 걸음으로 제자리만 맴돌았다. 이제 추가로 준비했던 산소까지 다 떨어졌다. 그들 중 한 사람은 당시를 이렇게 기억했다. "마치 플러그를 뽑아버려서 전기가 전혀 들어오지 않는 것 같았다."

그들이 처했던 어려운 상황을 읽으며 점점 더 커지는 절박함과 믿기 힘들 정도로 놀라운 용기에 감명을 받는 사람도 있다. 쓰러진 대원들은 다른 동료들이 끌고 갔다. 포기하자는 이들도 있었다. 다른 이들은 그러지 말자고 설득했다. 바위 주변에 옹기종기 모여 구름이 걷히기를 기다리는 동안 그들 모두는 죽음에 이를 수도 있는 잠에 거의 빠져들고 있었다. 바이들먼은 말했다. "우리는 잠들면 안 된다는 것을 알고 있었지만 너무나 쉽게 그럴 수 있었다. 그냥 몸을 움츠리고 오리털 등산복에 달린 모자에 최대한 깊이 머리를 묻고 눈을 감은 채 몇 번 숨을 쉬면 (중략) 바로 잠에 빠져든다."[22]

구름이 잠시 갈라지며 캠프가 그들의 시야에 들어왔을 때 대원 다섯 명은 움직일 수 없었다. 그들의 몸은 이미 심하게 경직돼 있었다. 걸을 수 있는 대원들은 비틀거리며 텐트로 돌아온 뒤 체력이 고갈된 탓에 대부분 침낭 속에서 거의 인사불성이 되어버렸다. 이런 대혼란에 홀로 당당히 맞서는 일은 다른 팀원들보다 먼저 하산해 폭풍을 피한 부크레예프의 몫이었다. 그는 혼자서 세 사람을 캠프로 끌어왔고 마지막으로 두 명이 낮은 고개의 바위 위에 남아 있었다. 부크레예프가 구조 작업을 더 했더라면 죽었을 수도 있다. 이미 그의 몸은 꽁꽁 얼어 있었다.

그 높은 곳에서, 홀은 탈진해 거의 혼수상태에 빠진 더그 한센의 목숨을 구하기 위해 폭풍이 주위에서 휘몰아치고 두 사람 모두 산소가 떨어진 상태에서 한센을 칼날 같은 능선 아래로 끌고 내려오며 의

연하게 전력을 다했다. 동반자를 포기하는 것이 홀이 살 수 있는 유일한 방법이라며 베이스캠프가 그렇게 하라고 권유하자 홀은 거부했다. 저 위에 있는 친구가 위험하다는 것을 잘 아는 앤디 해리스는 놀랍게도 힐러리스텝으로 향했다. 그 후 그의 모습을 다시는 볼 수 없었다.

탈진한 상태에서 병으로 고통받던 피셔는 남동쪽 능선에서 사망했다. 구조되지 못한 채 밤새 비바람에 노출됐던 둘 중 한 명인 난바 야스코는 사우스콜에서 숨을 거뒀다. 그녀는 일곱 대륙의 정상에 오른 두 번째 일본 여성으로 기록돼 있다. 벡 웨더스는 지금도 산악 등반 역사상 가장 위대한 기적으로 여겨지는 밤을 버티고, 다음 날 아침 비틀거리며 캠프로 돌아왔다. 이후 심한 동상으로 고통스러워하며 헬리콥터를 타고 산을 떠났다. 그의 오른팔은 팔꿈치와 손목 사이에서 절단됐고 그는 왼손 손가락 전부와 양발의 일부 발가락까지 잃었다. 그의 코는 귀와 이마에서 떼낸 조직으로 재생됐다. 웨더스의 이야기는 그 장르에서 가장 감동적인 스토리 중 하나다.

홀은 힐러리스텝 위 능선에서 더그 한센을 살리기 위해 계속 외로운 사투를 벌이고 있었다. 영화제작자이자 그 재난이 일어났을 때 베이스캠프에 있었던 데이비드 브레시어스David Breashears가 만든, 그 탐험에 대한 잊을 수 없는 다큐멘터리에서 그는 무슨 일이 일어났는지 궁금해하지 않을 수 없었다. "분명히 홀은 그 능선을 따라 한센을 끌고 내려오려고 절박한 사투를 벌였지만 한 번에 단 몇 미터도 못 갔을 것이며, 안전한 캠프에서는 여전히 너무 멀었을 것입니다. (중략)

그러면 한센에게는 어떤 일이 일어났을까요? 홀에게 다가가 '나를 버리지 마'라고 말할 수 있을 정도의 생명이 그때까지 그에게 남아 있었을까요? 아니면, 홀을 바라보며 '그냥 가. 너라도 살아'라고 말했을까요?"[23]

우리는 이 질문들에 대한 답을 결코 알 수 없을 것이다. 확실히 말할 수 있는 것은 홀이 한센을 구하기 위해 끝까지 사투를 벌이다 두 사람 모두 세계의 지붕에서 하산하는 데 실패하고 목숨까지 잃었으며, 마찬가지로 해리스도 동료 팀원들의 도와달라는 외침을 듣고 힐러리스텝 능선을 다시 오른 뒤 목숨을 잃었다는 사실들뿐이다.

어떤 이는 이런 행동들에 관한 글을 읽으며 경외감을 느낀다. 그들의 영웅적 행위에 감동을 받는 이도 있다. 이 등반에 참여한 사람들은 서로를 위해 노력했고 희생했으며 자신의 목숨을 거는 위험도 감수했다. 심지어 다른 팀원들보다 먼저 캠프 4로 하산했다는 이유로 크라카우어에게서 심하게 (그리고 많은 부분 부당하게) 비난을 받았던 부크레예프도 한두 번이 아니라 무려 세 번에 걸쳐 생명을 잃을 수도 있는 위험을 무릅쓰고 폭풍이 잔인하게 몰아치는 상황에서 부상에 시달리는 동료들을 캠프 텐트로 끌어왔다.

그렇지만 이 사례가 보여주는 매우 흥미로운 사실은 팀 윤리가 소중하지만 그것만으로는 충분하지 않다는 것이다. 다양한 관점이 억압되고 결정적인 정보가 사회적 네트워크를 통해 소통되지 않으면, 아무리 많은 헌신을 하더라도 복잡한 상황에서 효과적인 의사 결정에 이를 수 없다. 홀은 무의식중에 지배 역학 관계를 조성함으로써 압박이 심해지는 상황에서 생사가 달린 결정을 내리는 데 필요한 바로 그 정보를 스스로 없애버렸다.

이 때문에 자신의 목숨까지 잃었다.

무수히 많은 회의가 결국 끔찍한 결론으로 끝나는 이유

이제 에베레스트 사례를 떠나 현실에서 일어나는 의사 결정 과정을 검토해보자. 가장 중요한 결정들 다수는 회의에서 이뤄진다. 회의 형태를 보면, 첫 번째 공식 회의를 뜻하는 킥오프 미팅kick-off meeting과 구성원들을 대상으로 한 타운홀 미팅town hall meeting, 업무 회의, 이사회 회의, 경영진 회의, 직원 회의, 조찬 회의, 외부 회의, 화상 회의 등이 있다. 전 세계에서 매일 수백만 건의 회의가 열린다.

회의를 하자는 논리는 완전히 타당하다. 바로 다양성을 갖춘 다수의 두뇌가 하나의 두뇌보다 더 효과적이라는 것이다. 지난 20여 년 동안 관리자들과 직원들이 협업에 투입하는 시간은 50퍼센트 이상 늘어났다. 하지만 지금껏 진실을 제대로 검토한 적이 거의 없다면, 이 부분을 진지하게 생각해봐야 한다. 연구에 관한 연구도 동일한 기본적 사항을 발견했다. 즉 회의는 비극적일 정도로 엄청나게 비효율적이다. 노스웨스턴대학교 켈로그경영대학원 리 톰프슨Leigh Thompson 교수는 내게 말했다. "회의는 흡연이 암을 예측하는 것보다 더 심한 정도로, 끔찍한 결과를 예측합니다."[24]

톰프슨은 분쟁조정과 조직 부문 교수로 평생 동안 집단 판단을 연구했다. 그녀는 10대 시절 부모가 고통스러운 이혼 과정을 거치는 모습을 목격하면서 인간관계에 관심을 두기 시작했다. 결혼 생활 상담가가 될까 잠시 생각하기도 했지만 최종적으로는 인간의 상호작용을 보다 폭넓게 이해해보자는 결정을 내렸다.

연구를 실행하면서 톰프슨은 곧바로 지배 역학 관계를 인지했다. 한 명 또는 두 명이 지배적이면 팀 내 다른 사람들, 특히 내성적인 사람의 통찰이 억제된다. 지배적인 사람이 리더라면 사람들이 앵무새처럼 그의 의견을 따라 하며 상황은 더욱 나빠진다. 그룹 내에 존재하는 반항적인 아이디어들이 표출되지 못한다. 톰프슨은 말한다. "보통 네 명으로 구성된 그룹에서는 두 사람이 전체 대화 중 62퍼센트를 말하며 여섯 명 그룹에서는 세 명이 70퍼센트를 차지한다는 증거가 있다. 이는 집단의 규모가 커질수록 점점 더 심해진다." 실제로 이 현상은 너무나 흔해서 '공평하지 않은 커뮤니케이션 문제the uneven communication problem'라는 용어까지 붙었다. 톰프슨은 덧붙인다. "가장 놀라운 사실은 모든 발언을 도맡아 하는 사람은 자신의 그런 행동을 인식하지 못한다는 것이다. 그들은 모든 사람이 동등하게 발언하며 회의가 평등주의에 바탕을 두고 있다고 단호하게 주장한다. 그 이유는 대개의 경우 그들에게 자기 인식이 부족하기 때문이다. 그래서 문제를 지적하면 그들은 발끈하며 종종 갈등이 고조되기도 한다."[25]

그렇다면 대부분의 회의에서 커뮤니케이션이 제대로 이뤄지지 못

다이버시티 파워

한다. 많은 사람들이 침묵을 지키며 지위가 토론에 영향을 미친다. 사람들은 자신이 생각하는 내용을 말하지 않고 리더가 듣고 싶어 한다고 생각하는 것을 말한다. 그리고 중요한 정보를 공유하지 못한다. 다른 사람들에게 그 정보가 없다는 사실을 인식하지 못하기 때문이다. 한 실험에서 세 후보 가운데 관리자 한 명을 채용하라는 과제가 팀에 주어졌다. 연구원들은 후보자들의 특성을 조작해 한 후보자가 더 나은 자격을 갖추고 월등하게 우수하며 그 자리에 더 적합하다는 식으로 다른 두 사람보다 훨씬 나아 보이게 만들었다. 그러고 나서 후보자 정보를 채용팀 팀원들에게 변형된 방식으로 제공했다. 각 팀원은 세 후보에 관한 부분적인 정보만 받았다. 팀 전체로 보면 모든 정보가 주어졌지만 팀원들은 일부 정보만 받은 셈이었다. 이는 각 팀원이 자신이 알고 있는 내용을 공유할 때에만 올바른 결정이 이뤄질 수 있다는 뜻이었다. 어떻게 됐을까? 팀은 비참할 정도로 실패했다. 거의 모두가 올바른 선택을 하지 못했다.

이 실험은 대부분의 팀들이 직면한 상황을 보여주기 때문에 중요하다. 각자는 보탬이 될 만한 뭔가 유용한 생각을 지니고 있지만(그렇지 않으면 왜 팀에 있을까?) 이것이 집단 의사 결정의 한 부분으로 활용되지 않고, 그 대신 제한된 정보에 따라 행동하는 한 멤버가 자신의 선호를 표현하며 팀 전체의 역학 관계를 왜곡한다. 사람들은 그 관점을 확증하는 정보를 공유하기 시작하며 그것을 문제 삼을지도 모르는 정보는 무의식중에 숨긴다. 결국 사고의 다양성이 사라진다. 이를 정보폭포information cascade(폭포처럼 쏟아지는 정보 속에서 스스로가 수집한 정보보다 타인의 결정에 편승해 자신의 의사를 결정하는 현상—옮긴이)라 부른다.

실제로 위 실험의 통제집단 팀원 각자에게 정보의 일부가 아니라 전부를 제공하자 그들은 제대로 된 결정을 내렸다. 심리학자 샬런 네메스는 이 현상을 이렇게 설명한다. "대체로 집단의 의사 결정 과정은 우리가 추구하려는 바로 그 관점의 다양성을 억제하는 방향으로 흘러간다."

이는 우리가 2장에서 다뤘던 통찰 가운데 하나를 떠올리게 한다. 예측 과제에서 개별 예측의 평균을 구하는 방법이 놀랄 만큼 정확한 판단에 이를 수 있다는 통찰을 기억할 것이다. 이것이 '집단 지혜'다. 이는 경제예측부터 학생들에게 런던 지하철의 길이를 추측하라고 요청한 실험까지 다수의 경우에서 발견됐다.

하지만 이제 런던 지하철의 길이를 추측하는 학생들이 종이쪽지 위에 추정치를 써내는데 독립적이 아니라 순차적으로 한다고 가정해보자. 즉 첫 번째 학생이 자신의 추정치를 발표하고 옆에 앉은 학생이 발표하며 계속 순차적으로 이어간다. 이럴 경우 첫 번째 학생의 수치는 단지 추정치에 그치지 않고 다른 모든 학생에게 하나의 시그널signal이 된다. 이어서 발표하는 학생은 그 수치를 그대로 베끼거나 그쪽으로 기울어지며 그다음 학생에게까지 영향을 미친다. 오류는 더 이상 무효화되지 않고 서로 연관된다.

이는 정보폭포의 또 다른 사례이며 이를 뒷받침하는 힘의 대부분은 자의적 해석으로 설명할 수 있다. 두 명 이상이 같은 답으로 기울어지면 그들이 독립적으로 그 답에 이르렀다고 가정하기 쉽다. 이는 그 답의 설득력을 증폭하며 다른 사람들도 그쪽으로 기울어지게 한다. 이것이 바로 유행과 주식시장 버블을 비롯한 다양한 편승효과 bandwagon effect(뚜렷한 주관 없이 다른 사람의 의견을 따라 하는 것—옮긴이)가 나타나는 이유다. 집단이 항상 옳지는 않다. 그들은 아주 위험한 복제인간처럼 될 수 있다.

이런 정보폭포 현상은 일반적인 사회적 차원에서도 일어날 수 있다. 심리학자 솔로몬 애시Solomon Asch의 연구는 사람들이 종종 다른 사람들의 답 쪽으로 기울어지는 경향을 보여주면서, 이는 다른 사람들이 옳다고 믿어서가 아니라 동의하지 않는 행동으로 무례하거나 분열을 일으키는 사람으로 보이고 싶지 않기 때문이라는 사실을 증명했다. 이를 통해 우리는 곧바로 지배적 관계를 떠올릴 수 있다. 이것이 정보와 사회적 폭포 현상의 위험성을 엄청나게 확대하는 사회적 역학 관계로 생각될 수 있기 때문이다. 무엇보다도 모르는 사람의 의견을 반박하기 어렵다면, 리더의 의견을 반박하는 것은 얼마나 더 어려울까?

예측 과제에서는 각자의 독립적인 추정치를 선택해 정보폭포 현상을 피할 수 있지만 대부분의 다른 결정에서는 이 방법이 가능하지 않다. 논쟁과 논의에 귀를 기울여야 하고 다양한 관점을 검증해야 하는 문제해결이나 정책 입안과 같은 과정에서 회의를 피할 수는 없다. 이것이 바로 우리가 회의의 결점을 이해해야 하는 이유다.

서로의 오류를 바로잡는 대신 혼합해 악화하면 팀은 객관적으로 정말 형편없는 판단을 점점 더 자신만만하게 내릴 수 있다. 집단 의사 결정 문제 전문가 캐스 선스타인Cass Sunstein과 리드 헤이스티Reid Hastie는 이렇게 설명한다. "대부분의 경우 집단은 구성원의 신중한 검토에도 불구하고 큰 실수를 하는 것이 아니라 바로 그것 때문에 일을 그르친다. 기업과 노동조합, 종교 단체는 종종 심사숙고 끝에 형편없는 결정을 내린다. 정부도 마찬가지다."[26]

이는 기이한 아이러니다. 우리는 개인적인 전문성을 쌓는 데 많은 시간을 쓴다. 몇 년 동안 학교를 다니고 대학교에 진학하며, 그러고 나서 수습 기간을 거치거나 현장에서 직무교육을 받고 전문성을 키우며 서서히 지식과 통찰, 이해력을 습득한다. 그런 뒤에 우리는 스스로를 집단적으로 멍청한 바보로 만드는 회의에서 가장 중대한 결정을 내린다.

명망을 갖춘 리더, 심리적 안전감과 극단적 투명성이 보장되는 조직

구글은 초창기에 모든 관리자 직급을 없애겠다는 결정을 내렸다. 완전히 수평적인 구조를 원했기 때문이다. 그들은 계급 서열의 결점에 관한 증거가 점점 늘어나고 있는 상황을 인식하고 그에 따른 대책을 마련했다. 하지만 제대로 작동하지 않았다. 심리학자 애덤 갤린스키Adam Galinsky와 모리스 슈바이처Maurice Schweitzer는 자신들의 저서《관계를 깨뜨리지 않고 원하는 것을 얻는 기술》에 이렇게 썼다.

구글의 공동 창업자 래리 페이지Larry Page와 세르게이 브린Sergey Brin
은 초창기에 자신들이 획기적이라고 생각한 실험을 실행했다. 즉 관
리자 직급을 없애고 완전히 수평적인 조직을 만들었다. 실험은 정
말 놀랄 만한 시도로 평가받았는데, 실패했다는 이유만으로 그런 평
가를 받았다. 계급 서열이 없어지면서 혼돈과 혼란이 일어났고 페이
지와 브린은 방향을 설정하고 협업을 촉진하는 관리자가 구글에 필
요하다는 사실을 곧바로 인식했다. 그들이 깨달았듯이, 심지어 구글
같은 기업에도 계급 서열이 필요하다.[27]

다른 연구에서도 비슷한 결과들이 나왔다. 컬럼비아대학교 에릭 아
니시치Eric Anicich는 2000년과 2010년 사이의 유명 패션 기업을 조사
해 프랑스 패션업계 전문지 〈텍스타일 저널Journal du Textile〉에 게재된
업계표준에 따라 성과를 평가했다. 여기서 발견한 핵심 사실은 분명
했다: 공동 이사들이 이끄는 패션 기업이 단독 이사의 패션 기업보
다 덜 창의적이었다.[28] 갤린스키와 슈바이처의 설명처럼 "공동 리더
십은 누구 책임인지가 불분명하므로 아이디어를 억압할 수 있다."[29]
　집단은 일반적으로 리더가 필요하며, 리더가 없으면 갈등과 망설
임이 생길 위험에 처한다. 그런데도 리더는 집단의 다양한 관점에 접
근할 때에만 현명한 선택을 할 수 있다. 그렇다면 조직이 어떻게 계
급 서열과 정보 공유, 결단력, 그리고 다양성을 확보할 수 있을까? 이

는 수십 년 동안 경영 전문 서적에서 압도적으로 많이 다뤄온 질문이다. 이를 해결하기 위한 전형적인 접근 방법은 계급 서열과 다양성을 본질적인 갈등 관계에 두는 것이었다. 이 아이디어는 약간의 다양성과 약간의 지배구조를 함께 얻을 수 있을 정도로 계급 서열의 경사도를 바꾸는 것이다.

하지만 이 분석은 핵심 포인트를 간과하고 있다. 사실상 계급 서열은 대부분의 인간 집단에서 절대 피할 수 없는 양상이다. 우리는 이를 무시할 수 없다. 하지만 특이하게도, 인간에게는 단 한 가지 형태의 계급 서열만 존재하는 것은 아니다. 두 가지 형태가 있다.

△●□

영국의 인류학 대가 A. R. 래드클리프브라운Radcliff-Brown은 1906년부터 1908년까지 안다만 제도의 수렵채집민들과 함께 살았다. 그곳에 있는 동안 그는 이례적인 사항을 기록했다. 일부 개인은 공동체에서 영향력을 발휘하며 존경을 받는 것처럼 보였지만 지배적인 행동에 관여하지는 않았다. 그들의 지위는 뭔가 다른 것에 바탕을 두고 있는 듯했다. 그는 이렇게 썼다.

사회생활의 규정에 또 다른 중요한 요인, 즉 개인적 특성에 대한 존중이 있다. 이런 특성은 사냥 기술과 (중략) 관대함, 친절함, 나쁜 성질로부터 자유로운 상태였다. 이런 특성을 소유한 사람은 어김없이

다이버시티 파워

공동체에서 영향력을 발휘하는 위치에 오른다. 다른 사람들은 (중략) 나무를 잘라 카누를 만들거나 거북이 사냥 탐험에 합류하는 일 등으로 영향력 있는 자를 도우며 호감을 사려고 애쓴다.[30]

이럴 때 사람들은 하위 계급인 자를 협박하거나 위협하는 것이 아니라 그들에게서 존중을 얻음으로써 자신이 리더 위치에 있다는 사실을 확인했다. 계급 서열은 지배가 아니라 뚜렷한 메커니즘 같은 것을 통해 자연적으로 발달했다. 래드클리프브라운이 보기에 메커니즘은 안정적이고 일관성이 있었으며 그 나름의 자세와 행동, 표현이 어우러져 있었다. 그의 이야기가 출간됐을 때, 그 묘사는 특정 부족의 특이한 성향으로 여겨질 수도 있었다. 하지만 다른 인류학자들은 자신들도 다른 집단에서 비슷한 역학 관계를 관찰한 적이 있었으나 그렇게 중요하게 생각하지 않았다는 사실을 인식했다. 그런 역학 관계는 오스트레일리아의 고대 선주민 아보리지니 부족Aborigines과 볼리비아 아마존 유역의 치마네이 부족Tsimané, 말레이시아의 세마이 부족Semai 등 많은 곳에서 목격됐다.

서구에 거주하는 인류학자들도 이런 역학 관계를 인지했다. 그들은 공식적이든 비공식적이든 리더가 하위 계급인 자에게 존경을 요구한 것이 아니라 받을 만한 자격이 있어 받았다는 사실을 발견했다. 리더의 지위는 공격성이 아니라 지혜의 표시였다. 그들의 행동은 다른 사람을 위협하는 것이 아니라 자유롭게 해주는 경향을 보였다.

아니나 다를까, 실험실에 있는 낯선 사람들 사이에서 이런 역학 관계를 찾기 시작한 심리학자들은 지배계층과 함께 다양한 형태의 사회적 계급 서열이 생겨났다는 사실을 발견했다. 이는 문제를 해결할 때 사람들이 하는 행동에서 관찰되었을 뿐만 아니라 그 집단과 상관없는 외부인들도 쉽게 감지할 수 있었다. 이런 새로운 형태의 사회적 지위는 다양한 문화와 부족, 국가에 존재했다. 이런 형태의 사회적 지위를 지배구조와 구별하기 위해 심리학자들은 이를 명망prestige이라는 다른 이름으로 불렀다.[31] 가장 많이 인용되는 명망에 관한 논문을 공동 집필한 하버드대학교 인류학자 조지프 헨릭Joseph Henrich은 말했다. "지배와 명망은 예측 가능한 행동과 자세, 감정의 패턴으로 분명하게 구별될 수 있습니다. 그 패턴들은 지위에 이르는 다른 경로를 제공합니다."[32]

우리는 헨릭과 심리학자 존 매너의 논문에서 발췌한 161쪽 표에서 지배와 명망의 서로 다른 특성을 볼 수 있다.

명망은 왜 인간 집단에서 진화했을까? 명망 있는 사람은 왜 애초에 지혜를 공유할까? 혼자만 가지고 있으면 더 유리하지 않을까? 그이유에는 여러 가지 측면이 있지만 핵심은 단순하다. 사람들은 공포심 때문에 지배적인 자를 따라 한다는 사실을 기억하라. 반면에 명망있는 자의 경우, 사람들은 자유의사에서 우러나온 존경심으로 이들을 따른다. 그들이 바로 롤 모델role model이기 때문이다.

이는 결국 다른 사람을 향한 그들의 관대함이 모방되며 전체 집단을 보다 협력적인 방향으로 기울어지게 할 가능성이 높다는 의미다. 명망 있는 자는 다른 사람에게 혜택을 주기도 하지만 그 자신도 집단

지위 특성	지배dominance	명망prestige
역사	최소한 인간과 비인간 영장류의 공통선조까지 거슬러 올라가는 고대	인간이 비교적 소규모의 채집 수렵민 공동체를 이루고 살 때 인간에게만 나타난 특성
존중의 근원	존중은 (지배계층이) 요구하는 것이며 이런 행위를 하는 자actor의 속성	존중은 자유롭게 이뤄지는 것이며 이를 보는 자beholder의 속성
영향력을 발휘하는 메커니즘	강압, 위협, 공격성, 교묘하게 조작된 보상과 처벌	진정한 설득, 경의, 호감, 사회적 모범
사회적 유대의 역할	사회적 지위를 얻기 위한 수단으로 사회적 연합을 기회주의적이고 임시적으로 활용	다른 집단 구성원들과 진정하고 영속적인 관계 수립
성격	자아도취적, 높은 수준의 오만한 자부심	진정한 자부심
하급 계층의 행동	지위가 높은 사람의 동선을 추적하고 눈 맞춤을 회피하며 똑바로 쳐다보지 않음	지위가 높은 사람에게 관심을 기울이고 그들을 응시하며 자세히 살피고 경청함
접근성 관리	지위가 높은 사람을 회피하고 공격성을 피하기 위한 거리를 유지함	지위가 높은 사람에게 다가가고 근접성을 유지함
하급 계층의 표현	위축된 자세, 축 처진 어깨, 웅크림, 시선 회피	명망 있는 사람들에 집중, 열린 자세
상급 계층의 표현	당당한 자세, 활짝 편 가슴, 넓게 벌린 발과 팔	지배와 비슷하지만 보다 부드럽게 완화되고, 그리 넓지 않은 공간을 사용함
사회적 행동	공격적이고 스스로 자기 지위를 강화하며 이기적인 행동	친사회적이고 관대하며 협력적인 행동

전체에 광범위하게 관대한 태도를 취하면서 혜택을 입는다. 이는 서로를 돕는 행동이 전체의 보상을 확대하는 경우, 이른바 '포지티브섬

positive sum '(조직 구성원들의 협력을 통한 상생을 뜻하며 제로섬에 대비되는 용어—옮긴이) 환경에서 특히 중요하다. 이것이 바로 명성이 처음에 발달한 역사적 배경이다.

지배계급에는 다른 내부 역학 관계가 존재한다. 계급 서열에서 상위로 올라가는 것이 누군가의 하락에 달려 있다는 사실을 감안할 때, 계급 서열은 제로섬zero-sum 행동을 강조한다. 달리 설명하자면 정치공작과 뒤통수치기, 보복과 함께 내부경쟁에 대한 끊임없는 경계가 나타난다. 예를 들면 침팬지는 내부의 경쟁자를 좌절시키기 위한 전략적 연합의 달인이다. "폭력적인 형태로 발전할 가능성이 있는 상호작용에 돌입할 자신이 있고 자신의 지위 상승을 뒷받침해줄 사회적 지지를 확보한 개체가 일반적으로 지위 경쟁에서 승리하기 때문이다."[33]

이는 명망 있는 인간 리더가 위협적으로 이빨을 드러내거나 팔을 휘두르지 않으려는 이유를 설명해준다. 오히려 그들은 계급 서열과 다른 역학 관계를 나타내기 위해 자기 비하를 수사적 도구로 활용한다. 그리고 자신의 아이디어를 충분히 설명한다. 그 아이디어를 이해하고 지지하는 동료가 판단력과 유연성을 발휘하며 그것을 실행할 가능성이 높다는 사실을 알기 때문이다. 명망 있는 리더는 주위 사람들의 말에 귀를 기울인다. 자신이 다른 사람들에게서 배우지 않아도 될 만큼 영리하지는 않다는 것을 인정하기 때문이다.

존 매너는 지배와 명망을 별개의 성격유형이 아니라 하나의 기법technique으로 여겨야 한다고 주장한다. 기법으로서 지배는 오늘날에도 그 논리를 유지하고 있다. 일단 결정이 내려졌고 되돌릴 수 없을 때 지배는 말이 된다. 리더는 목표한 일을 끝내기 위해 자신의 팀을 독려해야 한다. 반대 의견과 다양한 의견은 집중을 방해하는 혼란일 뿐이다. 하지만 결정을 실행하는 것과 달리 평가를 하거나 새로운 아이디어를 떠올릴 때 지배는 그 자체에 내재된 모순의 무게 때문에 무너지는 경향이 있다. 이럴 때는 명성의 역학 관계가 매우 중요하다. 사람들은 반항적인 아이디어를 제시하기 위해, 그런 기여를 위협으로 간주하는 리더의 응징을 받을 염려 없이 안전한 환경에서 당당하게 목소리를 내야 한다.

이런 분석은 현대 조직 연구에서 가장 영향력 있는 개념 중 하나인 '심리적 안전감psychological safety'과 정확히 일치한다. 사람들이 보복을 유발하지 않는 상태에서 의견을 제시하며 합리적인 위험을 감수할 수 있다고 느낄 때 주변 환경은 심리적으로 안전하다. 명망을 지향하는 리더십과 심리적 안전감은 분명히 연관돼 있지만, 먼저 공감empathy의 역할에 집중해보자.

지배적인 리더는 그 단어의 정의를 볼 때 당연히 가혹하고 징벌적이다. 이것이 바로 그들이 승리하고 권력을 유지하는 방법이다. 그들은 또한 잘 공감하지 못한다. 자신에게 다른 사람들이 필요하다고 느끼지 못하므로 그들의 관점을 받아들이거나 감정을 잘 읽지 못한다. 이와 달리 명망을 지향하는 리더는 현명한 결정이 구성원들의 기여에 달려 있다는 것을 인식하기 때문에 다른 사람들이 생각하고 말하는 바에 크게 동조하는 편이다. 이는 신뢰를 강화한다. 존 매너는 말한다. "명망은 보다 높은 수준의 공감과 정보 공유와 관련이 있습니다. 이를 통해 집단지성이 향상됩니다."[34]

구글은 일부 팀이 다른 팀들보다 성과가 좋은 이유를 확인하려 실시한 중대한 조사에서 심리적 안전감이 성공을 추진하는 가장 중요한 요인이라는 사실을 발견했고, 이런 결과는 광범위하게 반복적으로 나타났다.[35] 조사 보고서에는 이렇게 명시돼 있었다. "심리적 안전감은 우리가 발견한, 역학 관계의 단연코 가장 중요한 요소였다. 이는 우리가 살펴본 직원들의 거의 모든 중요한 측면에 영향을 미친다. 심리적 안전감의 수준이 더 높은 팀에 속한 사람들은 구글을 떠날 가능성이 낮고, 다른 팀원들의 다양한 아이디어의 힘을 활용할 가능성이 높으며, 더 많은 수익을 올리고 경영진으로부터 효율적이라고 평가받는 경우가 두 배 더 많았다."[36]

아이러니는 대부분의 환경에서 심리적 안전감이 부족하다는 사실이다. 소매와 제조 부문을 조사한 한 연구를 보면 새로운 아이디어와 염려 사항을 자주 제시했던 직원들은 연봉이 인상되거나 승진할 가능성이 상당히 낮았다. 당당하게 말하는 행동이 젠더 고정관념을 훼손할 수 있는 곳에 속한 여성들이 받는 불이익은 더 심했다. 이는 소수인종에 속한 여성들에게 한층 더 심해질 수 있다. 심리학자들은 이를 '이중 위험double jeopardy'으로 표현했다. 심리학자 샬런 네메스는 이렇게 썼다. "우리는 반대 의견 제시로 당할 수 있는 조롱이나 거절을 두려워한다. 그래서 망설인다. 고개를 숙이고 입을 다문다. 하지만 당당히 말하지 않으면 그에 대한 대가가 따른다."

이것이 새로운 리더 세대가 명망을 추구하는 방식으로 옮겨 간 이유다. 또한 이라크 침공 후 스탠리 매크리스털Stanley McChrystal 장군이 알카에다를 상대로 한 전투의 전세를 뒤집어놓은 방법과 사티아 나델라Satya Nadella가 마이크로소프트의 번영을 재건하는 데 도움을 준 방법의 중요한 측면이다. 저신다 아던Jacinda Ardern 뉴질랜드 총리는 정권을 잡은 뒤 곧바로 말했다. "공감하려면 힘과 용기가 필요합니다." 이런 리더들은 존중을 요구하지 않았지만 그들이 이끄는 사람들이 자발적으로 나섰다.

사티아 나델라가 내게 말했다. "리더들은 종종 다른 사람들, 특히 자신에게 동의하지 않는 사람들의 관점을 요청하는 것이 자신의 권위를 약화할지도 모른다고 염려합니다. 그들의 생각은 틀렸습니다. 대부분의 사람들은 기여할 수 있는 기회가 주어질 때 더 많이 헌신한다고 느낍니다. 이는 열의를 강화하고 창의성을 끌어올리며 조직 전체의 잠재력을 높입니다."[37] 존 매너는 이렇게 말한다. "명망이 필요한 시기와 상황이 있고, 지배가 필요한 시기와 상황이 있습니다. 현명한 지도자는 둘 사이를 옮겨 다닐 수 있습니다. 계획을 실행할 때는 지배가 매우 중요할 수 있습니다. 하지만 새로운 전략을 수립하거나 미래를 예측하거나 새로운 혁신 방안을 찾을 때에는 다양한 관점을 들어야 합니다. 이 부분이 바로 지배가 형편없는 결과를 낼 수도 있는 상황입니다."[38]

탁월한 조직들은 심리적 안전감이 있는 문화를 조성하는 데 더해 효과적인 커뮤니케이션을 보호하기 위한 특정 메커니즘도 도입하기 시작했다. 가장 유명한 것들 중 하나가 아마존의 '금빛 침묵golden silence'이다. 거대 기술 기업 아마존은 10년 넘게 파워포인트 프레젠테이션이나 가벼운 농담 없이 완전한 침묵 속에서 회의를 시작했다. 30분 동안 팀원들은 서술형으로 주요 의제를 요약한 여섯 페이지 분량의 메모를 읽는다.

이 방식에는 몇 가지 효과가 있다. 첫째, 제안자는 자신의 제안을 깊이 생각해야 한다. 아마존 최고경영자 제프 베이조스Jeff Bezos는 이렇게 설명했다. "'훌륭한' (중략) 메모를 작성하는 것이 파워포인트 스무 장에 들어갈 내용을 '쓰는 것'보다 어려운 이유는 서술형 구조의 훌륭한 메모를 쓰려면 무엇이 무엇보다 더 중요한지 더 많이 생각하고 이해해야 하기 때문입니다." 그리고 훗날 말했다. "그 메모에는 진짜 문장이 있고 주제 문장과 동사, 명사가 들어 있습니다. 그저 글머리 기호로만 나열된 것이 아닙니다."

하지만 이 기법이 강력한 데에는 더 큰 이유가 있다. 이 기법은 다른 사람들의 의견을 알기 전에 자신의 생각을 먼저 결정하게 만든다. 그들의 다양한 사고방식을 동원하고 제안의 약점과 강점을 논리적으로 판단할 공간을 제공한다. 또 다양한 관점이 드러나지 못하는 위험이 줄어든다. 논의가 실제로 시작될 때에도 팀원 중 가장 선임이 제일 마지막에 발언한다. 이는 다양한 생각을 보호하는 또 하나의 기법이다.

아마존의 부사장 브래드 포터Brad Porter는 링크트인LinkedIn에 올린 글에서 이런 단순한 메커니즘들이 세계에서 가장 성공한 기업에 속

다이버시티 파워

하는 아마존의 가장 중요하고 전략적인 이점 중 하나라고 설명했다. "내가 그 과정을 상세히 설명함으로써 아마존의 비법을 공개한다고 생각하지 않는다. 너무 많이 공개하는 위험을 무릅쓰는 건 아마존이 이런 특별한 혁신 덕분에 분명히 운영을 더 잘하고 보다 나은 결정을 내리며 보다 많이 성장한다고 말하기 위해서다."[39]

또 다른 기법은 브레인라이팅brainwriting이다. 브레인스토밍brainstorming처럼 창의적인 아이디어를 만들어내는 방법인데, 팀원들은 아이디어를 큰 소리로 말하는 대신 카드에 쓴 다음 이를 벽에다 붙여놓고 나머지 팀원들이 투표를 한다. 켈로그경영대학원 리 톰프슨 교수는 내게 말했다. "이는 모든 사람이 기여할 기회를 얻는다는 의미입니다. 또한 한두 사람이 아니라 모두의 두뇌에서 나온 아이디어에 접근할 수 있다는 뜻이기도 합니다."[40]

톰프슨은 브레인라이팅에는 반드시 한 가지 규칙이 있어야 한다고 제안한다. 즉 어느 누구도 제출한 아이디어가 자신의 것이라고 밝히지 말아야 한다. 마케팅 이사는 카드에 자신과 관련된 고객을 언급하며 '실마리'를 제공해서는 안 된다. 톰프슨은 말한다. "이것은 매우 중요합니다. 아이디어 제시를 익명으로 하면 그 아이디어를 떠올린 사람의 지위와 아이디어를 분리할 수 있습니다. 이를 통해 아이디어의 능력주의 문화가 조성됩니다. 사람들은 제안한 사람의 연공서열을 고려하거나 비위를 맞추기 위해서가 아니라 아이디어의 질에 따라 투표합니다. 그 결과 역학 관계에 변화가 생깁니다."

투표가 끝난 뒤에는 보통 네 명씩 한 팀으로 나뉘어 아이디어들을 결합하거나 새로운 통찰을 촉발하며 아이디어를 '한 단계 더 끌어올린다.' 톰프슨은 "이 기법을 반복적으로 활용하면 브레인라이팅이 모든 사람을 참여시키는 방식으로 상호작용식 팀 회의에 적용될 수 있다"라고 말한다. 브레인라이팅을 브레인스토밍과 정면으로 비교해보면, 브레인라이팅이 두 배 더 많은 양의 아이디어를 생성하고 또 독립적인 평가자의 평가를 받을 때보다 높은 점수를 받는 양질의 아이디어를 만들어낸다. 이유는 단순하다. 브레인라이팅이 다양성을 지배 역학 관계의 통제에서 벗어나게 하기 때문이다.

미국의 유명 투자자 레이 달리오Ray Dalio도 비슷한 방법으로 가장 성공적인 헤지 펀드 중 하나를 조성했다. 그가 설립한 투자 기업 브리지워터Bridgewater는 200개 이상의 행동 '원칙'에 따라 운영되지만 핵심 주제는 반항적인 아이디어의 표출이라는 한 문장으로 요약될 수 있다. 레이 달리오는 이를 '극단적 투명성radical transparency'이라 부른다. 사람들이 자신의 생각을 표현하는 데 두려움을 느끼지 않고 이를 의무로 생각하는 문화가 조성돼 있다. 레이 달리오는 심리학자 애덤 그랜트와 한 인터뷰에서 이렇게 설명했다. "인류의 가장 큰 비극은 사람들이 무엇이 맞는지 알아내기 위해 사려 깊은 반대를 하지 못하는 데에서 비롯됩니다."[41]

회의에 초청된 모든 이에게 한 페이지 분량의 자기 관점을 써서 제출하라고 요구하는 회사도 있다. 이를 회의 참석 비용으로 볼 수도 있다. 이렇게 제출된 서류들을 섞은 뒤 테이블에 앉은 사람들에게 나눠 주고 일정한 순서 없이 읽도록 한다. 이는 관점을 제시한 사람의 지위와 관점을 분리하는 또 다른 방법이다.

이 모든 기법이 서로 다른 것처럼 보일지도 모르겠지만 이들은 동일한 패턴을 바탕에 두고 있다. 즉 지배의 위험으로부터 인지 다양성을 보호하는 것이다.

불확실성이 만연한 시기, 우리는 왜 지배적인 리더십을 택하는가

2014년 서던캘리포니아대학교 심리학자 에릭 아니시치는 5100회 이상 탐험에 나섰던 56개국 3만 625명의 등반가들에게서 데이터를 수집했다. 이는 고산 등반에 관해 지금껏 실행된 분석 가운데 가장 큰 규모였다. 연구원들은 다른 무엇보다도 한 가지 이슈에 관심을 두었다. 지배계급 서열이 재난의 가능성을 높일까?[42]

연구원들은 등반팀의 계급 서열을 직접 측정할 수 없었다. 등반가들이 전 세계에 흩어져 있는 데다 대부분의 등반이 이미 몇 년 전에 이뤄졌기 때문이었다. 결국 그들은 등반가들의 출신 국가를 조사하는 차선책을 택했다. 일부 국가는 권위 있는 자에게 존경을 표하는 문화이고 그에 따라 평균적으로 당당하게 의견을 말할 가능성이 낮다. 다른 국가들에는 리더십 위치에 있는 자들에게 당당히 말하는 것을 용인하고 심지어 권장하는 문화가 있다.

이와 같은 작은 국가별 차이가 데이터에 나타날까? 사망자 수에서 드러날까? 아니시치가 증거를 조사해보니 이 질문에 대한 답은 분명했다: 지배계급 서열이 강한 팀들은 "사망할 가능성이 상당히 높다." 단독등반에서는 이런 발견이 적용되지 않았다. 계급 서열이 강한 국가 출신으로 문제가 있는 팀들에서만 해당됐다. 또한 등반가 각자의 기술 문제가 아니라 상호 작용하는 방법에 문제가 있다는 사실도 보여준다. 공동 저자 중 한 명인 애덤 갤린스키는 이렇게 썼다.

> 계급 서열이 있는 문화에서 의사 결정은 위에서부터 아래로 전달되는 톱다운top-down 과정으로 이뤄지는 경향이 있다. 이런 국가의 사람들은 변화하는 상황과 곧 닥칠 문제를 리더에게 경고하며 당당히 말할 가능성이 낮기 때문에 고난이도 등반에서 사망할 가능성이 높다. 이 등반가들은 제 목소리를 내지 않음으로써 계급 질서를 유지했지만 자신들의 목숨을 위험에 빠뜨렸다. 중요한 점은 우리가 단독이 아니라 그룹 등반의 사망률이 높다는 사실을 증명하며 집단과정 group precess(집단의 기능과 의사 결정, 구성원들의 상호작용 과정에서 나타나는 역동성—편집자)의 역할을 분리했다는 것이다. 효과적인 커뮤니케이션을 해야 하는 집단에서만 계층적 문화가 재난을 일으켰다.[43]

〈미국국립과학원회보The Proceedings of the National Academy of Sciences〉에 실린 이 조사 결과는 그 자체로도 상당한 의미가 있다. 하지만 구글과 인류학적 데이터, 통제된 실험실 연구 등으로 검증을 받으며 에베레스트 재난에 대한 설명으로서 더욱 설득력이 생겼다. 갤린스키는 이

다이버시티 파워

렇게 설명했다. "히말라야산맥에서는 복잡한 결정을 내려야 하는 주요 특징, 즉 역동적이고 변화무쌍한 환경이 두드러지게 나타난다. 환경이 갑자기 극적으로 바뀔 수 있을 때 사람들은 이에 적응하며 새로운 계획을 세워야 한다. 이럴 경우 모든 사람의 관점이 표출돼야 하는데, 계급 서열이 이런 통찰을 억제하며 피해를 줄 수 있다."[44]

이 조사 결과 중 어느 부분도 계급 서열의 개념을 무효화하지 않는다는 점을 반복해서 말할 필요가 있다. 대부분의 팀은 지휘 계통이 있을 때 보다 잘 작동한다. 계급 서열은 리더가 큰 그림에 집중하는 동안 다른 사람들은 세세한 부분을 해결하려고 노력하는 분업 환경을 만들어낸다. 또한 팀들이 자신들의 활동을 조정할 수 있게 해준다. 계급 서열이 없으면 팀원들은 다음에 무엇을 할지를 두고 끊임없이 언쟁을 벌일 수도 있다. 이에 따라 분열이 일어나며 위험해질 수 있다.

하지만 진짜 선택은 계급 서열과 다양성 가운데 하나가 아니라, 두 가지 모두에서 이득을 얻는 방법에 대한 것이다. 갤린스키의 설명이다.

비행기 조종부터 수술 집도, 한 국가의 참전 여부 결정에 이르기까지 복잡한 과제를 수행할 때 사람들은 방대한 양의 정보를 처리하고 통합하는 한편, 일어날 수도 있는 무수히 많은 미래 시나리오를 상상해야 한다. (중략) 복잡한 과제에서 최고의 결정을 내리려면 계급 사다리의 모든 단계에서 나온 아이디어를 활용하고, 공유할 만한 관련 지식을 지닌 모든 사람에게서 배워야 한다.

△●□

어쩌면 무엇보다도 가장 강력한 아이러니로 계급 서열에 관한 분석을 마무리 지으려 한다. 심리학적 조사에서 나온 확실한 결과 한 가지는 인간이 불확실성, 그리고 자신의 삶에 대한 통제력이 부족하다는 느낌을 싫어한다는 것이다. 불확실성에 직면하면 우리는 종종 질서를 회복할 수 있는 지배적인 명목상 최고 리더figurehead에게 신뢰를 보내며 통제력을 되찾으려 시도한다. 이를 '보상 통제compensatory control'라 부르기도 한다.

제1차 세계대전의 혼돈 이후 독일과 이탈리아처럼, 경제적으로 불확실한 시기에 권위주의 국가가 부상하는 현상을 생각해보라. 메릴랜드대학교 미셸 갤펀드Michele Gelfand 교수가 이끈 연구는 30개국 이상을 분석해 그들이 보다 가파른 정치적 계급 서열을 구축하려 노력하며 확실성과 안보를 위협하는 외부 세력에 대응했다는 사실을 알아냈다.[45]

여기에는 종교적 영향도 있다. 한 연구는 고용 안정으로 특징지어지는 시기(1920년대)와 극심한 불확실성으로 특징지어지는 시기(1930년대), 두 시기에 걸쳐 미국의 교인을 분석했다. 당시 연구원들은 권위적 계층이 많고 계급 서열이 있는 교회(로마가톨릭교회, 모르몬교)와 계층이 거의 없고 계급 서열도 없는 교회(프로테스탄트 성공회, 장로교 등)의 두 부류로 미국 교회를 구분했다.[46]

분명한 사실은 경제가 낙관적일 때 사람들이 계급 서열이 없는 교

다이버시티 파워

회에 합류할 가능성이 훨씬 더 높았다는 것이다. 반면 고용이 불안정하면 사람들은 자신의 삶에 대한 통제력이 부족하다고 느끼며 계급 서열이 있는 교회로 개종했다. 즉 높은 수준의 유신론적 힘과 통제를 갖춘 신학을 더 많이 믿으며 불안정한 느낌을 보상받았다.

이런 현상이 약간 관념적으로 보인다면, 비행기에서 심한 난기류를 경험했던 순간을 생각해보라. 조용하게 기도하지 않았나? 이는 보상 통제의 전형적인 표시다. 불확실한 상황에 직면한 사람들은 신이나 숙명 또는 다른 전능한 존재에 힘이 있다고 생각하며 확실성을 회복했다. 기도 덕분에 비행기가 좀 더 안전하게 운항한 것이 아닐 수도 있지만(각자의 종교관에 따라 차이가 있다) 이를 통해 조금이라도 더 안정감을 느낄 수 있었다.

이런 현상은 조직에서도 일어난다. 기업이 외부 위협이나 경제적 불확실성에 직면하면 주주들이 지배적인 리더를 임명할 가능성이 상당히 높다. 조직 내에서도 불확실한 시기에 지배적인 사람들이 보다 신속하게 부상하는 경향이 있다. 강력한 목소리와 권위적인 성향은 구성원이 집단적으로 느끼는 통제 상실에 대한 안정감을 제공한다.

여기서 우리는 위험한 역설에 직면한다. 환경이 복잡하고 불확실한 이때가 바로 아무리 지배적인 두뇌라 하더라도 하나의 두뇌만으로는 문제를 해결하기에 충분하지 않은 시기다. 또한 집단지성을 극대화하기 위해 다양한 목소리가 필요한 바로 그 시기다. 그런데 지배적인 리더가 제공하는 미심쩍은 편안함을 우리가 무의식적으로 묵인하는 바로 그 시점이기도 하다. 따라서 지배는 리더들에게만 관련된 것이 아니라 종종 팀이나 조직 또는 국가 구성원들의 무언의 소망과도 연계돼 있다. 실제로, 팀이 상황에 대한 통제력을 잃기 시작하는 순간 명망 있는 리더십을 선천적으로 선호하던 사람들이 지배적인 리더십으로 옮겨 가는 자신을 발견하곤 하는데, 이는 처참한 결과로 이어진다.

롭 홀은 존경스러운 인물이었다. 그에 관한 이야기를 읽으면 읽을수록 사람들이 그에게서 경외감을 느끼는 이유를 더 많이 이해할 수 있다. 에베레스트 재난 직후에 작성된 그의 부고 기사는 그의 영웅적 행위를 정확히 포착했다. "동상으로 제대로 걷지도 못하고 산소는 점점 더 줄어들며 음식과 연료 또는 피신처도 없이 오도 가도 못하는 상태에서 그는 (중략) 그날 밤 사망했다. (중략) 그가 탈진한 대원을 구하려 애쓰다 사망했다는 사실은 세계에서 가장 존경받는 상업적 히말라야 탐험대 리더로서 그의 지위를 확인해줬다."[47]

홀은 선천적으로 지배적인 성향은 아니었다. 생각이 열려 있고 포용적인 인물로 그를 아는 거의 모든 사람이 그를 좋아했다. 문제는 그가 자신의 등반 경력 중 가장 도전적인 등반에서 지배적인 리더십 스타일이 중요한 자산이 될 것으로 믿기 시작했다는 데 있었다. 이런 관점은 죽음의 구역에서 급격한 변동성에 심한 불안감을 느끼는 팀을 보며 더욱 굳어졌다. 이처럼 의도하지 않고 무의식중에 생기는 역학 관계는 조직과 자선단체, 조합, 학교, 정부 등 전 세계에서 매일 수백만 가지 방식으로 일어나지만, 히말라야 등반이라는 고위험 환경

다이버시티 파워

에서는 치명적인 결과로 이어질 수 있다.

남동쪽 능선에 폭풍이 몰아치는 가운데 홀이 베이스캠프와 마지막으로 주고받은 무전에서 동료들은 뉴질랜드에 있는 홀의 부인에게 연결하겠다고 말했다. 그의 부인 잰은 그들의 첫 번째 아이를 임신한 지 7개월째였다. 홀은 잠시 몸을 가눌 수 있는 시간을 달라고 했다. 이제 더 이상 가망이 없다는 것을 알고 있었지만 점점 더 악화되는 자신의 상황이 사랑하는 사람에게 슬픔을 주는 것은 원치 않았다. 그는 말했다. "잠시만 기다려줘. 입이 너무 말랐어. 잰과 통화하기 전에 눈이라도 좀 먹어야겠어."

이윽고 입을 축인 홀이 통화를 시작했다. "안녕, 내 사랑! 지금 편안하고 따뜻한 침대에서 이불 잘 덮고 누워 있겠지⋯?"

잰이 말했다. "내가 당신 생각을 얼마나 많이 하는지 이루 다 말로 할 수가 없어. 집으로 돌아온 당신을 완벽하게 회복시켜줄 날만 기다리고 있어. (중략) 당신은 혼자가 아니야. 내가 가진 긍정 에너지를 모조리 당신에게 보내줄게."

사우스서밋에서부터 위로 수직 125미터 높이에서, 친구 더그 한센과 앤디 해리스는 이미 사망했고 폭풍이 여전히 주위를 휘몰아치는 가운데 홀은 마지막 말을 남겼다.

"사랑해. 잘 자, 내 사랑! 너무 걱정하지 마."[48]

4

혁신

"도대체 누가 바퀴 달린 여행 가방을
사고 싶어 하겠어?"

데이비드 더들리 블룸David Dudley Bloom은 어느 모로 보나 뛰어난 인물이었다. 1922년 9월 20일 미국 펜실베이니아주에서 태어난 블룸은 제2차 세계대전 동안 해군에 복무했고 들리는 이야기에 따르면 1944년 12월 뉴기니 작전New Guinea campaign에서 USS 리버티Liberty를 지휘하며 함대에서 가장 젊은 함장이 됐다. 당시 그의 나이는 스물두 살에 불과했다.

1945년 전역한 뒤에는 법률 회사 사무원과 백화점 구매 담당자 등 여러 가지 일을 했고 이후 소규모 장난감 제조업체 아메리칸 메탈스 스페셜티즈 코퍼레이션American Metals Specialties Corporation, AMSCO의 연구 부문 이사로 재직했다. 어쩌면 전쟁을 직접 겪어서 그랬는지 모르겠지만, 블룸은 기업이 권총과 장총, 병사 같은 군대 분위기가 풍기는 장난감에서 멀어지게 하려고 노력했다. 1950년대 인터뷰에서 블룸은 말했다. "우리가 어린이들에게 전쟁과 범죄를 가르친다면 우리에게는 기대할 만한 미래가 그리 많지 않습니다."

그의 첫 번째 큰 아이디어는 병을 뒤집으면 안에 든 우유가 사라지는 것처럼 보이는 '마법 우유병'이었다. 또한 어린이들이 마치 요리사가 된 것처럼 놀 수 있게 해주는 주방용 기구와 같은 미니어처 소비재를 생각했다.

하지만 1958년까지도 블룸은 온 세상은 말할 것도 없고 자신의 삶을 완전히 바꿔놓을 만한 아이디어를 떠올리지 못했다. 당시 그는 몇 달 전 AMSCO를 떠나 대중적인 여행용 가방 라인의 제품 개발 부문 이사 자리를 제안받고 펜실베이니아주 엘우드시의 애틀랜틱 러기지 컴퍼니Atlantic Luggage Company로 옮긴 상태였다.

여기서 그에게 한 가지 생각이 번쩍 떠올랐다. 무겁고 거추장스러우며 자신의 허리통증에 일부 책임까지 있는 여행 가방에 왜 바퀴가 없을까? 바퀴가 있으면 돌아다니기가 더 수월하지 않을까? 또한 비싼 짐꾼들을 쓸 필요가 없지 않을까? 그리고 사람들이 환승할 공항에 도착했을 때, 이리저리 힘들게 걸어 다니며 한 팔만 계속 아플지 아니면 곧바로 다른 팔에 고통을 전가할지 선택할 수밖에 없는 지경에 이를 때까지 점점 더 자주 손을 바꿔야 하는 불안감을 완화해주지 않을까? 더 나아가 여행 가방에 바퀴를 다는 것은 대중의 대규모 여행 시대로 움직이는 세계를 위한 완벽한 해결책이 아닐까?

블룸은 자신의 아이디어를 반영해 바퀴와 손잡이가 달린 틀에 부착한 여행 가방 시제품을 애틀랜틱 러기지 컴퍼니 회장에게 가져갔다. 그는 기대에 가득 차 있었으며 기뻐서 어쩔 줄 모를 정도였다. 제품은 생산 비용이 낮았고 기업의 기존 디자인과 유통망에도 잘 맞았으며 수십억 달러 글로벌 시장을 석권할 업계 역사상 가장 확실한 제품처럼 보였다.

회장의 반응은 어땠을까? 그는 '비현실적'이고 '거추장스러운' 제품이라고 평가하며 비웃었다. "도대체 누가 바퀴 달린 여행 가방을 사고 싶어 하겠어?"

2010년 영국의 고고학자이자 역사학자인 이언 모리스Ian Morris는 혁신의 역사에 관한 중대한 연구를 완료했다. 그는 매우 철저한 사람이었다. 기원전 1만 4000년부터 오늘날까지의 발전 과정을 조사해 모든 진보의 결과를 신중하게 표로 만들었다.

동물의 가축화와 조직화된 종교의 탄생, 글자 발명과 같은 주요 사건들은 쉽게 찾아낼 수 있었다. 모리스는 어떤 변화가 인류에 가장 큰 영향을 미쳤을까? 하는 질문을 받았을 때 뚜렷하게 주창할 만한 요소들이 이 사건들 각각에 있었다는 사실에 주목했다. 그는 사회적 진화에 영향을 미친 다양한 획기적인 발전을 세심하게 수량화할 수 있도록 객관적인 답을 원했다. 그는 이를 '일들을 완수하기 위해 신체적, 지적 환경에 익숙해지는 집단의 능력'으로 규정했고, 이 아이디어는 경제성장과 밀접한 관련이 있었다.[1]

그의 데이터는 놀랄 만큼 인상적이다. 이미 언급된 다양한 혁신 모두가 사회적 진화에 실제로 영향을 미쳤다는 사실을 증명하기 때문이다. 진화의 정도를 표시하는 그래프의 곡선은 지난 수천 년을 거치며 서서히 위쪽으로 향한다. 하지만 다른 무엇보다 큰 영향을 미치며 그래프 곡선을 수평 근처에서 수직에 가깝게 바꿔놓은 혁신이 하나 있었다. 바로 산업혁명이다. 모리스는 이렇게 썼다. "1800년 이후 서구가 주도한 도약은 세계 초기 역사에서 이뤄진 모든 극적인 사건들을 조롱거리로 만들었다." 매사추세츠공과대학교MIT 슬론경영대학원의 두 교수 에릭 브리뇰프슨Erik Brynjolfsson과 앤드루 매커피Andrew McAfee는 이 의견에 동의한다. "산업혁명은 제1의 기계시대(인류의 발전이 주로 기술혁신으로 추진된 최초의 시대)를 불러왔다. 이는 우리 세계가 한 번도 보지 못했던 가장 엄청난 전환의 시기였다."[2]

하지만 이 장면에 한 가지 이례적인 부분이 있었다. 역사학자들은 이 전환을 자세히 들여다보고 나서 그래프 곡선에 알갱이 모양으로 오돌토돌하게 나온 부분을 볼 수 있었고 뭔가 이상하다고 생각했다. 산업혁명의 두 번째 단계는 19세기 말 전기화electrification와 함께 시작됐다. 이는 오래되고 효율성이 떨어지는 증기기관을 전기모터로 대체할 수 있다는 의미였다. 이를 통해 성장과 생산성 측면에서 두 번째 급등이 일어났으며, 오늘날에도 전기는 여전히 우리와 함께 살아가는 중요한 요소다.

한 가지 예외가 있었다. 급등은 이상하게도 나중에야 이뤄졌다. 곧바로 일어나지 않고 도약하기 전 약 25년 동안 임신기와 정체기를 거치며 잠시 멈춰 있는 것처럼 보였다. 무엇보다 가장 기묘한 것은 전기화로 이득을 얻을 수 있는 완벽한 위치에 있던 크게 성공한 미국 기업들 대다수가 전기화를 전혀 하지 않았다는 점이다. 오히려 많은 기업들이 파산했다. 그들은 승리하기 직전에 패배를 낚아챈 셈이었다.

다이버시티 파워

전기는 주목할 만한 가치가 있었는데, 동력의 의미에서뿐만 아니라 생산공정 자체의 재설계 측면에서 엄청난 이익을 제공했다. 전통적인 공장에서 기계는 물 주변에 놓였고 이후에는 증기기관 근처에 자리 잡았다. 기계들은 이런 방식으로 모여 있을 필요가 있었다. 생산공정은 정교하지만 종종 신뢰할 수 없는 도르래와 기어, 크랭크축 조합을 통해 연결된 다양한 기계들이 하나의 동력원에 탯줄처럼 연계돼 있었다.[3]

전기화는 생산이 이와 같은 제약에서 벗어날 수 있다는 뜻이었다. 전기모터는 크기를 줄여도 효율성이 크게 떨어지지 않아 기계들이 개별적으로 자체 동력원을 확보할 수 있기 때문에 자재의 가장 효율적인 작업 흐름을 바탕으로 공장 내 기계 배치를 할 수 있다. 단일 동력원(증기기관) 대신 전기는 '그룹 동력원'을 사용할 수 있게 해줬다. 여행 가방에 바퀴를 다는 것만큼이나 확실한 이점이다. 매커피와 브리뇰프슨은 이렇게 설명했다. "물론 오늘날에는 이것 외에 다른 뭔가를 하려는 생각은 완전히 터무니없다. 실제로 많은 기계들은 이제 한 걸음 더 나아가 다수의 전기모터를 내장하고 있다. (중략) 지능적인 전기화가 다른 선택지들에 비해 공장을 훨씬 더 생산적으로 만들었다는 것은 분명하다."[4]

당시 전기화는 미국 생산을 지배하는 기업들이 효율성을 높이고 이익을 늘릴 수 있는 기회를 제공한 신의 선물이었다. 기업들에는 기존 공장과 기계들이 있었다. 이제 효율성을 끌어올려 공장 운영을 간소화하며 새로운 성장 흐름을 시작할 수 있는 기술(전기)이 주어졌다.

그런데도 기업들은 그와 관련된 어떤 일도 하지 않았다. 바퀴를 거부했던 초창기 여행 가방 생산 기업을 섬뜩할 정도로 연상시키는 움직임을 보이며 단일 동력장치를 고수했다. 공장을 간소화하는 대신 마치 증기기관을 대체하듯 거대한 전기모터를 공장 한가운데에 떡하니 설치했다. 그리하여 그들은 이렇다 할 이유 없이 핵심을 완전히 놓쳤다. 이는 결국 파멸로 이어졌다. 경제학자 쇼 리버모어Shaw Livermore에 따르면 1888년에서 1905년 사이에 형성된 산업 트러스트 중 40퍼센트 이상이 1930년대 초까지 실패했다.[5] 또 다른 경제사 전문가 리처드 케이브스Richard Caves의 연구는 가까스로 명맥을 이어가는 트러스트들도 그 규모가 3분의 1 이하로 줄어들었다는 사실을 알아냈다. 이는 산업 역사상 가장 잔혹한 시기였다.[6] 이런 패턴은 끝없이 반복된다. 승리할 수 있는 완벽한 위치에 있어 전혀 그러지 않을 것 같은 조직이 오히려 어리석게도 실패에 이르는 것이다.

또 다른 진취적인 경영 간부 버나드 새도Bernard Sadow가 바퀴 달린 여행 가방 아이디어를 시장에 내놓았을 때 2차 수혜자인 백화점도 새로운 수익을 그냥 내다 버리기로 마음먹은 것처럼 보였다. 새도는 카리브해 아루바에서 가족 휴가를 마치고 돌아오는 공항에서 무거운 여행 가방 두 개 때문에 쩔쩔맸던 1970년에 이 아이디어를 떠올렸다. 그는 훗날 말했다. "그냥 말이 되는 일이었어요."

그럼에도 불구하고 그가 이 아이디어를 뉴욕 백화점들에 제시했을 때, 신규 판매로 큰 수익을 올릴 수 있었을 백화점들은 그것을 거부했다. 더들리 블룸의 경험이 되풀이되는 듯했다. 새도는 말했다.

"아이디어를 가져갔던 스턴스Stern's와 메이시스Macy's, A&S 등 모든 주요 백화점이 나를 쫓아냈습니다. 여행 가방을 끌고 다니는 미친 사람으로 생각했어요. (중략) 당시에는 남자가 남자다워야 한다는 생각이 있었습니다. 남자는 늘 자신의 아내를 위해 여행 가방을 들고 다녔죠."[7]

버나드 새도는 메이시스 백화점의 부사장 제리 레비Jerry Levy를 만나고 나서야 거래를 성사시킬 수 있었다. 레비는 몇 주 전 바퀴 달린 가방을 거절한 장본인인 메이시스 구매 담당자 잭 슈워츠Jack Schwartz를 불러 구매를 촉구했다. 정작 소비자들은 새로운 혁신에 어떤 거부감도 없었다. 새도는 말했다. "사람들은 바퀴 달린 가방을 즉각 받아들였습니다. 그 가방이 어떤 기능을 하는지 알아본 거죠. 곧바로 유행이 되더군요. 정말 대단했어요."

전기화의 역사를 보면 이는 바퀴 달린 여행 가방의 역사보다 더 논리에 맞지 않는다. 산업 트러스트의 경영진은 영리하지 못한 사람들이 절대 아니다. 대다수는 예리한 사고방식을 바탕으로 엄선된 초창기 전문경영인에 속하는 인물들이었다. 그런데도 확실한 성장 기회를 엄청난 규모의 재앙으로 바꿔놓았다. 매커피와 브리뇰프슨은 이렇게 설명했다. "20세기 초반 수십 년 동안 전기화는 미국 제조업에서 대멸종에 가까운 일을 일으켰다."[8]

디지털 시대의 혁신은
반항적인 결합에서 나온다

지금까지 우리는 다양성이 문제해결부터 새로운 정책 입안과 암호해독에 이르기까지 모든 부분에서 어떻게 집단지성을 강화할 수 있는지 살펴봤다. 4장에서는 이론의 여지가 있지만 모든 것의 가장 중요한 배경이며 성장에 가장 크게 영향을 미치는 혁신과 창의성을 살펴볼 것이다. 그리고 4장 후반부에서 우리는 큰 그림을 검토할 것이다. 일부 기관과 사회는 왜 다른 곳들보다 더 혁신적일까? 경제적 번영을 증진하기 위해 다양성을 어떻게 활용할 수 있을까? 하지만 먼저 개인에 초점을 맞춰 살펴볼 것이다. 어떤 이들은 변화를 수용하는 반면 다른 이들은 변화를 두려워하는 이유가 무엇일까? 재창조 기술에 능숙한 사람들이 있는 반면 현상 유지에 집착하는 사람들도 있는 이유는 또 무엇일까?

혁신 전문가는 종종 혁신을 서로 다른 두 형태로 구분한다. 한 형태에는 주어진 문제나 전문 분야를 한 걸음 더 깊이 파고드는 통제되고 예측 가능한 단계들이 있다. 자신이 만든 진공청소기 디자인을 끈질기게 수정한 끝에 유명한 사이클론 집진기의 크기를 조정해 공기에서 먼지를 분리하는 방법을 더 많이 터득한 제임스 다이슨James Dyson을 생각해보자. 새로운 시제품이 나올 때마다 다이슨은 분리 효율성에 관해 더 많이 알아갔다. 또한 새로운 단계를 밟을 때마다 과학의 이 작은 부분에 관한 더 깊이 있는 지식을 얻었다. 새로운 실험을 할 때마다 기능적 디자인에 더욱 가까이 다가갔다. 때로는 이런 형태의 혁신을 점진적incremental이라 부르기도 한다. 이는 잘 정의된 범위 내에서 지식이 점점 더 깊어진다는 개념을 분명하게 보여준다.

또 다른 형태의 혁신은 좀 전에 살펴봤던 두 가지 사례에 구체적으로 나타나 있다. 이를 재결합적recombinant 혁신이라 부르기도 한다. 서로 다르고 예전에는 연관성이 없었던 분야에서 두 가지 아이디어를 채택해 융합하는 방식이다. 바퀴 달린 여행 가방, 새로운 발전發電 형태로 개선된 생산공정 등이 여기에 해당한다. 대개의 경우 재결합은 극적이다. 다른 영역들 사이에 다리를 놓아 연결하거나 장벽을 완전히 무너뜨려 새로운 가능성의 지평을 열기 때문이다.

이 두 가지 혁신 형태의 논리에는 생물학적 진화가 반향돼 있다. 우리는 점진적 혁신을 각 세대에서 작은 변화가 일어나는 자연도태와 비슷한 것으로 생각할 수 있다. 재결합적 혁신은 뚜렷이 구분되는 두 유기체의 유전자들이 결합하는 유성생식에 오히려 더 가깝다. 두 가지 모두 중요하지만 과학 작가 맷 리들리Matt Ridley는 우리가 오랫동안 재결합의 힘을 과소평가했다는 설득력 있는 주장을 펼치며 이렇게 썼다.

성적 결합sex은 서로 다른 개체의 유전자를 한데 합치기 때문에 생물학적 진화가 누적되게 만든다. 그에 따라 한 생물체에서 일어나는 변이는 다른 생물체에서 생기는 변이와 합쳐질 수 있다. (중략) 만약 미생물이 수십억 년 전 유전자교환을 시작하지 않았더라면, 그리고 동물들이 성적 결합을 통해 그런 일을 지속하지 않았더라면 눈을 형성하는 모든 유전자가 결합해 한 동물의 눈을 만드는 일은 결코 없었을 것이다. 다리나 신경 또는 뇌를 구성하는 유전자들도 마찬가지다. (중략) 진화는 성적 결합 없이도 일어날 수 있지만 속도가 아주, 훨씬 더 늦어진다. 문화도 마찬가지다. 문화가 단순히 다른 사람들의 습관을 학습하는 것으로만 이뤄진다면 얼마 안 가서 침체될 것이다. 문화가 쌓이려면 아이디어들이 만나 짝짓기를 하듯 결합해야 한다. 아이디어의 '교차수정cross-fertilization'(서로 다른 개체의 남성과 여성의 생식세포를 결합하는 것— 옮긴이)은 상투적인 문구이기는 하지만 의도하지 않은 생산력이 담겨 있는 말이다. 분자생물학자 프랑수아 자코브François Jacob는 말했다. "창조하려면 재결합해야 한다."[9]

리들리는 재결합적 혁신을 '아이디어들의 성적 결합'이라는 한 구절로 간단명료하게 표현한다.

역사는 포도즙을 짜는 기존 방식에 연질 금속으로 블록을 만들어내는 기술과 가동 활자movable type(낱낱으로 독립된 활자) 같은 다른 다양한 특성을 융합한 인쇄기처럼 수많은 재결합적 혁신 사례를 만들어왔다. 재결합적 혁신은 기존 아이디어의 지속적인 수정으로 나타나는 점진적 혁신과 늘 공존했다. 하지만 최근 많은 사람들, 특히 많은 과학자들의 관심에서 벗어난 일이 일어났다. 점진적 혁신과 재결합적 혁신의 균형이 급격히 기울었다. 재결합이 과학뿐만 아니라 산업과 기술과 그 외 분야에서도 변화의 지배적 동력으로 부상했다.

다이버시티 파워

이런 우세를 감지하기 위해 켈로그경영대학원 브라이언 우지 교수가 이끈 연구를 살펴보자. 그는 세계에서 가장 방대한 과학 지식 저장소인 웹 오브 사이언스Web of Science에 있는 잡지 8700편에 실린 1790만 건의 출판물을 조사했다.[10] 이는 지난 70년 동안 발표된 거의 모든 논문에 해당한다. 그는 패턴을 찾고 있었다. 무엇이 위대한 과학을 만들어낼까? 기발한 아이디어는 어디에 있을까?

그가 알아낸 것은 무엇일까? 가장 영향력이 큰 논문은 연구원들이 '이례적인 주제의 결합'이라 부르는 것들이었다. 즉 전통적인 영역들에 다리를 놓은 논문들이었다. 이 논문들은 이를테면 물리학과 컴퓨터 활용, 인류학과 네트워크 이론, 또는 사회학과 진화생물학을 혼합했다. 이는 '아이디어들의 성적 결합'의 과학적 형태에 해당한다. 이 논문들은 주제와 폐쇄적인 사고 저장소thought silos 사이에 있는 개념적 장벽들을 타개하며 새로운 아이디어와 가능성을 만들어냈다.

우지는 이렇게 설명한다. "이처럼 참신한 결합의 대다수는 실제로 각 영역에 있는 전통적인 두 아이디어로 이뤄진다. 훌륭한 기반이 되어주고 널리 인정받은, 즉 당신이 과학에서 필요한 아이디어들을 택한다. 그런데 이들을 결합하면 '와!'라는 탄성이 터져 나온다. 갑자기 완전히 다른 것이 등장한다."[11] 재결합적 과학의 전형적인 사례로 심리학의 개념과 통찰을 경제학 영역에 접목해 새로운 분야로 전환시킨 행동경제학을 들 수 있다.

하지만 이는 과학에만 해당되는 것은 아니다. 미국 특허상표국US Patent and Trademark Office은 474개의 기술 분류와 16만 개의 코드와 함께 실용특허(전구)와 디자인특허(코카콜라 병), 식물특허(교배종 옥수수) 같은 광범위한 범주를 다룬다. 19세기 특허의 대부분은 단일 코드로 분류됐다. 혁신의 다수는 특정 영역에 한정돼 있었으며 주로 점진적 혁신의 산물이었다. 오늘날 단일 코드로 분류되는 특허의 비율은 12퍼센트까지 떨어졌다. 대다수 특허는 여러 전통적인 경계들과 코드들에 걸쳐 있다.[12] 미시간주립대학교 앤아버 캠퍼스의 복잡성 과학 교수 스콧 페이지의 말처럼 "데이터를 보면 다양한 아이디어의 결합에 따른 가치와 재결합을 혁신의 원동력으로 여기는 분명한 트렌드가 드러난다."[13]

재결합적 혁신과 다양성의 연관성은 분명하다. 재결합은 문제 공간 전체에 걸쳐 한 번도 연결된 적이 없는 아이디어들을 한데 합치는 일종의 타화수분 같은 것이다. 우리는 이를 오래된 것과 새로운 것, 낯선 것과 익숙한 것, 외부자와 내부자, 음과 양을 한데 모으는 '반항적인 결합rebel combinations'으로 부를 수 있다.

어떤 트렌드는 그 속도가 느려지기는커녕 방대한 자체 네트워크를 통해 컴퓨터 시대에 가속화되고 있다. 사용자 참여형 내비게이션 앱 웨이즈Waze를 생각해보라. 이 앱은 위치 센서와 데이터 전송 장치, GPS 시스템, 소셜 네트워크를 결합한 전형적인 결합형 혁신이다. 또는 내연기관과 빠른 속도의 계산, 최신 센서, 광범위한 지도와 거리 정보, 그 밖의 많은 다른 기술들을 결합한 자율주행 자동차 기술 기업 웨이모Waymo를 생각해보라.[14]

실제로 거의 모든 기술혁신은 전혀 다른 아이디어와 생각, 개념,

다이버시티 파워

기술, 데이터 조합 등을 연결한다. 이 패턴은 (기존 웹 인프라를 디지털 네트워크 구축과 미디어 공유 기술에 연결한) 페이스북과 (페이스북의 가장 기본적인 개념을 디지털 필터로 사진을 수정할 수 있는 기능을 갖춘 스마트폰 앱에 연결한) 인스타그램에도 적용된다. 재결합은 디지털 혁신에 반복적으로 등장하는 개념이다. 새로운 결합이 생길 때마다 생물학자 스튜어트 카우프만Stuart Kauffman이 '인접 가능성adjacent possible'이라 칭하는 영역에서 참신한 결합이 나타난다. 새로운 가능성이 열리고 새로운 풍경이 펼쳐진다. 매커피와 브리놀프슨은 이렇게 썼다. "디지털 혁신은 가장 완전한 형태의 재결합적 혁신이다. 각각의 발전은 미래 혁신을 위한 블록을 구축한다. (중략) 블록 구축은 절대 멈추지 않는다. 실제로 이것들은 미래 재결합의 기회를 더 늘린다."[15]

하지만 여기서 중요한 의문이 생긴다. 왜 일부 사람들은 재결합의 기회를 선뜻 붙잡는 반면, 다른 사람들은 그 가능성을 알아차리지 못할까? 여행 가방과 전기화의 사례에서 다양한 기술의 결합은 그것으로 혜택을 가장 많이 받을 수 있는 바로 그 사람들에게서 퇴짜를 맞았다. 이는 보다 심각한 패턴의 한 부분이다. 우리들 중 다수는 재결합을 할 능력이 없어서가 아니라 그 가능성을 무시하기 때문에 변화에 어려움을 겪는다. 우리는 혁신이 창의적인 사람들이나 실리콘밸리의 과학자들에게만 해당된다고 생각한다. 또한 우리의 일과 생활을 보다 생산적으로 만들어주며 우리에게 보다 많은 성취감을 안겨줄 수 있는 변화를 무의식중에 거부한다.

하지만 이런 장벽에 제한받지 않는 듯한 사람들도 있다. 바로 우리가 언급했던 성공 이야기의 주인공이며 우리 모두에게 교훈을 전해 주는 그 사람들이다.

아웃사이더 사고방식을 탑재한 이민자들이 창업에 성공하는 이유

에스티 로더Estée Lauder, 헨리 포드Henry Ford, 일론 머스크Elon Musk, 월트 디즈니Walt Disney 그리고 세르게이 브린. 이들의 공통점은 무엇일까? 겉으로 보기에는 미국 사회에 영향을 미친 유명 기업가들처럼 보인다. 하지만 조금 더 깊이 들여다보면 그들이 제리 양Jerry Yang과 아리아나 허핑턴Arianna Huffington, 피터 틸Peter Thiel 등 미국 현대 경제 형성에 도움을 준 수십 명의 인물과 하나의 패턴을 공유한다는 사실을 알 수 있다. 이들을 연결하는 고리는 무엇일까? 그들은 이민자이거나 이민자의 자녀다.

2017년 12월에 발표된 연구 결과를 보면 〈포춘〉 500대 기업 가운데 43퍼센트가 이민자 또는 이민자 자녀가 창업하거나 공동 창업한 기업이며 상위 35개 기업에서는 그 비율이 57퍼센트로 더 높았다. 이 기업들은 기술부터 소매, 금융, 보험에 이르기까지 모든 분야에서 전 세계에 걸쳐 5조 3000억 달러의 수익을 올렸고 1210만 명을 고용했다.[16] 연구에서 밝혀진 내용은 이뿐만이 아니었다. 이민자들은 기술과 특허 생산, 학술적 과학 분야에서 상대적으로 훨씬 더 많은 기여를 한다. 2016년 〈경제 전망 저널Journal of Economic Perspectives〉에 실린 논문에 따르면 지난 수십 년 동안 노벨상 수상자의 65퍼센트가 미국에 기반을 둔 학자들이었다. 이 혁신가들은 누구일까? 이들 중 절반 이상은 외국에서 태어났다.[17]

다른 연구들은 이민자가 기업을 창업할 가능성이 두 배 더 높다는 사실을 보여준다.[18] 미국 인구 중 이민자 비율은 13퍼센트이지만 기업 창업자 중에서는 27.5퍼센트가 이민자다. 하버드경영대학원의 연구를 보면 이민자가 창업한 기업들이 더 빨리 성장하고 더 오래 생존했다.[19] 또 다른 연구는 2006년부터 2012년까지 미국에서 창업한 모든 기술과 엔지니어링 기업들 중 약 4분의 1에 최소한 한 명의 이민자 공동 창업자가 있었다는 사실을 보여준다.[20] 이는 단지 미국 이민자들뿐만 아니라 전 세계 이민자들의 일반적인 특성이다. 2012년 '글로벌 기업가정신 모니터Global Entrepreneurship Monitor'의 데이터에 따르면 조사를 받은 69개국 대부분이 자국 태생들보다 이민자들의 창업 활동이 훨씬 더 활발하며 특히 고성장 벤처기업에서 더욱 그렇다고 보고했다. 이 연구들 중 그 무엇도 그것만으로 결정적이지는 않지만 한데 모아보면 설득력 있는 패턴이 드러난다.

이제 앞서 언급했던 사례를 다시 생각해보자. 기존 여행 가방 기업들은 왜 바퀴로 얻을 수 있는 이익을 인지하는 데 어려움을 겪었을까? 이미 자리 잡은 기존 제조기업들이 전기화와 조립라인 개선을 융합하는 데 어려움을 겪은 이유는 무엇일까? 혁신으로 이득을 볼 수 있는 최상의 위치에 있는 사람들이 그 기회를 보지 못하는 경우가 그렇게 자주 일어나는 이유는 무엇일까? 기존 사고의 틀, 즉 패러다임에 너무 깊이 빠져 있어 이를 넘어서기가 어려워서일까? 1950년대 미국에서 여행 가방 기업을 운영하던 경영자들을 생각해보라. 그들의 삶은 전통적인 여행 가방에 초점이 맞춰져 있었다. 그들은 경력 내내 바퀴가 없는 여행 가방 제조에 몰두했다. 그들의 삶은 패러다임에 묶여 있었다. 이는 그들 세계관의 한 부분이며 가장 기본적인 준거 프레임이었다.

거대 산업 기업의 경영자나 소유주는 평생 동안 증기기관을 사용했다. 이는 그들의 개념적 무게중심이며, 아이디어를 여과하고 기회를 이해하는 방식이었다. 다른 모든 것은 이 전제 주위를 공전했다. 현재 상황에 이처럼 심하게 익숙해진 탓에 현상을 해체하거나 파괴하기가 심리적으로 어려웠다. 매커피와 브리뇰프슨의 설명을 들어보자.

> 이는 분명히 현직에 있는 기존 경영자들이 너무나 능숙하고 박식하며 현재 상황에 사로잡혀 있는 나머지 앞으로 일어날 일과 실현되지 않은 가능성, 새로운 기술의 진화 가능성을 볼 수 없기 때문이다. (중략) 기존 공정과 소비자와 공급자 모두는 현재 상황과 크게 동떨어진 신기술의 가능성 같은 정말 확실한 것들을 현직 경영자가 보지 못하게 만든다.[21]

실제로 이러한 현상은 실험상으로도 볼 수 있다. 로버트 스턴버그

Robert Sternberg와 피터 프렌치Peter French의 대표적인 연구에서는 브리지 카드 게임에서 전문가와 초보자를 맞붙게 했다. 당연히 전문가가 더 좋은 성적을 올렸다. 누가 뭐라 해도 그들은 전문가였다. 하지만 그 때 연구원들이 게임 규칙에 구조적인 변화를 줬다. 가장 높은 숫자의 카드를 제시하는 선수가 승리하는 것이 아니라 정반대되는 규칙을 적용했다.[22] 이 변화는 초보자의 성적에는 거의 영향을 미치지 않았다. 그들은 변화를 곧바로 받아들이고 계속 잘 따랐다. 하지만 기존 규칙에 너무나 익숙하고 오랫동안 그에 따라 게임을 해왔던 전문가들에게 이런 변화는 매우 당황스러웠다. 그들은 기존 규칙을 파괴하는 변화에 대처하는 데 훨씬 더 많은 어려움을 겪었다. 그들의 성적은 떨어졌다.

이 실험 결과는 이민자들에 대한 분석과 일치한다. 이민자들은 다른 문화와 다른 일 처리 방식을 경험했다. 새로운 국가에서 비즈니스 아이디어나 특정 기술을 볼 때 그들은 절대 변할 수 없고 바꿀 수 없는 고정불변인 부분을 보지 않는다. 오히려 변화할 가능성이 있고 개선하거나 수정하거나 적응할 수 있거나 재결합하기 쉬운 부분을 본다. 이처럼 다른 부분을 보는 경험에서 기존 관습과 가정에 서슴없이 의문을 제기하는 심리적 여유가 나오는 것 같다. 우리는 이를 아웃사이더 사고방식outsider mindset이라 부른다. 이민자들은 물리적으로 특정 관습이나 패러다임에서 벗어나 있는 문자 그대로의 아웃사이더가 아니다. 그 대신 패러다임을 참신한 시각으로 보며 재구성할 수 있다는 개념적 의미에서 아웃사이더다. 이는 이민자들에게 반항적인 아이디어를 떠올릴 수 있는 자유를 제공한다.

이민자들은 재결합 개념에 불가분하게 연결되는 또 다른 이점도 있다. 즉 두 문화를 경험한 덕분에 아이디어를 결합할 수 있는 범위가 무척 넓다. '아이디어들의 성적 결합'에 대한 가교와 촉진제 역할을 한다. 아웃사이더 관점이 현재 상황에 의문을 제기하는 능력으로 이어지면 다양한 경험이 재결합적 해답을 찾는 데 도움을 준다.

오랜 기간 지속된 경험론이 이런 진리를 입증해주었다. 경제학자 피터 반도르Peter Vandor가 이끈 연구는 비즈니스 아이디어를 떠올리는 학생들의 역량을 한 학기 전과 후로 나누어 조사했다. 학생들 중 절반은 그 학기 동안 외국에 살며 공부했고 나머지 절반은 본국 대학교에 머물렀다. 그러고 나서 그들의 아이디어는 벤처 투자자의 평가를 받았다. 외국에서 공부한 학생들의 아이디어는 그러지 않았던 학생들보다 17퍼센트 높은 평가를 받았다. 실제로 본국 대학교에 머물렀던 학생들의 아이디어 질은 학업을 하는 동안 계속 떨어졌다.[23]

다른 실험에서는 학생들을 상대로 창의적 연상에 관한 테스트를 했다. 그들에게 세 단어 세트를 제시하고 각 단어와 함께 쓸 수 있는 네 번째 단어를 연상해보라고 했다. 첫 번째 세트는 'manners, round, tennis'였다. 이들과 함께 사용할 수 있는 네 번째 단어는 무엇일까? 또 다른 세 단어 세트는 'playing, credit, report'였다.*

---

* 첫 번째 세 단어 세트에 대한 답은 'table'이다(table manners, round table, table tennis). 두 번째 세트에 대한 답은 'card'다(playing card, credit card, report card).

실험을 하기 전에 절반의 학생들에게 "외국에서의 삶, 특히 외국에서 일어나는 일의 형태, 느끼고 행동하는 방식, 특정한 날에 떠오르는 생각을 상상해보라고 요청했다. 그런 뒤에 몇 분 동안 이 경험에 대한 생각을 써보라고 했다." 대조군에게는 다른 과제가 주어졌다. 즉 외국이 아니라 자신의 동네에서 지내는 하루를 생각해보라고 요청했다.

어떤 일이 일어났을까? 외국에 사는 것을 상상했던 학생들은 자신의 동네에 초점을 맞췄던 학생들이 볼 수 없었던 연관성을 발견하고 더 많은 퍼즐을 해결하며 75퍼센트 더 창의적이었다.[24] 수십 건의 다른 실험들도 다양한 맥락에서 비슷한 결과를 보였다. 국경 너머의 삶을 상상하는 것이 우리가 개념적 경계를 넘어서는 데 도움을 주는 듯이 보인다.

하지만 이는 여행이나 심지어 이민에 관한 것이 아니라 아웃사이더 사고방식에 관한 것이다. 결국, 참신한 환경은 반드시 지리적인 것과 관련될 필요가 없다. 찰스 다윈은 동물학과 심리학, 식물학, 지질학 연구를 번갈아 했다. 이 같은 연구 형태는 그의 창의력을 약화하지 않고 오히려 향상했다. 왜 그럴까? 이런 형태가 연구 대상을 외부의 시각으로 보며 다양한 과학 분과에서 나온 아이디어를 융합할 기회를 다윈에게 제공했기 때문이다. 한 연구는 가장 변함없이 독창적인 과학자들이 발표한 처음 100건의 논문에서 놀랍게도 평균 마흔세 번 주제를 바꿨다는 사실을 발견했다.[25]

한편 미시간주립대학교의 한 연구팀은 노벨상을 수상한 과학자들을 같은 시기의 다른 과학자들과 비교했다. 노벨상 수상자가 악기를 연주할 확률은 두 배, 그림을 그리거나 조각을 할 확률은 일곱 배, 아마추어 수준의 연기나 댄스, 마술을 할 확률은 서른두 배 높았다.[26] 창업기업가와 발명가를 대상으로 한 조사 결과도 비슷했다.

심리학자들은 종종 '개념적 거리conceptual distance'에 관해 이야기한다. 한 주제에 너무 몰입하면 우리는 지나치게 장식이 많은 바로크 양식 같은 복잡함에 포위된다. 그냥 그곳에 머물러 있거나 단순히 그 내부에 피상적인 변화를 주는 것만 생각하기가 매우 쉽다. 결국 자신의 패러다임의 포로가 된다. 하지만 벽 바깥으로 나오면 새로운 관점이 생긴다. 우리에게 새로운 정보는 없지만 새로운 관점이 생기는 것이다. 이는 종종 특정 예술 형태의 주요 기능으로 간주되기도 한다. 새로운 뭔가를 보는 것이 아니라 새로운 방식으로 익숙한 뭔가를 보는 것이다. W. B. 예이츠Yeats의 시詩나 파블로 피카소Pablo Picasso의 그림과 조각을 생각해볼 수 있다. 이런 위대한 작품들은 작품을 보는 사람과 그 대상이 되는 작품 사이, 즉 관찰자와 관찰 대상 사이에서 개념적 거리를 만들어낸다.

재결합이 성장의 주요 동력이 되는 세상에서 이보다 더 중요할 수 있는 것은 없다. 미래의 성장은 우리가 세상에 부여한 범주들을 초월할 수 있고, 서로 다른 영역들 사이에 다리를 놓는 정신적 유연성을 갖추고 있으며, 규칙과 사고 저장소 사이에 세운 벽을 불변이 아니라 움직일 수 있고 심지어 파괴할 수 있는 것으로 여기는 사람들에 의해 촉진될 것이다.

　　　　　　　　　　　　　　　　　　　　　다이버시티 파워

이것이 바로 아웃사이더 사고방식이 그렇게 강력한 자산이 되는 이유다. 그렇다고 내부자의 전문성이 필요 없다는 뜻은 아니다. 오히려 정반대다. 우리는 개념적 깊이와 개념적 거리 모두 필요하다. 내부자인 동시에 외부자가 돼야 하며, 개념적 선주민과 결합적 이민자가 돼야 한다. 또 현재 상황을 이해할 수 있어야 하고 그에 대한 의문도 제기할 수 있어야 한다. 전략적으로 반항적일 필요가 있다. 이민자의 경우를 되돌아보면, 그들이 혁신에 더 많이 기여하는 현상을 설명하는 데 도움을 주는 확실한 이유들이 더 있다. 이민을 선택한 사람들은 위험 감수risk-taking를 편안하게 생각할 확률이 높다. 이민자들이 자주 직면하는 장벽을 감안하면 그들의 회복력이 발달할 가능성이 많다. 하지만 이런 특성들이 중요하다고 해서 현재 상황에 의문을 제기하고 관습을 넘어서는 능력의 중요성이 흐려져서도 안 된다.

영국 기업가 캐서린 와인스Catherine Wines는 이 점을 잘 표현한다. "예지력을 갖추려면 내부자가 당연하게 여기는 것을 보기 위해 외부자의 관점을 가져야 합니다. 가능성과 기회는 참신한 관점으로 문제에 정면으로 부딪칠 때 가장 명확히 드러납니다."[27]

와인스는 소말리아 출신 이민자 이스마일 아흐마드Ismail Ahmed와 함께 2010년 송금 서비스 기업을 창업했다. 아흐마드는 1980년대에 런던에 도착했고 송금을 받을 때 느끼는 심한 좌절감을 직접 경험했다. 그의 초창기 삶과 새로운 거주지에서 배운 디지털 솔루션이 한데 어울려 새로운 벤처기업의 창업을 이끌었다. 고국에 송금하는 일을 문자메시지 보내는 것처럼 쉽게 해주는 기업이었다. 이는 재결합의 전형적인 사례다.

제프 베이조스도 2018년 주주들에게 보낸 편지에서 동일한 요점을 말했다. 그는 기존 아이디어들을 단호히 밀어붙이며 그 가치를 최대한 활용하는 점진적 혁신의 중요성을 언급했다. 하지만 보다 심오한 방식으로 혁신하려면 기존 프레임워크에서 벗어나야 한다는 사실도 인식했다. 이에 대한 그의 말은 아웃사이더 사고방식을 정확히 담아내고 있다. 그는 이를 '방랑wandering'이라 부르며 편지에 이렇게 썼다.

> 때로는 (사실상 대개의 경우) 비즈니스에서 우리가 어디로 향하고 있는지 잘 알고 있으며, 그럴 때 효율적일 수 있습니다. 계획을 세우고 실행합니다. 이와 달리 비즈니스에서 방랑은 효율적이지 않습니다. (중략) 그렇다고 방랑이 무작위적인 것은 아닙니다. 예감과 배짱, 직관, 호기심 등에 이끌려 이뤄집니다. (중략) 우리의 길을 찾기 위해 약간은 혼란스러워하며 옆길로 새는 것도 그럴 만한 가치가 있습니다. 방랑은 효율성의 균형을 잡는 데 필수적인 요소입니다. (중략) '비선형적non-linear'인 엄청나게 큰 발견을 하려면 방랑이 필요할 확률이 매우 높습니다.[28]

교육에 미치는 영향들을 생각해보자. 노동 전문가들은 현재 어린 이들이 많게는 10여 개의 직업을 가질 것이며 이들 중 대다수는 아직 생겨나지도 않았다고 예상한다. 빠르게 변화하는 세상에서 우리는 단지 발명의 기술뿐만 아니라 개인적 재창조의 기술까지 통달해야 한다. 지금은 현재 상황에 의문을 제기할 수 있고 경계를 넘어설수 있으며 특히 우리가 우리 자신에게 부여한 경계를 뛰어넘을 수 있는 사람들에게 적합한 세상이다. 우리가 깊이 빠져 있는 패러다임이있다면 그건 바로 우리 자신의 삶이다.

여행 가방 기업의 경영진이 여행 가방에 관한 현재 상황에 의문을제기하기 어려웠다면 우리가 매일 살아가는 각본에서 벗어나기란얼마나 더 어려울까? 우리의 일상생활과 가장 기본적인 준거 프레임, 우리가 하는 일, 가진 기술, 이끌어가는 삶 속에 기본 설정이 융화돼 있다. 우리가 구축할 수 있는 기술과 우리가 고려하지 않았던 기회는 아직 다 드러나지 않았다. 간단히 말해 때로는 반항적인 아이디어를 우리 자신의 삶에 적용할 필요가 있다.

물론 안정성과 연속성을 유지하는 것이 좋은 경우도 있다. 하지만우리의 삶 속에서 바퀴 달린 여행 가방이나 스마트한 전기화와 동등한 기회를 잡는 데 실패하며 무심코 기회를 놓치는 대신, 기회를 움켜잡는 것은 전혀 잘못이 아니다. 지금 하는 일과 그 일을 하는 방식에 어떤 새로운 아이디어를 적용할 수 있을까? 재결합의 가능성이있는 곳은 어디일까?

토론토대학교 키스 스타노비치Keith Stanovich 교수가 이끈 연구에서는 아웃사이더 사고방식의 한 측면을 측정한다. 이는 적극적 개방형사고Actively Open Minded, AOM 척도로 불린다. 설문지를 통해 '사람들은자신의 믿음과 반대되는 증거를 늘 고려해야 한다', '항상 새로운 가능성을 고려해야 한다'와 같은 말들에 동의하는지 아니면 동의하지 않는지 실험 대상자에게 물었다. 아마도 놀랄 만한 일은 아니겠지만, 이 척도에서 높은 점수를 받은 사람들은 아이디어를 떠올리고 논쟁을 평가하며 편견에 맞서고 가짜 뉴스를 찾아내는 일에 더 뛰어나며, 심지어 인지능력을 통제한 후에도 그랬다.

아웃사이더 관점으로 전환해 익숙한 것을 새로운 시각에서 보고 새로운 아이디어를 찾는 데 도움을 주는 기법들이 많다. 창의성 부문의 선두 주자에 오른 전 미국 육군 장교 마이클 미칼코Michael Michalko는 '역발상assumption reversal'을 주창한다. 즉 어떤 주제나 제안의 핵심 개념을 택해 그냥 뒤집어놓는 것이다. 일단 식당 개업을 생각한다고 가정해보자. 첫 번째 가정은 '메뉴가 있는 식당'일 수 있다. 그에 대한 역발상은 '메뉴가 없는 식당'일 것이다. 이는 요리사가 손님에게 그날 시장에서 구매한 재료를 알려주고 고객들이 각자 원하는 요리를 선택할 수 있게 하는 아이디어를 만들어낸다. 여기서 말하려는 요점은 이것이 반드시 운용 가능한 계획이 될 것이라는 점이 아니라 관습적인 사고 패턴을 파괴하면 새로운 연상과 아이디어로 이어질 수 있다는 것이다.

이런 기법이 산업혁명을 어떻게 바꿔놓을 수 있었을지 생각해보자. 당시 전기화가 이용 가능했더라면 경영진은 '생산공정은 단일 동력원에 바탕을 둔다'라고 하는 자신들의 결정적인 가정을 뒤집었을 것이다. 그 대신, '생산공정은 단일 동력원에 바탕을 두지 않는다'라고 말했을 것이다. 이것이 그들의 가정을 혼란스럽게 만들고 새로운

다이버시티 파워

생각들을 떠올리게 하며 그들이 자신들의 패러다임에서 벗어나는 데 도움을 주지 않았을까?

또는 다른 예를 들어 이번에는 택시 회사 설립을 고려한다고 가정해보자. 첫 번째 가정은 '택시 회사가 차량을 소유한다'일 것이다. 이에 대한 역발상은 '택시 회사가 차량을 소유하지 않는다'이다. 20년 전에는 이 말이 터무니없는 소리로 들렸을지도 모르겠다. 오늘날 지금껏 존재했던 택시 회사 중 가장 큰 회사는 차량을 소유하지 않는다. 바로 우버Uber다.

친구 많은 범재가 외로운 천재보다 낫다?!

이제 보다 광범위한 관점에서 혁신을 검토해보자. 어떤 형태의 사회가 반항적인 결합을 용이하게 할까? 왜 일부 지역과 시대가 다른 지역이나 시대보다 창조적일까? 우리의 다양성 분석은 역사의 호弧(궤적)와 얼마나 잘 들어맞을까? 핵심적인 통찰은 물체와 달리 아이디어는 수확체감의 영향을 받지 않는다는 것이다. 갖고 있던 차를 다른 사람에게 줘버리면 그와 동시에 차를 쓰지 못한다. 하지만 새로운 아이디어를 떠올리고 다른 사람과 공유하면 아이디어의 잠재력은 커진다. 이를 두고 정보 넘침information spillover이라 한다.

혁신에 관한 연구로 노벨상을 수상한 경제학자 폴 로머Paul Romer는 이렇게 설명한다. "아이디어에 관해 말하자면, 아이디어는 자연스럽게 새로운 아이디어를 고취한다고 할 수 있다. 아이디어 공유를 용이하게 하는 곳이 그렇지 않은 곳보다 생산적이고 혁신적인 경향을 보이는 이유가 바로 여기에 있다. 아이디어를 공유하면 가능성이 더해지는 것이 아니라 몇 곱절로 늘어나기 때문이다."[29]

여기서 핵심 단어는 '공유'다. 아이디어는 사람들이 서로 연결돼 있을 때만 넘쳐날 수 있다. 알렉산드리아의 수학자이자 발명가인 헤론Heron은 서기 1세기에 증기기관을 발명했지만 이 발명에 관한 소식이 너무나 천천히, 그리고 너무나 적은 사람들에게 알려진 탓에 수레 제작자의 귀에까지 미치지 못했다. 이 혁신은 작가 맷 리들리의 지적대로 다른 사람의 이해를 받지 못했을 뿐만 아니라 개선하거나 재결합할 기회도 얻지 못했다.[30] 리들리는 (완전히 정확하지는 않다 하더라도) 예전의 어느 것보다 크게 개선됐지만, 천문학자들과 선원들의 교류가 없었기 때문에 항해에 실제로 이용된 적은 한 번도 없었던 프톨레마이오스Ptolemaeos의 천문학도 언급했다. 사람들이 사회적, 물리적, 도덕적으로 연결성이 부족한 구조에 살았기 때문에 혁신은 고립됐다. (정보의) 넘침이 없었던 것이다.

일단 아이디어를 공유하면, 아이디어는 다른 사람들의 생각에 전달될 뿐만 아니라 이제 더 많은 아이디어와 결합될 수 있다. 산소 발견을 예로 들어보자. 일반적으로는 조지프 프리스틀리Joseph Priestley와 칼 빌헬름 셸레Carl Wilhelm Scheele가 희박한 공기에서 산소 성분을 추출한 덕분에 산소가 발견되었다고 여겨진다. 하지만 그들은 연구를 시작하기 위해 공기가 뚜렷이 구분되는 기체들로 구성돼 있다는 개념

다이버시티 파워

부터 확립해야 했다. 이는 18세기 후반까지 널리 인정받지 못한 개념이었다. 그들은 또 무게의 미세한 변화를 측정할 정교한 저울도 필요했는데, 그런 저울은 지금부터 20년 전에야 나왔다.[31]

　프리스틀리와 셀레는 창의적이고 현재 상황에 도전할 의지가 있는 아웃사이더 사고방식의 소유자들이었지만 폭넓은 계층의 사람들과 아이디어들에 연결되지 않으면 돌파구를 마련할 수 없었다. 예전에 연결되지 않았던 아이디어들을 재결합하고 이후 이것들을 역류시키며 새로운 아이디어와 재결합을 고무할 수 있게 만든 것은 그들이 속한 사회적 네트워크의 다양성이었다. 이는 혁신에 관한 우리의 관점이 각 개인을 가장 중요시하는 형태에서 개인과 그들이 속한 네트워크 사이의 복합적 어울림으로부터 새로운 아이디어와 기술이 비롯된다는 것으로 전환돼야 한다는 의미다.

　펜실베이니아대학교 랜들 콜린스Randall Collins 교수는 자신의 저서 《철학의 사회학The Sociology of Philosophies》에서 역사에 기록된 거의 모든 중요한 철학자의 지적 발달 과정을 연대순으로 나열한다. 그는 공자와 플라톤, 흄Hume 같은 철학자들이 실제로 천재였지만 그들의 천재성이 꽃을 피운 이유는 사회적 네트워크에서 꽃을 피우기 유리한 마디에 자리 잡았기 때문이라고 주장한다. 그 본보기로 콜린스가 소크라테스의 사회적 네트워크를 재현한 표를 206쪽에 소개한다. 이는 거의 모든 주요 철학자의 연결 관계를 드러낸다.

　실존주의에 관심 있는 사람들을 위해 장폴 사르트르Jean-Paul Sartre와 마르틴 하이데거Martin Heidegger를 둘러싼 네트워크도 207쪽에 소

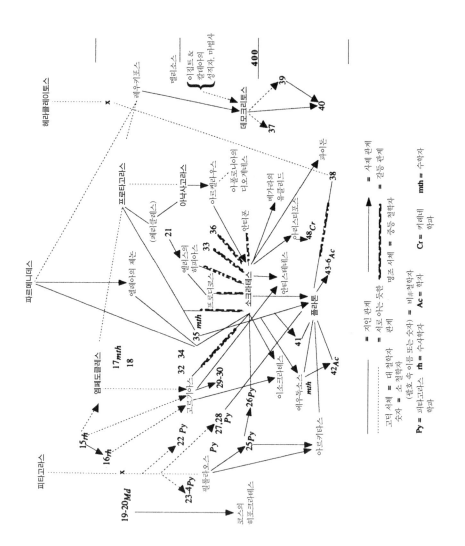

그림 7. 기원전 465~365년 아테네의 그리스인 네트워크의 집중화

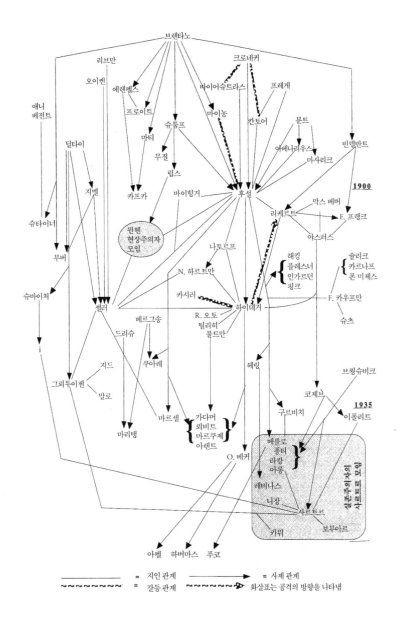

브렌타노

리브만

오이켄

애니
베전트

딜타이

에렌벨스

프로이트

마티

무질

립스

크로네커

바이어슈트라스

마이농

칸토어

프레게

분트

아베나리우스

마사리크

빈델반트

1900

슈툼프

카프카

바이힝거

지멜

뮌헨
현상주의자
모임

후설

리케르트

막스 베버

E. 프랑크

아스퍼스

해킹
플레스너
인가르덴
핑크

슐리크
카르나프
폰 미제스

F. 카우프만

슈타이너

부버

슈바이처

i

나토르프

N. 하르트만

카시러

셸러

베르그송

드리슈

쿠아레

R. 오토
틸리히
불트만

하이데거

슈츠

지드

말로

그뢰튀이젠

마르셀

헤링

가다머
뢰비트
마르쿠제
아렌트

구르비치

코제브

브뢩슈비크

1935
이폴리트

마리탱

O. 베커

메를로
퐁티
라캉
아롱

레비나스

니장

사르트르

실존주의자의
사르트르 모임

보부아르

카뮈

아펠   하버마스   푸코

───────── = 지인 관계   ─────────▶ = 사제 관계

〜〜〜〜〜〜〜 = 갈등 관계   ▬▬▬▬▬▬▶ 화살표는 공격의 방향을 나타냄

그림 8. 1865〜1965년 현상주의자와 실존주의자의 네트워크

개한다.[32]

콜린스는 책에 이렇게 썼다.

지적 창의성은 정서적 에너지와 문화자본을 세대에서 세대로 전달하는 개인적 연줄의 사슬에 집중돼 있다. 이 구조는 모든 형태의 환경에서 나타난다. 우리는 이 구조를 유명한 정토교 포교자들과 선종 지도자들, 인도 논리학자들, 일본 신유교주의자들 사이에서 볼 수 있다. (중략) 창의성의 정서적 에너지는 얼굴을 맞대고 만나는 사람들이 이루는 네트워크의 중심에 집중돼 있다. 지적 생활이 열기를 뿜던 시기, 즉 혁신이 동시다발적으로 이뤄진 격동의 황금기는 경쟁 관계에 있던 몇몇 네트워크가 지적 관심도가 높은 소수의 도시에 모여 서로 만나 논쟁을 벌일 때 형성된다.[33]

창의성이 풍부한 사회적 환경은 전체론적 관점을 사람들에게 부여해 혁신이 부분적으로는 사회적 네트워크에 속한 두뇌들의 창의성에 관한 것이지만 두뇌들의 창의성 또한 부분적으로는 두뇌들이 연결된 네트워크의 다양성에 관한 것이라는 고무적인 진실을 우리가 알 수 있게 해준다. 진화론자 마이클 무수크리시나Michael Muthukrishna와 조지프 헨릭은 두뇌들이 연결된 네트워크 전체를 '집단 두뇌collective brain'라 부른다. 그들은 이렇게 썼다.

혁신의 근원에 대한 공통 인식은 토머스 칼라일Thomas Carlyle이 언급

다이버시티 파워

했던 '위대한 사람'이다. 즉 인지능력이 나머지 대중보다 훨씬 뛰어나며, 헤라클레스처럼 초인적인 정신적 노력을 통해 사람들을 새로운 곳으로 데려가는 사상가, 천재, 위대한 발명가다. 그들은 과거 위대한 인물의 발자취를 따라갈 수도 있었지만 각 개인의 통찰과 천재성 덕분에 더 먼 곳을 바라본다. 우리는 (중략) 이런 개인들이 집단 두뇌의 산물, 즉 이전에 고립돼 있던 아이디어들의 결합으로 간주될 수 있다고 주장한다.[34]

두 사람의 글은 혁신이 서로 다른 사람들의 생각 속에서 거의 정확히 동시에 일어나는 이유를 설명해준다. 찰스 다윈과 앨프리드 러셀 월리스Alfred Russel Wallace가 시공을 초월해 거의 같은 달에 진화론의 견해를 제시한 이유를 설명하기 위해 숙명이나 신의 섭리가 오랫동안 인용됐다. 또는 라이프니츠Leibniz와 뉴턴Newton이 거의 동시에 미적분 개념을 알아낸 이유도 마찬가지였다. 하지만 역사학자들이 이런 '우연들'을 이례적이 아니라 일반적인 사실로 인식하면서 숙명은 다소 불만족스러운 설명처럼 보이기 시작했다. 스티븐 존슨Steven Johnson은 이렇게 설명한다.

태양 흑점은 1611년 네 개의 다른 국가에 거주하는 과학자들이 동시에 발견했다. 최초의 전기 배터리는 독일의 딘 폰 클라이스트Dean Von Kleist와 네덜란드 레이던의 안드레아스 퀴나우스Andreas Cunaeus가 각각 1745년과 1746년에 발명했다. (중략) 에너지보존법칙은 1840년대 말 네 번에 걸쳐 각자 다른 사람들에 의해 체계화됐다. 유전적 돌연변이의 진화적 중요성은 S. 코르신스키Korschinsky가 1899년에, 그리고 휘호 더프리스Hugo de Vries가 1901년에 제안했으며, 엑스레이가 돌연변이 발생률에 미치는 영향은 1927년 두 학자가 독립적으로 발견했다. 전화와 전신, 증기기관, 사진, 진공관, 라디오 등 현대 생활의 모든 중요한 기술적 진보의 기원 스토리에는 다수의 숨은 이야기들이 있다.[35]

무슨 일이 일어나고 있는 걸까? 어떻게 이런 '독립적인' 발견들이 그렇게 자주 일어날 수 있었을까? 우리는 이제 그런 발견들이 네트워크화된 생각들의 예측 가능한 결과임을 알 수 있다. 비슷한 사람들과 아이디어에 연결되면 사람들은 비슷한 연상과 발견을 하는 경향이 있다.

우리는 이런 사실을 여러 범위에서 동시에 볼 수 있다. 인류학자 미셸 클라인Michelle Kline과 롭 보이드Rob Boyd가 실행한 태평양 제도의 혁신 비율에 관한 연구를 예로 들어보자. 태평양 제도의 각 섬은 수백 킬로미터에 이르는 바다로 분리돼 있어 혁신의 속도를 집단 두뇌의 규모에 연결해볼 수 있다. 연구원들은 기술의 정교함이 인구의 규모 및 상호연결성과 강한 연관성이 있다는 사실을 발견했다. 네트워크 규모가 클수록 아이디어 결합과 아이디어 사이의 경쟁, 정보 넘침의 범위가 더 넓었다.[36]

또는 호주 빅토리아에서 남쪽으로 240킬로미터 떨어진 섬 태즈메이니아주를 보자. 18세기 말 유럽인들이 처음 이곳을 방문했을 때

기술은 놀랄 만큼 원시적이었다. 태즈메이니아에는 4만 년 전만 하더라도 다소 정교한 도구를 사용했던 부족들이 있었다. 하지만 일체형 창과 (물이 새는) 갈대 뗏목을 썼던 태즈메이니아 사람들은 고립된 후 (주위에 물고기가 풍부하게 있는데도) 물고기를 잡거나 먹을 수 없었으며 두개골을 이용해 물을 마셨다.

무슨 일이 일어났을까? 어떻게 그들은 그런 기본 기술만 가지고 고립되었을까? 하버드대학교 인류학자 조지프 헨릭은 1만 2000년 전 해수면이 상승해 배스해협이 범람하면서 태즈메이니아가 오스트레일리아 대륙에서 떨어져 나왔다는 사실을 알면 그 수수께끼가 풀린다고 언급했다. 1만 2000년이 넘는 기간 동안 태즈메이니아 사람들은 광범위한 아이디어 네트워크에서 분리되며 집단 두뇌가 줄어들었다.

아주 작은 규모의 인구가 고립되면서 숙련된 장인들이 견습생들을 다 가르치기도 전에 사망할 위험이 높아졌고 이는 힘들게 얻은 과거의 혁신들이 사라지는 결과로 이어졌다. 보다 심각한 사실은 그들이 호주와 더 이상 소통할 수 없었다는 점이다. 그 결과 학습과 개선, 재결합을 할 수 없었다. 오스트레일리아 선주민 파마늉아어족Pama-Nyungan이 해협을 따라 급격히 세력을 확장하면서 범람 당시와 같은 기술을 사용했던 태즈메이니아는 급격히 쇠락했다.[37]

기술들을 비교해보면 같은 주장을 할 수 있다. 매년 헨릭은 학생들에게 18세기 태즈메이니아인과 17세기 오스트레일리아 선주민, 네안데르탈인, 3만 년 전 인류의 네 개 인구 집단에서 가져온 도구를 아무런 표시 없이 보여준다. 학생들에게 도구 제작자들의 인지능력을 평가해보라고 하면 학생들은 항상 같은 대답을 한다. 도구가 덜 정교한 태즈메이니아인과 네안데르탈인의 인지능력이 오스트레일리아 선주민과 3만 년 전 인류보다 낮다고 대답한다.

하지만 이 대답은 틀렸다. 왜 그럴까? 도구의 복잡성으로 개인의 타고난 인지능력을 알아내기란 불가능하기 때문이다. 또한 혁신은 단지 개인에 관한 것일 뿐만 아니라 연결성과 관련이 있기 때문이다. 범람 이전과 이후의 태즈메이니아 상황을 생각해보자. 사람들은 유전적으로 동일했지만 그들이 쓰는 도구의 상대적 정교함은 이보다 더 다를 수 없었다.[38]

잠시 이전에 논의했던 부분으로 돌아가 보자. 우리는 여행 가방 기업 경영진이 기존 패러다임에 집착했기 때문에 바퀴 달린 가방의 기회를 포착하지 못했다는 사실을 알았다. 그들은 자신들의 환경에 따른 개념적 장벽 때문에 재결합의 엄청난 기회를 잡는 데 어려움을 겪었다. 내부자의 사고방식에 사로잡혀 있었다.

우리는 이제 비슷한 분석이 보다 큰 그림에 적용될 수 있다는 것을 알 수 있다. 태즈메이니아는 내부자의 사고방식이 아니라 범람 때문에 재결합 가능성에서 분리된 탓에 혁신에 어려움을 겪었다. 심리적이 아니라 물리적으로 아이디어 네트워크에서 분리돼 있었다. 네트워크구조에서 단절된 상황이 실질적으로 혁신을 제한한 것이었다.

이런 유형의 분리가 사상적일 수도 있다. 수백 년 동안 여성은 아이디어 네트워크에서 제외됐다. 사회적 그룹 전체가 해협의 범람이 아니라 심한 편견에서 비롯된 장벽에 직면해 있었다. 이는 계몽주의 시대까지 이어졌다. 사회심리학자 캐럴 태브리스Carol Tavris가 쓴 글처럼 "[계몽주의는] 여성의 권리를 제한했고 (중략) 여성들에 대한 고등교육과 전문 훈련은 금지돼 있었다." 이는 여성들에게 사회적으로 불공평했지만, 남성들의 창의성도 크게 감소시켰다. 인구의 절반에서 나올 수 있었던 통찰, 즉 다양한 관점과 정보, 발견들로부터 남성들을 단절시킨 탓에 집단 두뇌가 연쇄적으로 약화됐다. 인류 역사의 과정에서 일어난 혁신의 속도를 놓고 우리가 다른 어떤 말도 할 수 있겠지만, 만약 아이디어 네트워크에 여성들이 포함됐더라면 그 속도는 엄청나게 더 빨랐을 것이다.

이런 주장들은 간단한 수학을 활용해 입증될 수 있다. 헨릭은 우리에게 예를 들어 활과 화살과 같은 특정 기술을 발명하려는 두 부족을 상상해보라고 한다. 또한 이 부족들의 특성이 서로 다르다고 가정해보라고 요청한다. 천재들은 똑똑하고 큰 뇌를 갖고 있다. 반면 네트워크를 형성하고 활용하는 사람들networker은 사교적이고 상호 교류하기를 좋아한다. 이제 천재는 너무나 똑똑해서 개인적인 노력과 창의력만으로도 열 번의 삶마다 한 번씩 혁신을 만들어낸다고 가정해보자. 이와 달리 네트워크를 활용하는 사람은 천 번의 삶마다 혁신을 하나만 창조한다고 가정하자. 그렇다면 천재가 네트워크를 활용하는 사람보다 100배 더 똑똑하다고 말할 수도 있다.

하지만 천재는 그렇게 사교적이지 않다. 그들의 네트워크에는 배울 수 있는 친구가 단 한 명만 있을 뿐이다. 반면 네트워크를 활용하는 사람들에게는 열 명의 친구가 있으며 이는 그들을 열 배 더 사교적인 사람으로 만든다. 이제 두 집단의 사람들이 혼자 힘으로 활과 화살을 발명하려고 노력한 뒤, 예를 들어 만날 때마다 뭔가를 배울 수 있는 확률이 50퍼센트인 친구들에게서 배우려고 노력했다면, 어느 집단에서 혁신이 더 자주 일어날까?

이 질문에 대한 답은 반직관적이다. 천재들은 18퍼센트만 혁신을 이룬다. 그들 중 절반은 자신의 힘만으로 혁신에 성공했다. 이와 달리 네트워크를 활용하는 사람들은 99.9퍼센트가 혁신을 해낸다. 이들 중 0.1퍼센트만 단독으로 해결했으며 나머지는 친구들에게서 배운 내용을 바탕으로 이뤘다. 이제 이들 각자는 통찰을 자신들의 네트워크로 다시 전파하며 혁신을 개선할 기회를 얻을 것이다.[39] 결과는 분명하며 현장 데이터와 실험실 실험과 수십 건의 역사적 사례로 확증된다. 헨릭은 이렇게 설명한다.

"멋진 기술을 개발하고 싶으면 똑똑하기보다는 사교적인 편이 더 낫다."[40]

실리콘밸리는 128번 도로와의 기술 경쟁에서 어떻게 우위를 점했을까

128번 도로는 미국 남쪽 노픽 카운티에서 시작해 보스턴 서쪽 교외

다이버시티 파워

지역을 거쳐 러디어드 키플링Rudyard Kipling의 유명한 소설 《용감한 선장들》의 배경이었던 어촌, 글로스터 해안가에서 끝나는 고속도로다.

조너선 리치먼Jonathan Richman이 〈롤링스톤〉이 선정한 가장 위대한 500곡에 오른 128번 도로에 관한 노래 〈로드러너Roadrunner〉를 만들었을 때, 이 고속도로는 지속적으로 경제 기적을 이룬 곳이라고 많은 사람들이 믿는 지역을 둘러싸고 있었다. 1975년 이 지역의 기술 단지에는 수만 명의 근로자가 고용돼 있었고 세계에서 가장 거대한 기술 기업 열 개 중 여섯 개가 자리 잡고 있었다.[41] 왕 연구소Wang Laboratories와 프라임 앤드 디지털 제너럴Prime and Digital General은 이 지역을 대표하는 거물 기업이었다. 디지털 이큅먼트 코퍼레이션Digital Equipment Corporation, DEC은 가장 잘나갈 때 14만 명의 직원을 자랑하며 주 내에서 두 번째로 거대한 고용주 자리에 올랐다. 128번 도로의 서쪽 지역은 미국의 테크놀로지 하이웨이Technology Highway라는 별명으로 불렸다. 〈타임〉은 이를 '매사추세츠주의 기적'으로 불렀다.

반면 샌타클라라밸리는 약 4800킬로미터 떨어진 미국 서부 해안에 있는 농업지역으로 주로 살구 농사에 종사했다. 이 작물은 과즙이 많고 향기가 좋았지만 칩이나 반도체와는 거리가 한참 멀었다. 지역산업 대부분은 소규모 식품 가공과 유통에 바탕을 두고 있었다. 한 역사학자는 "별것이라곤 없는 동네였다"라고 말했다. 샌타클라라 지역은 물리학자이자 발명가인 윌리엄 쇼클리William Shockley가 트랜지스터에 집중하는 매사추세츠주 기업 레이시언Raytheon에서 성공적이지 못한 활동을 끝내고 반도의 남쪽 끝에 있는 작은 도시 마운틴

뷰Mountain View로 옮겨 온 1956년부터 변하기 시작했다. 이후 시간이 흐르면서 샌타클라라밸리에 페어차일드 반도체Fairchild Semiconductor를 비롯한 기업들이 점점 더 몰려드는 결과로 이어졌다.

1970년대에 샌타클라라밸리는 '실리콘밸리'라는 별명을 얻었지만 여전히 매사추세츠주의 그림자에 많이 가려져 있었다. 보스턴 기업들은 전형적인 경제적 이점을 보유했다. 토지 비용과 사무실 공간을 마련하는 비용이 상당히 낮았고 노동자와 엔지니어, 관리자의 연봉도 낮았다.[42] 다른 차이점들도 있었다. 보스턴 기업들은 과묵하며 보수적인 성향을 보였다. 직원들은 늘 재킷을 입고 넥타이를 매고 다녔다. 실리콘밸리의 반항적인 인물들은 청바지와 티셔츠를 더 선호하는 보다 느긋한 성향이었다. 그들은 말하는 방식과 쓰는 용어도 달랐다. 하지만 이건 피상적인 차이점에 불과했다. 핵심적인 차이는 네트워크구조와 정보 넘침의 역학에 있었다. 그리고 이 차이가 완전히 결정적이었던 것으로 훗날 드러났다.

128번 도로에 접한 기업들은 규모가 컸다. 칩과 컴퓨터 기판, 모니터, 프레임을 모두 자체 생산했다. 심지어 디스크드라이브까지 생산했다. 이와 같은 수직적 통합은 경제적으로 일리가 있었다. 그들의 생산 효율성이 놀랄 정도로 높다는 의미였다. 하지만 수직적 통합 때문에 다소 덜 알려진 또 다른 대가(치르지 말았어야 할 대가)를 치렀다. 이 거대 기업들은 사회적으로 고립됐다. DEC 부사장 고든 벨Gordon Bell은 말했다. "DEC는 지역 경제에서 섬처럼 운영되는 거대 독립체였습니다." DEC 공동 창업자 켄 올슨Ken Olsen의 전기를 쓴 글렌 리프킨Glenn Rifkin과 조지 하라George Harrar는 DEC를 "그 자체가 하나의 세계를 이루는 사회학적 독립 단위"로 묘사했다.[43] 사회학자 애너리 색스니언AnnaLee Saxenian은 기술 전쟁을 다룬 대표적인 저서《지역적 이점Regional Advantage》에 "128번 도로의 기업들은 자급자족 실행 방식을 채택했다"라고 썼다.

고립된 기업들은 또한 지독하게 소유권에 집착했다. 왕 연구소는 자신들의 아이디어와 자산을 보호하기 위해 사립 탐정을 고용했다. 구성원들은 기업 내 사람들끼리만 어울렸다. 엔지니어들을 한데 모으는 포럼이나 콘퍼런스는 극히 소수였다. 색스니언은 책에 또 이렇게 썼다. "비밀을 유지하는 실행 방식이 기업들과 소비자, 공급자, 경쟁자들 사이의 관계를 지배한다."[44] 또 다른 이는 말했다. "그들을 둘러싼 벽은 점점 더 두꺼워지고 더욱더 높아졌다."

비밀 유지를 향한 욕구는 그 나름대로 일리가 있었다. 경영진은 자신들의 아이디어를 다른 기업이 훔쳐 가는 것을 원치 않았다. 하지만 이로 인해 입 밖에 내지는 않았지만 엄청난 상충관계가 드러났다. 엔지니어들을 광범위한 네트워크에서 분리함으로써 무심코 다양한 통찰과 융합, 재결합, 도약을 예측 불가능한 방식으로 억압했다. 즉 혁신의 복합적인 어울림을 제한한 것이었다. 그러면서 128번 도로는 네트워크 이론가가 칭하는 '수직적' 역학 관계로 특징지어졌다. 아이디어는 외부가 아니라 계급 서열에 따른 조직 내에서만 이동했다. 색스니언은 책에 이렇게 썼다. "기술에 관한 정보가 다른 지역의 기업과 기업가들에게 널리 퍼지는 대신 (중략) 개별 기업의 경계 안에 갇혀 있었다." 수평적 전파는 거의 없었다.

이 지역의 토착 기업들이 서로에게서 떨어져 있는 형태를 보면 고속도로를 따라 펼쳐진 물리적 지형에서도 사회적 고립을 감지할 수 있다. 색스니언은 또 이렇게 설명했다. "기술 기업들은 길게 뻗은 지형을 따라 넓게 흩어져 있었으며 외부 지대로 갈수록 (중략) 몇 킬로미터에 걸쳐 있는 숲과 호수, 고속도로가 이들을 분리하면서 기업 간 거리가 더 늘어났다. 128번 도로 지역이 너무나 광활했기 때문에 DEC는 넓게 흩어져 있는 시설들을 연결하기 위해 헬리콥터를 사용하기 시작했다."[45]

최소한 표면적으로는 실리콘밸리가 첨단기술 부문에 덜 어울리는 것처럼 보였다. 실리콘밸리 지역은 128번 도로 기업들을 따라잡는 데 도움이 되는 세금 혜택을 누리지 못했을 뿐만 아니라 예를 들어 방위비 지출과 같은 주 정부 차원의 지원도 받지 못했다. 이미 언급했듯이 토지와 사무실 공간, 연봉에 들어가는 비용이 더 높았다. 그런데도 실리콘밸리에는 전통적인 경제학 교과서에서 좀처럼 볼 수 없는 강력한 구성요소가 있었다. 실리콘밸리에 관한 톰 울프Tom Wolfe의 유명한 수필에 나오는 다음 구절을 읽으면 이 구성요소에 대해 감을 잡을 수 있다.

매년 왜건휠Wagon Wheel, 셰이본Chez Yvonne, 리키스Rickey's, 라운드하우스Roundhouse처럼, 반도체산업에 종사하는 젊은 남녀들로 구성된 소수만을 위한 사교클럽 멤버들이 퇴근 후 술 한잔하고 수다와 허풍

다이버시티 파워

을 떨며 위상지터phase jitter, 중신회로phantom circuit, 버블메모리bubble memory, 펄스열pulse train, 바운스리스 콘택트bounceless contacts, 버스트모드burst modes, 뛰어넘기 검사leapfrog tests, p-n 접합p-n junctions, 수면병 모드sleeping-sickness modes, 슬로데스 에피소드slow-death episodes, RAM(기억장치), NAK(부정응답), MOS(금속 산화물 반도체), PCM(펄스코드 변조), PROM(프로그램 가능판독 전용메모리), PROM블로어blowers, PROM버너burners, PROM블래스터blasters, 그리고 100만의 몇 배수를 뜻하는 테라tera 규모에 관한 무용담을 주고받는 장소들이 있었다.[46]

실리콘밸리에서는 사람들이 어울리고 아이디어를 활기차게 교환하며 만나서 관계를 맺고 기존 아이디어들을 재결합하며 새로운 아이디어를 떠올릴 기회를 사람들에게 제공한다. 실리콘밸리를 관찰한 한 사람은 이렇게 말했다. "여기서는 정보가 흐르는 속도가 매우 빠르다. 이 지역의 밀도 높은 사회적 네트워크와 개방된 노동시장은 실험적인 활동과 기업가정신을 촉진시킨다." 색스니언은 이렇게 썼다. "만약 당신이 처한 과정상의 문제를 이해할 수 없다면 왜건휠에 가서 누군가에게 물어보라는, 언제 들어도 재미있는 농담이 있었다."

때로는 이를 엔지니어에서 엔지니어로, 기업에서 기업으로 정보가 흐르며 항상 넘쳐나는 수평적 정보흐름으로 부르기도 한다. 정보가 단지 기관 내에서만 순환하는 것이 아니라 기관들 사이에서 순환한다. 왜건휠과 같은 공간은 정보 재결합의 중심지로서 서로 다른 관점과 패러다임을 지닌 사람들이 들끓는 가마솥 역할을 한다. 한 주제나 기술에 정통한 사람이 다른 주제나 기술을 잘 모르는 아웃사이더가 되고 그 반대 상황도 생기며 엄청난 사고의 다양성을 만들어냈다.

취미 활동에 열정적인 사람들이 차고에서 첫 번째 모임을 하며 시작한 홈브루 컴퓨터 클럽Homebrew Computer Club도 그런 공간 가운데 하나였다. 그들의 논리는 1975년 3월에 처음 발송한 소식지에 담겨 있었다. "자신의 컴퓨터를 직접 만들 계획인가요? 아니면 단말기? TV 타자기? 입출력장치? 그것도 아니면 흑마술을 부리는 디지털 기기? 그렇다면 생각과 관심이 비슷한 사람들의 모임에 오고 싶을 거예요. 정보 교환, 아이디어 교환, 잡담 장소, 프로젝트 수행에 필요한 도움 등 뭐든지 가능합니다."[47] (첫 번째 모임은 수십 년 전 빌 휼렛Bill Hewlett과 데이비드 패커드David Packard, 두 사람이 또 다른 차고에서 전자 장비 실험을 시작했던 곳으로부터 얼마 떨어지지 않은 곳에서 열렸다.)

창립 모임은 앞으로 이어질 일들을 위한 장場을 마련해주었다. 마치 탄산음료 캔을 흔든 것처럼 아이디어가 터져 나왔다. 당시 세상에 존재하는 개인용컴퓨터는 단 몇백 대밖에 없었지만, 대화가 활발하게 이어지면서 그 자리에 모인 사람들이 문서편집, 저장, 게임, 교육적 활용 등 가정용으로 활용할 수 있는 아이디어를 수십 건이나 떠올렸다. 심지어 컴퓨터시스템을 이용해 경보기와 난방장치, 스프링클러시스템과 같은 가정용 기능을 제어하자고 제안한 사람도 있었다.

그 모임의 참석자 가운데 수염을 기른 20대 중반의 열정적인 인물이 있었다. 수줍음을 많이 타고 말투가 부드러운 그는 개인용컴퓨터 분야에 관한 토론이 난무하는 동안 조용히 귀를 기울였다. 그는 프로

세서를 직접 만들고 칩으로 이것저것 해본 적도 있었지만, 당시는 자신만의 통찰과 다양한 관점, 전문가 정보, 반항적인 아이디어를 지닌 서른 명의 새로운 두뇌에 연결돼 있는 것과 사회학적으로 진배없는 대화에 둘러싸여 있었다.

그들이 최초의 개인용컴퓨터이자 열정적인 취미 활동가에게 직접 제작용 키트로 판매된 알테어Altair 8800에 관한 논의를 이어가는 동안 그는 강한 흥미를 느꼈다. 그런 것을 본 적이 없었기 때문이었다. 그러고 나서 알테어 8800의 데이터시트가 배포되자 그의 마음에 불이 붙었다. 훗날 그는 이렇게 말했다. "내 평생의 관심사를 포착한 모임이었습니다. 유레카를 외치고 싶은 깨달음의 순간이었죠. (중략) 데이터시트를 집에 가지고 와서 그 컴퓨터의 마이크로프로세서가 고등학교 시절 내가 반복해서 디자인했던 프로세서 형태의 완결판에 도달했다는 사실을 발견하고는 충격에 빠졌습니다. 그날 저녁 애플Apple의 전체 이미지가 갑자기 내 머릿속에 떠올랐어요."[48]

그 열정적인 취미 활동가의 이름은 스티브 워즈니악Steve Wozniak이었다. 열세 달 뒤 그는 그날 밤 자신의 머릿속에 융합된 두 가지 아이디어로 애플 코퍼레이션Apple Corporation을 창업했다(이보다 더 강렬한 반항적 재결합 사례가 존재할 수 있을까?). 공동 창업자는 홈브루 모임의 또 다른 참석자 스티브 잡스Steve Jobs였다.

이는 식당이든 카페든 아니면 자연 발생적으로 생긴 클럽이든 아이디어 교환을 위한 토론의 장이 128번 도로를 따라 없었다는 것이 오히려 이상한 징후였음을 가리킨다. 그곳에는 수요가 없었다. 실리콘밸리로 옮기기 전 매사추세츠주의 소형컴퓨터 분야에서 일했던 제프리 캘브Jeffrey Kalb는 말했다. "128번 도로에서 비슷한 모임 장소를 보지 못했어요. 허드슨과 말버러에 점심 먹는 장소가 있기는 했지만 실리콘밸리에서 사람들이 모이는 곳과 같은 등급은 전혀 아니었습니다."49 128번 도로의 기업들이 의도적인 자기 태만의 한 형태로 이런 것들을 무시한 것은 아니다. 그들은 창의적이고 똑똑했지만 매우 중요한 개념상의 도약을 하지 않았다. 혁신은 창의성에 관한 것일 뿐만 아니라 연결성에 관한 것이기도 하다. 그들은 사고실험 속의 천재들과 다소 비슷했다. 창의성이 있지만 사회성은 부족했다. 다양성이 존재했지만 활용되지는 않았다. 그 기업들은 태즈메이니아처럼 해수면 상승으로 분리된 섬이었다. 색스니언은 이렇게 썼다. "실리콘밸리의 특성인 네트워크 형성과 협업적인 실행 방식은 128번 도로의 주류 비즈니스 문화의 일부가 결코 되지 못했으며, 이 지역의 새로운 경영 모델은 전통적인 기업 실행 방식에서 부분적으로만 벗어나 있었다."

〈로드러너〉 노래가 나오기 15년 전인 1957년, 128번 도로의 기업들은 실리콘밸리보다 두 배 이상 많은 기술 노동자를 고용했다. 그들은 실바니아Sylvania, 클레바이트Clevite, CBS-하이트론CBS-Hytron, 레이시언 같은 기업들을 설립했다. 이 기업들은 전국에서 생산되는 송신관과 특수 목적용 수신관의 3분의 1과 모든 고체장치의 4분의 1을 점유했다. 〈로드러너〉가 작곡되고 15년이 지난 1987년, 이 차이가 뒤집혔다. 이제 실리콘밸리가 128번 도로의 기술 노동자 수의 세 배에 달하는 노동자를 고용했다. 2000년까지 보스턴의 섬처럼 고립된 기업들은 태즈메이니아의 기술이 그랬던 것처럼 모두 사라졌다.

우리는 (심지어 배타적인 기업들을 포함한) 기업들 사이의 경쟁이 시스템 수준에서 정보를 발견하는 하나의 형태라는 사실에 주목해야 한다. 기업들이 정면으로 맞설 때 우리는 어떤 아이디어가 제대로 작동하고 어떤 아이디어가 그렇지 못한지 파악한다. 형편없는 아이디어를 지닌 기업은 파산에 이르고 성공적인 기업들은 복제되며 시스템은 이에 적응한다. 제대로 기능하는 시장은 성장의 강력한 동력이며 집단 두뇌의 확장에 기여한다. 하지만 4장의 분석이 드러내는 내용은 정보가 기업 경계 안에 갇힐 때의 위험이다. 이럴 경우 정보가 더욱 천천히 진화하므로 시스템에 좋지 않으며 이 때문에 혁신에 어려움을 겪는 기업 자체에도 좋지 않다.

128번 도로를 따라 형성된 네트워크상의 균열이 배타적인 섬나라 근성을 강화하고 이 때문에 더욱 악화됐다는 사실도 생각해보자. 이는 위험한 시너지다. 자신만의 밀폐된 공간 속으로 후퇴하는 사람들이 많을수록 새로운 아이디어를 기회가 아니라 위협으로 인지하는 사람들이 더욱 늘어난다.

로터스 디벨롭먼트 코퍼레이션Lotus Development Corp. 창업자 미치 카포Mitch Kapor는 DEC의 CEO 켄 올슨과 했던 '기이한' 회의에 관한 이야기를 들려준다. 이 회의에서 켄 올슨은 개인용컴퓨터의 중요성을 이해하지 못하는 것처럼 보였다. 카포는 이렇게 설명했다.

나를 가장 심각하게 만든 순간들 중 하나는 (중략) 어떻게 그들이 제대로 이해하지 못하고 자신들을 불행한 운명에 빠뜨리는지 지켜봤을 때였다. 올슨은 DEC 개인용컴퓨터의 케이스를 직접 디자인했다. 그는 케이스를 두드리며 케이스가 얼마나 단단한지 보여줬다. 나는 '내가 지금 어느 행성에 있는 겁니까? 케이스는 (개인용컴퓨터와) 아무런 관련이 없어요'라고 말할 뻔했다. 하지만 컴퓨터가 공장 바닥과 같은 곳에 놓여 있는 그의 세계에서는 케이스가 견고해야 했다. 그것이 그들에게는 정말 중요했다. 하지만 그건 전혀 중요하지 않았다.[50]

실리콘밸리를 보면, 이 지역은 빠르게 나아가며 내부자와 외부자가 서로 부딪치고 다양한 개념이 재결합하고 지리적 위상에 의해 과정이 강화되는 곳이었다. 128번 도로의 넓게 흩어진 섬들과 달리 실리콘밸리 기업들은 "서로 아주 가까운 곳에 한데 모여 있어 산업 밀집도가 높았다." 그에 따른 최종 결과는 소용돌이처럼 빠른 속도로 이뤄지는 정보의 흐름이었다. 인테그레이티드 디바이스 테크놀로지 Integrated Device Technology의 임원 래리 조던Larry Jordan은 1990년 중대한 인터뷰에서 말했다. "오늘의 집단적인 이해가 어제의 좌절에서 얻은 정보로 이뤄졌고 내일의 재결합으로 수정된다는 사실에 힘입어 끊임없이 스스로 활성화하는 독특한 분위기가 여기에 있습니다. (중략) 학습은 이런 재결합을 통해 일어납니다. 그렇게 적은 붕괴만으로 이렇게 효과적으로 재결합을 만들어내는 지리적 지역은 어디에도 없

다이버시티 파워

습니다. 전체 산업 조직이 이 과정을 통해 더욱 강해집니다."[51]

끼리끼리가 아니라
다양한 사람들과 어울리고 소통하라

재결합의 과학은 우리에게 강력한 비전을 선사한다. 혁신은 벽을 무너뜨린다. 물론 좋은 벽들도 있다. 우리들 대부분은 프라이버시를 소중하게 여긴다. 대부분의 기업들은 지식재산권을 보호해야 한다. 대부분의 조직에는 전문가가 필요하며 또 그들에게는 일할 공간이 필요하다. 하지만 우리는 종종 균형을 잘못 잡으며 배타적인 쪽으로 기운다. 우리와 다르게 생각하는 사람들의 통찰의 가치를 인정하지 않아서가 아니라 그 중요성을 과소평가하기 때문이다. 이는 동종 선호의 또 다른 양상이다. 우리는 자신만의 밀폐된 공간과 범주, 개념적 환경에서 편안함을 느낀다.

이는 과학 분야에도 해당된다. 학자들이 같은 분야의 학자들하고만 대화하는 경우가 너무나 많다. 이것도 괜찮지만 어느 정도까지만 그렇다. 역사학자가 역사학자하고만 대화를 하고 경제학자가 경제학자하고만 대화를 하면 그들이 설명하려고 하는 바로 그 현상에 대한 이해력을 약화하는 셈이다. 이 책의 많은 부분은 아웃사이더의 관점을 지지하고, 여러 학문 분야에서 젠더와 민족의 다양성이 풍부한 그룹 속에서 연구하며, 세계에 대한 우리의 이해력을 높여주는 학자들의 연구에서 나온 내용들이다.

아이러니하게도 이런 사상가들 중 일부는 과학 저널에 연구 결과를 발표하는 데 어려움을 겪는다. 학계 일부가 패러다임을 벗어나는 모든 것과 다투며 자기 지시적self-referential 동료평가를 자행하는 그룹이 포진한 개념적 섬으로 변했기 때문이다. 또한 가장 위대한 과학 연구의 대다수가 재결합의 산물이라는 사실에 대한 인식도 충분하지 않다. 성공한 과학자는 단지 자신의 분야에 대한 지식이 깊은 사람이 아니라 광범위한 분야에 속한 사람들을 내다보며 의미 있는 타화수분을 찾는 사람이다. 이것이 바로 그들이 반항적인 재결합을 찾아낸 방식이다.

지금껏 우리가 배운 내용을 감안할 때 네트워크 이론이 여러 분야에서 핵심 사항을 바꿔놓는다고 해서 그리 놀라지는 않을 것이다. 연구 대상에 대한 수학적 측면은 18세기 오일러Euler가 공식화했지만 근본 개념은 직관적으로 이해하고 현실적으로 적용될 수 있다. 건축가들이 이제는 연결성의 범위를 최대화하도록 공간을 배치하는 건물 디자인을 예로 들어보자. 그들의 아이디어는 칸막이를 친 고립된 사무 공간과 벽으로 나뉜 사무실 대신 사람들이 각자의 책상에서 벗어나 서로 어울리고 우연히 마주치며 아웃사이더의 관점을 상대하고 싶은 마음이 들게 하는 공간을 만드는 것이다.

이러한 진실을 직관적으로 파악했던 리더가 바로 스티브 잡스였다. 1986년 조지 루커스George Lucas에게서 매입한 애니메이션 기업 픽사Pixar의 사옥을 디자인할 때 잡스는 화장실을 단 한 곳에만 만들기로 결정했다. 화장실이 건물 중앙의 넓은 공간에만 있기 때문에 건물 곳곳에 있는 사람들은 화장실까지 걸어와야 했다. 비효율적으로 보이지만 이는 사람들을 평상시 행동반경에서 나오게 만들어 우연한 만남으로 어울릴 수 있게 했다. 잡스는 "모든 사람들이 서로를 우연히 만날 수밖에 없었다"라고 말했다.

또는 MIT에 있는 빌딩 20을 살펴보자. 이 건물은 아름다운 구조물이 아니었다. 이 건물을 묘사한 한 에세이에 따르면, 빌딩 20은 "합판으로 급하게 건설됐고 물이 샜다. 음향이 좋지 않았고 조명도 형편없었으며 환기장치도 부적절했고 건물 내에서 방향을 찾기도 무척 혼란스러웠다. (심지어 몇 년 동안 그곳에서 근무한 사람들도 애를 먹기는 마찬가지였다.) 그리고 여름에는 엄청나게 덥고 겨울에는 모든 것이 얼어버릴 듯 추웠다."[52] 그런데도 이 건물은 세계 최초 원자시계와 현대 언어학 개발, 가장 초기 형태의 원자 입자가속기, 순간정지 촬영기법 등을 포함한 믿기 힘들 정도로 놀라운 혁신 사례들을 만들어냈다. 인지과학자 제롬 레트빈Jerome Lettvin은 이 건물을 "MIT의 자궁"이라고 했다.

이 건물이 그렇게 많은 혁신을 만들어낸 이유는 무엇일까? 제대로 갖추지 못한 구조 탓에 각기 다른 분야의 과학자들이 마주칠 수밖에 없었기 때문이다. 예를 들어 아마르 보스Amar Bose는 논문 작성을 잠시 멈추고 휴식을 취할 때, 자신의 학과에서 복도를 따라 내려가면 있는 음향 실험실에서 많은 시간을 보내곤 했다. 훗날 보스는 쐐기(V자) 모양의 혁신적인 스피커를 발명하고 세계적인 음향기기 기업 보스 코퍼레이션Bose Corporation까지 창업했다.

이후 오랜 기간에 걸쳐 그 건물에는 음향 실험실, 접착제 실험실, 언어학과, 유도미사일 프로그램 사무소, 조명디자인 실험실, 해군 연구소, 모형 철도 클럽 외에도 많은 실험실과 사무실이 입주해 있었다. 건축가 데이비드 섀퍼David Shaffer는 이런 글을 남겼다. "역사적으로 볼 때 이 시기의 연구원들은 같은 시설을 절대 공유하려 하지 않았을 것이다. 생물학자는 생명과학 빌딩에서 연구를 수행하고 조명디자이너는 건축학 빌딩에서 설계 작업을 하려 했을 것이다. (그럼에도 불구하고 이 빌딩에서) 다양한 분야의 과학자들이 독특하고 흥미로운 방식으로 서로를 알아가고 어울리면서 학과들 간에 비할 데 없는 협업을 만들어냈다."

빌딩 20의 또 다른 이례적인 특징은 생산적인 협업에 방해가 되면 다소 조잡한 벽을 허물 수도 있다는 것이었다. 엔지니어링 교수 폴 펜필드Paul Penfield는 말했다. "한 사무실에서 다른 사무실로 전선을 연결하고 싶으면 시설관리 부서에 연락할 필요가 없습니다. 그 대신 전동드릴로 벽을 뚫으면 됩니다." 팀 하포드Tim Harford는 저서《메시》에 이렇게 썼다. "전기 엔지니어들을 모형 철도 클럽 멤버들과 어울리게 한 것이 해킹과 비디오게임이라는 결과로 이어질 줄 누가 상상이나 했을까?"[53]

네트워크의 위력은 문화적 단체의 역사에서도 볼 수 있다.[54] 축구는 특히 전술 영역에서 재결합의 인큐베이터 역할을 해왔다. 영국 프로축구 프리미어리그 소속 아스널Arsenal의 전설적인 감독 허버트 채

프먼Herbert Chapman의 WM 포메이션부터 일명 '빗장수비'라고도 하는 이탈리아의 수비 전술 카테나치오catenaccio에 이르기까지 모든 것에서 이런 측면을 볼 수 있다. 경제학자 라파엘레 트레콰트리니Raffaele Trequattrini는 이 혁신들이 지속적인 경쟁우위로 이어졌음을 증명했다.

스포츠 부문에서 재결합의 가장 분명한 사례라 할 수 있는 네덜란드의 토털축구(경기에 참가하는 선수 전원이 공격도 하고 수비도 하는 것—편집자) 혁명에 대해서도 같은 말을 할 수 있다. 축구 팬들은 네덜란드 축구가 한때 매우 편협하고 배타적인 섬나라 근성에 빠져 있었다는 사실에 놀랄지도 모르겠다. 경기 외적인 부분에 대한 아이디어는 기회가 아니라 위협으로 여겼다. 1959년 네덜란드 프로축구팀 아약스Ajax에 새로 온 물리치료사가 나무 테이블과 담요로 구성된 의료 시설을 보고 현대식 치료 베드를 구입하자고 제안하자 팀 코치가 대답했다. "분위기 망치지 마. 우리는 50년 동안 이 베드에서 치료를 받았어."

아웃사이더 사고방식을 지닌 젊은 감독 리뉘스 미헐스Rinus Michels는 이런 섬나라 근성에 도전했다. 전술과 훈련 방식을 환골탈태시키고 프로화를 부추기기 위해 게임 외적인 분야에서도 아이디어를 가져왔다. 그가 팀에 오기 전까지만 해도 거의 모든 선수들은 축구 경기와 상관없는 일반적인 직업에 종사했다. 네덜란드 축구 역사상 가장 위대한 선수 중 한 명인 요한 크루이프Johan Cruyff도 지역 내 인쇄 공장에서 교대근무를 했다. 하지만 미헐스 감독이 팀을 맡은 후 훈련은 보다 "창의적이고 집중적이며 지능적인 부분에 초점"을 맞추는 형태로 바뀌었다.

작가 데이비드 위너David Winner는 유명한 저서《브릴리언트 오렌지
Brilliant Orange》에 이런 변화들이 네덜란드 사회의 보다 광범위한 부문
에서 트렌드로 나타나며 사회 자체도 새로운 아이디어를 받아들이
기 시작했다고 썼다. "20년 동안의 평화로운 시기가 지난 후 타화수
분 같은 국제문화교류를 위한 더할 나위 없는 기회가 찾아왔다. (중
략) 암스테르담처럼 너무나 초현실적이고 무질서하고 과장된 쾌활
함으로 무장한 젊은 반란군이 있는 곳은 그 어디에도 없었다."

요한 크루이프는 그 전환의 중심에 서 있었다. "1960년대 온통 흑
백 세상처럼 보였던 암스테르담의 옛 유대인 지구의 폐허 속에서 성
장한" 전 청소년팀 코치 카럴 하블러르Karel Gabler는 당시를 이렇게 기
억했다. "크루이프는 세대 전체가 계속 물어보던 이 질문을 하기 시
작하면서 온갖 종류의 갈등 상황에 빠졌다. 바로 '일이 왜 이렇게 돼
있죠?'라는 질문이었다."

저널리스트 오언 슬롯Owen Slot은 저서《재능 실험실The Talent Lab》에
서 영국 올림픽 대표팀을 조사한 결과를 발표했다. 영국 올림픽 대표
팀은 1996년 애틀랜타 올림픽에서 단 한 개의 금메달에 그치는 저조
한 수준에서 2012년 런던 올림픽에서 금메달 스물아홉 개를 따는 수
준으로 발전했다. 영국 스포츠의 핵심 인사 중 한 명은 연구개발 부
문 수장 스콧 드로어Scott Drawer였는데, 그는 스포츠과학 박사학위를
받은 과학자로 새로운 아이디어에 목말라 있었다. 그가 처음으로 한
행동 중 하나는 스포츠를 넘어 학계와 산업 분야에서 육상선수들이

다이버시티 파워

더 빨리 달리는 데 도움을 주는 방법에 관한 참신한 통찰을 제공해줄수 있는 엔지니어와 발명가를 찾는 일이었다. 드로어의 그룹은 개별 과학자들이 새롭고 보다 다양한 네트워크로 연결돼 있는 셰필드의 한 만남의 장소, 즉 당시 그들 나름의 왜건휠에 모였다. 드로어는 이렇게 설명했다.

> 학문적 전문성 측면에서 볼 때 최상[그룹]이라고 할 수는 없었지만, 경청하고 늘 궁금해하고 탐구하려는 사람들로 구성된, 창의성 면에서 최고의 그룹이었다. 순진함과 단순함이 진정한 강점이었다. (중략) 그렇게 생각할 수 있는 좋은 환경을 갖춘 장소에서 사람들과 어울리면 어떤 결과에 이르는지 보면 깜짝 놀랄 수 있다.[55]

재결합 결과는 놀라웠다.

세계 최고의 자동차경주 대회 F1의 기술은 동계올림픽 봅슬레이팀을 구축하는 데 도움을 줬고, 영국 항공우주 기술은 에이미 윌리엄스Amy Williams가 밴쿠버 동계올림픽에서 금메달을 딸 때 탔던 스켈레톤 썰매를 만드는 데 사용됐고 (중략) 수영 선수를 위한 센서는 거꾸로 한 바퀴 도는 턴 동작을 완벽하게 만들었으며 (중략) 사이클 선수 전용 '핫팬츠hot pants'는 레이스와 레이스 사이에 근육이 식지 않도록 했고 액체 방수제는 에드 매키버Ed McKeever가 런던 올림픽에서 금메달을 딸 때 탔던 카누의 방수포spray skirt(카누 내부로 물이 들어오지 않도록 덮는 커버)에 코팅됐다.*

우리는 역사 전반에 걸쳐 동일한 패턴을 볼 수 있다. 사람들 사이의 장벽을 무너뜨리며 의미 있는 상호작용을 가능하게 했던 시대가 혁신을 이끌어왔다. 수십 건의 사례들이 있지만 가장 놀랄 만한 것 중 하나는 수백 년 동안 발전이 정체된 두메산골 같았으나 정치적 혼란기를 견뎌내며 계몽주의의 중심으로 부상한 18세기 스코틀랜드다.

스코틀랜드는 18세기 초까지 저지대 전체에 걸쳐 매우 광범위한 종교 학교 네트워크를 구축했고, 대학교가 단 두 개에 불과했던 영국과 달리 다섯 개의 대학(세인트앤드루스대학교, 글래스고대학교, 에든버러대학교, 매리셜칼리지, 애버딘 킹스칼리지대학교)을 보유했다. 이 모든 교육기관들은 수학 강의를 했고, 경제학과 과학에서 높은 수준의 강의 중심 교육을 제공했다.

스코틀랜드에서 보이는 장면은 매우 사교적이기도 했다. "시골 지역에서 일하는 고립된 개인이나 속세에서 벗어난 대학교에서 은둔

---

* 영국 스포츠 저널리스트 팀 위그모어Tim Wigmore는 스포츠에서 일어난 많은 혁신들이 자세히 보면 사실상 재결합이라고 주장한다. 인도 크리켓 선수들은 테니스에서 얻은 통찰을 활용해 무릎을 꿇고 낮게 오는 볼을 밀어서 치는 리버스 스위프reverse sweep를 더욱 정교하게 다듬었다. 세계적인 테니스 선수 노박 조코비치Novak Djokovic는 좋아하는 스키에서 얻은 아이디어를 결합해 미끄러지듯 스텝을 밟으며 치는 자신의 유명한 타법을 터득했다. 높이뛰기 선수 딕 포스버리Dick Fosbury의 '플롭flop(배면 뛰기)'과 여자 탁구 선수 딩님丁宁의 '토마호크tomahawk' 서브(도끼를 위에서 내려치는 동작으로 구사하는 서브), 럭비 선수 대니 치프리아니Danny Cipriani의 특이한 시선 추적 기법에도 동일한 패턴이 적용된다.[56]

다이버시티 파워

생활을 하는 고독한 교수들이 일하는 모습이 아니었다. 매우 활발한 장면이 연출되었다."[57] 교수와 과학자, 상인이 특히 그즈음에 갑자기 생겨난 클럽과 사교 모임에서 한데 어울렸다. 한 학자는 이렇게 표현 했다. "여러 학문 분야들 사이에서 이뤄지는 상호연결과 교차수정과 같은 교류가 (중략) 당시 스코틀랜드에서 볼 수 있었던 장면들의 놀랄 만한 특징이다. 지질학자는 역사학자와 어울리고 경제학자는 화학자와, 철학자는 외과의사와, 법률가는 농부와, 교회 성직자는 건축가와 어울렸다."[58]

오이스터 클럽The Oyster Club 설립자 중에는 경제학자 애덤 스미스Adam Smith, 화학자 조지프 블랙Joseph Black, 지질학자 제임스 허턴 James Hutton이 있었다. 건축가 제임스 애덤James Adam, 의사 프랜시스 홈 Francis Home, 철학자 데이비드 흄은 실렉트 소사이어티The Select Society 멤버로 활동했다. 이 클럽들은 아이디어들이 서로 부딪치며 확산되는 스코틀랜드 계몽주의의 왜건휠이자 라운드하우스였다.

지식의 꽃이 놀랄 정도로 만개했다. 흄은 도덕철학과 정치경제학, 형이상학, 역사에 관한 역작을 썼다. 흄과 가까운 친구인 애덤 스미스는 경제학 역사상 아마도 가장 영향력 있는 책인 《국부론》을 집필했다. 제임스 보즈웰James Boswell은 《코르시카 여행기An Account of Corsica》를 썼고 제임스 버넷James Burnett은 역사비교언어학의 토대를 만들었으며 제임스 허턴은 선구적인 지질학자가 되었다. 존 레슬리 경Sir John Leslie은 열에 관한 중요한 실험을 실행했으며 조지프 블랙은 이산화탄소를 발견했다.

스코틀랜드 계몽주의 사상가들이 외딴곳에 있었다는 사실을 고려해볼 때, 우리는 스코틀랜드라는 국가가 위대한 사고방식을 지닌 사람들이 특이하게 많은 축복을 받은 덕분에 지식의 개화기를 일으켰다는 결론을 내릴 수 있다. 한 걸음 물러서서 볼 때에만 이런 사고방식들이 그렇게 다양한 집단 두뇌에 연결돼 있었다는 단 하나의 이유만으로 꽃을 피웠다는 사실을 알 수 있다. 한 방문자는 이런 말을 했다. "나는 지금 에든버러 크로스Cross of Edinburgh라는 곳에 서 있다. 그리고 몇 분이 채 지나지 않아 쉰 명의 천재와 손에 손을 잡는다."

다이버시티 파워

5

에코체임버

고작 초등학생이 백인우월주의에
평생을 바치겠다고 선언하다

데릭 블랙Derek Black이 백인우월주의에 헌신하겠다고 선언했을 때 고작 초등학생이었다. 10대 시절 그는 온라인 게시판으로 시작한 포럼 사이트였지만 얼마 지나지 않아 온라인 최초의 증오 사이트로 변한 스톰프런트Stormfront 운영에 힘을 보탰다. 2001년 미국 일간지 〈USA 투데이〉에 실린 기사에서는 스톰프런트를 "방문자가 가장 많은 백인우월주의 온라인 사이트"라고 했다.[1] 블랙은 이 사이트에 정기적으로 글을 올리고 의견들을 조정하며 백인 민족주의자들이 온라인 커뮤니티를 구축하는 데 힘을 보탰다. 헌신적이고 전략적인 블랙은 곧 백인우월주의자의 웹사이트와 광범위한 활동의 중심이 됐다. 많은 이들은 두뇌 회전이 빠르고 논리 정연한 그를 조직의 황태자로 여기며 그에게서 새로운 아이디어와 슬로건을 기대했다.

10대 후반에 블랙은 AM 라디오에서 〈데릭 블랙 쇼The Derek Black Show〉라는 프로그램을 맡아 직접 진행했다. 홀로코스트를 부정하는 분위기를 조성한 독일 출판인 에른스트 쥔델Ernst Zündel의 글을 옹호

하고 재러드 테일러Jared Taylor와 고든 바움Gordon Baum 같은 백인우월
주의자 리더들을 인터뷰했다. 이 쇼는 너무나 인기가 좋아 매일 방송
됐다. 블랙은 타고난 방송인이었다.

그는 스톰프런트를 계속 관리하고 홍보하며 포럼 이용자와 집단
폭력의 연계성을 강조하지 않으려 애썼다. 한 연구에 따르면 2014년
까지 5년 동안 포럼 멤버들은, 2011년 노르웨이 사건의 배후인 아네
르스 베링 브레이비크Anders Behring Breivik가 살해한 일흔일곱 명을 포
함해 100명을 살해했다.[2] 이 살인율은 "버락 오바마Barack Obama가 미
국 최초 흑인 대통령이 된 2009년 초 급격히 높아졌다."

10대 후반의 청소년인 데릭 블랙은 백인우월주의자 모임의 붙박
이가 되고 연단 연설자로 활약하며 청중들을 열광시켰다. 유색인종
의 본국 송환을 강력하게 주장하는 사상가로 명성을 쌓아나갔다. 팜
비치 공화당 집행위원회의 한 자리를 차지했지만 당이 자신의 극단
주의 관점을 알아내자 자리에서 물러났다.[3]

버락 오바마가 2008년 대선에서 승리한 날 밤 스톰프런트 사이
트는 방문자가 폭증한 탓에 다운됐다. 당시는 백인 민족주의자를 매
우 흥분시키던 시기로 이들에게 합류하는 자들이 매일 늘어났고 새
대통령은 한 달에 서른 번 이상 살해 협박을 받았다. 이후 얼마 지나
지 않아 멤피스에서 열린 백인 지상주의 콘퍼런스에서 블랙은 최고
의 스타가 되었다. 저널리스트 엘리 새슬로Eli Saslow는 재치 있는 저서
《증오에서 깨어나다Rising Out of Hatred》에 당시 장면을 다음과 같이 설
명한다.

2008년 가을 콘퍼런스 참가를 위해 도착한 백인 비밀 결사 KKK 단원과 신나치주의자들neo-Nazis은 정장을 차려입고 이름표에 가명을 적은 채 동이 튼 직후 호텔로 몰래 들어가기 시작했다. 그들은 보도 위에서 무지개 깃발을 흔드는 시위자들과 호텔 로비 바깥쪽에 추가로 배치된 주 경찰관들, 내부로 잠입하려는 FBI 정보원들을 지나쳐 걸어 들어갔다. (중략) 한 교외 지역은 경찰관들을 추가로 배치할 수 있도록 비상사태를 선포했다. 또 다른 지역은 공공 집회를 일시적으로 금지했다. 하지만 토요일 아침 7시까지 전 세계의 극단적인 백인 민족주의자 약 150명이 눈에 띄지 않는 호텔 콘퍼런스 룸에 모였고 그곳에는 작은 현수막이 벽에 걸려 있었다. 거기에는 이런 글이 쓰여 있었다. "백인 미국을 복원하기 위한 투쟁이 지금 시작된다."

어떤 면에서 보면 데릭 블랙은 타고난 백인 민족주의자 리더였다. 그의 아버지 돈 블랙Don Black은 대학 시절 KKK에 가입했고 곧바로 대마법사Grand Wizard 지위에 올랐다. 그는 1981년 다이너마이트와 최루가스를 비롯한 도구들을 소지한 다른 백인우월주의자들과 함께 도미니카섬에서 쿠데타를 시도하러 가던 도중에 체포됐다. 새슬로는 책에 "그들은 그곳을 백인들의 유토피아로 바꿔놓으려 했다"라고 썼다. 3년 형을 선고받은 돈 블랙은 수감 중 컴퓨터 기술을 배웠고 이때 배운 기술로 스톰프런트 웹사이트를 구축할 수 있었다. 이후 그의 아들 데릭은 이 웹사이트에 없어서는 안 될 중요한 기여자로 활동했다.

아들 데릭의 급성장을 목격하며 자부심을 느낀 돈 블랙은 말했다. "내 집에서 덜 중요한 취급을 받는 것이 이렇게 기분 좋을 줄은 단 한 번도 생각해본 적이 없다." 그는 특히 유연한 지성을 비롯해 자신에게 부족한 강점을 데릭이 많이 가지고 있다고 생각했다. 청소년 데릭은 대중의 상상력을 자극하는 문구를 만들어내는 능력이 있었다. 데릭이 대규모 이민으로 야기된 '백인 대량 학살'에 관해 이야기할 때 돈은 그 말이 대중을 사로잡으며 주류 사회로 스며드는 방식을 인지했다.

데릭의 어머니 클로이Chloe도 백인 민족주의자 운동에 오랫동안 관련돼 있었다. 그녀는 KKK에서 가장 많이 주목받던 데이비드 듀크David Duke와 20대 때 결혼해 두 딸을 뒀다. 그러다 듀크와 이혼하고 나서 2년 뒤 백인 민족주의 모임에서 오랫동안 알고 지내던 돈과 결혼했다. 두 사람의 결혼식에서 듀크는 신랑 측 들러리를 섰다.

미국 내 백인우월주의의 실질적인 리더였던 듀크는 백인 이데올로기를 정치적 주류로 만들기 위해 노력하며 평생을 보냈다. 1991년 루이지애나주 주지사 선거에 출마했을 때 백인 투표수의 과반을 획득했지만 근소한 차이로 패했다. 그는 데릭의 대부이자 '제2의 아버지'였다. 블랙 가족과 크리스마스를 함께 보낼 정도로 그들과 잘 어울리며 데릭을 보살폈다. 마치 자신의 후계자를 훈련하는 것 같았다.

10대 말에 이르자 데릭 블랙은 백인 민족주의의 원칙에 정통해진 만큼 자신의 피부색에도 만족했다. 그의 빨간 머리는 어깨까지 내려왔다. 그는 검은색 카우보이모자를 썼고 외모가 단정하고 매력적이

다이버시티 파워

었다. 사람들은 그를 좋아했다. 인종차별적 비방을 하거나 물리적 공격을 옹호하는 대신, 자신의 이데올로기를 분명히 표현하기 위해 보다 부드러운 표현을 사용했다. 그는 미국 전체가 백인으로만 구성되기를 원했고, 궁극적으로 소수인종은 강제로 추방돼야 한다고 생각했다.

멤피스에서 열린 콘퍼런스에서 운집한 백인우월주의자들에게 젊은 영재를 소개할 때 듀크가 흥분했음이 단박에 보였다. 마치 결정적인 순간에 이른 듯했다. 듀크는 말했다. "우리 운동은 앞으로 완전히 주류 사상으로 자리 잡을 것입니다. 이제 우리 운동의 앞길을 밝혀줄 주요 인물을 소개하고자 합니다. 내가 아는 사람들 중 이 사람보다 재능이 뛰어난 자는 없습니다. 그는 미국과 국제사회에서 나보다 훨씬 폭넓은 경력을 보유하고 있는 것 같습니다. (중략) 신사 숙녀 여러분, 데릭 블랙을 소개합니다."[4]

나와 반대되는 의견을 들어도
생각이 쉽사리 바뀌지 않는 이유

캔자스대학교는 선플라워 스테이트sunflower state(캔자스주의 별명—옮긴이)에서 규모가 가장 큰 대학이다. 1865년 캔자스주 로렌스의 한 언덕 위에 설립된 이후 다섯 개 캠퍼스로 확장됐으며 미국에서 가장 아름다운 학문적 환경 중 하나로 꼽힌다. 대학교 웹사이트에는 이런 글이 게시돼 있다. "우리는 캔자스주를 대표하는 대학교이자 최고의 연구 기관으로서 주와 국가, 세계에 봉사하는 우리의 역할을 수용합니다. 우리는 제이호크Jayhawk(캔자스대학교와 관련된 학생, 교수, 졸업생, 스포츠팀 팬 등을 모두 일컫는 별명—옮긴이) 정신을 고취하는 에너지와 배려심을 찬미합니다."

학생, 교수와 대화를 해보면 대학의 사회적 활기뿐 아니라 그 규모도 감지할 수 있다. 캔자스대학교에는 미국의 모든 지역과 세계 각지에서 온 거의 3만 명에 달하는 학생들이 있다. 유색인종이 약 3000명이며, 6000여 명은 캔자스주가 아닌 다른 주 출신이고, 스물다섯 살이 넘는 이들도 2000명에 이른다. 이는 다양한 인구구성이다.[5]

캔자스주든 어디든 대학교 구내에 들어가 보면, 광범위한 학생 집단에서 사회적 네트워크가 형성되는 유기적인 방식에 대한 인상을 곧바로 느낄 수 있다. 학생들은 수업이 끝나면 서로에게 자연스럽게 이끌려 술집이나 클럽에서 함께 시간을 보내며 우정을 쌓고, 이런 우정들 중 다수는 평생 지속되기도 한다. 학생들 대부분은 졸업 후에도 대학 친구들과 오랫동안 연락하며 지낸다.

최근 몇 년 동안 사회적 네트워크가 형성되는 방식이 과학적 탐구의 주된 관심사로 떠올랐다. 많은 연구들이 있었지만 가장 흥미로운 연구 중 하나는 미국인 심리학 교수 앤절라 밴스Angela Bahns가 이끈 캔자스주 교육기관들에 관한 것이었다. 연구원들은 학생들을 관찰하며 그들이 함께 어울리는 모습을 유심히 살펴본 뒤, 학생들이 우정을 쌓고 사회적 그룹을 형성한 방식을 조사하기 위해 설문지를 나눠

줬다. 캔자스대학교 외에 주 내에 있는 규모가 작은 다섯 개 대학교, 즉 볼드윈시의 베이커대학교Baker University, 린즈보그의 베서니칼리지 Bethany College, 노스뉴턴의 베설칼리지Bethel College, 맥퍼슨의 센트럴크 리스천칼리지Central Christian College와 맥퍼슨칼리지McPherson College도 함 께 조사했다.[6]

사실 이 대학들의 규모는 그냥 작은 것이 아니라 훨씬 더 작다. (1858년에 설립돼 주에서 가장 오래된 교육기관으로서) 풍성한 역사를 자 랑하는 훌륭한 대학인 베이커대학교에는 학생용 기숙사 세 채와 아 파트 빌딩 두 채만 있었다. 탄탄한 학문적 명성을 갖추고 엄선한 교 과과정을 제공하지만 미국 내 대형 교육기관의 시설 규모에 맞설 수 는 없다.

캔자스대학교의 학생 수는 거의 3만 명에 이르는 반면 다른 다 섯 개 대학교의 학생 수는 평균 1000명에 불과하다. 맥퍼슨칼리지 는 629명, 베서니칼리지는 592명, 베설칼리지는 단 437명의 학생뿐 이었다. 이 칼리지들은 전체 인구통계적 다양성도 정확히 드러나지 는 않지만 더 낮다. 베설칼리지에는 캔자스주 이외의 주 출신 학생이 105명뿐이고, 베이커대학교와 맥퍼슨칼리지에는 외국에서 온 학생 이 한 명도 없다.[7]

밴스 교수가 답을 구하려는 질문은 이런 배경의 차이들이 어떻게 교육기관 내 사회적 네트워크의 성격에 영향을 미치는지 알아보는 것이었다. 이런 차이가 학생들이 서로 관계 맺는 방식을 어떻게 형성 할까? 학생들이 교류하는 사람들의 유형에 어떤 영향을 미치며, 오랫동안 지속되는 우정을 쌓는 데 어떤 영향을 미칠까? 직관적인 수준에서의 답은 상당히 분명해 보인다. 캔자스대학교는 전적으로 그 규모 덕분에 사고방식과 출신 배경, 관점이 다른 학생들을 만날 기회를 훨씬 더 많이 제공한다. 이 대학교는 학교 내에 존재하는 어마어마한 계층 범위 덕분에 세계적인 교육기관이라 할 수 있다.

이와 달리 베설칼리지가 인상적인 교육기관일지는 모르겠지만 작은 규모는 다른 유형의 학생들을 만날 기회가 훨씬 더 제한적이라는 것을 의미한다. 작은 규모에서 얻는 친밀감과 따뜻함의 장점에도 불구하고 아주 적은 학생 수는 생각과 행동 방식이 다르거나 외모가 약간 다른 학생들과 의미 있는 교류를 할 가능성을 분명히 축소한다.

하지만 데이터를 살펴본 밴스 교수는 완전히 반대임을 발견했다. 캔자스대학교의 사회적 네트워크는 사고방식과 믿음뿐만 아니라 정치적 견해, 도덕적 신념, 편견의 측면에서 더 동질적이었다. 밴스 교수는 내게 말했다. "이 결과는 분명했으며 사람들 대부분의 기대와 완전히 달랐습니다. 보다 광범위한 커뮤니티에 속한 사람들이 더 좁은 네트워크를 구축할 가능성이 높습니다."

어떻게 이런 일이 가능할까?

앞서 언급한 두 곳의 캠퍼스를 다시 생각해보자. 캔자스대학교는 학생 수가 많다. 그들은 분명 다양성을 갖추고 있지만 다양성에는 역설적인 속성이 있다. 이 말은 다양성을 갖춘 집단 속에 상호작용을 할 서로 다른 성향의 사람들이 많지만, 매우 비슷한 성향을 지닌 사람들도 많다는 뜻이다. 만약 누군가가 생각이 비슷한 사람과 어울리

다이버시티 파워

고 싶다면 그런 사람을 찾기가 그리 어렵지 않다. 사회학자들은 이를 '매끄러운 동종 어울림fine-grained assorting'이라 부른다.

이와 달리 학생 수가 더 적은 소규모 칼리지는 전체적인 다양성 수준이 낮다. 하지만 이는 자신과 생각이 똑같고 외모도 비슷한 사람들을 찾는 것이 거의 불가능하다는 뜻이기도 하다. 최소한의 다름을 수용하기 위해 타협해야 한다. 인구 배경의 전체적인 다양성 수준이 낮을수록 유사함을 찾기가 훨씬 더 어렵다. 밴스 교수는 이렇게 설명한다.

> 아이러니하게 들리겠지만 이는 완전히 예측 가능한 결과입니다. 규모가 더 작은 대학교에서 할 수 있는 선택은 많지 않으며 사람들은 상대적으로 자신과 더 많이 다른 유형의 사람들과 접촉해야 합니다. 반면 캠퍼스 규모가 크면 학생들이 자신의 사회적 네트워크를 '미세하게 조정할' 수 있는 기회가 훨씬 더 많습니다. 자신과 매우 비슷한 사람들을 찾을 수 있기 때문입니다.[8]

밴스 교수의 실험은 전 세계 많은 지역의 서로 다른 환경에서 실행한 연구와 유사하다. 컬럼비아대학교 경영대학원 폴 잉그럼Paul Ingram 교수가 이끈 실험에서는 뉴욕에서 기업인 100명을 일과 후 함께 어울리는 모임에 초대했다.[9] 금요일 저녁 7시 대학교 리셉션 홀에서 열린 모임에서 연구원들은 사람들이 서로 어울릴 수 있도록 할 수 있는 한 최선을 다했다. 홀 한가운데에는 오르되브르(안주용 전채—

옮긴이)가 놓인 큰 테이블이 있었고 한쪽 벽에는 피자 테이블이, 다른 쪽 벽에는 맥주와 와인, 탄산음료를 제공하는 바가 있었다.

참가자들은 모인 사람들의 3분의 1 정도를 평균적으로 알고 있었지만 대다수와 모르는 사이였다. 그렇다면 이 모임은 자신들의 사회적 네트워크를 확장하고 다양한 사람들과 연결할 수 있는 기회였다. 실제로 참가자들 중 다수는 사전에 실시한 설문조사에서 (긴장을 풀고) 모임에 참석하는 주요 목적은 새로운 사람을 만나기 위한 것이라고 구체적으로 말했다. 모든 참석자들은 대화 내용을 들을 수는 없지만 접촉하는 사람과 함께 접촉 시간을 추적할 수 있는 전자 추적 장치를 부착했다. 이를 통해 연구원들은 "모임 내내 이뤄진 만남을 포착하는 동적 네트워크를 구축할 수 있었다."

무슨 일이 일어났을까? 참석자들은 결국 누구와 대화를 나눴을까? 사전에 언급한 목적에 따라 새로운 사람을 찾아 나서며 자신의 네트워크를 확장했을까? 실제로는 정반대의 일이 일어났다. 연구원들은 이렇게 설명한다. "사람들은 모임에서 서로 어울렸을까? 대답은 '아니오' 또는 '그들이 할 수 있는 정도만큼은 아니었다'이다. (중략) 우리의 실험 결과는 모임 참석자들이 이미 잘 알고 있는 몇몇 다른 사람들과 대화하는 경향이 있다는 것을 보여준다."

인류의 초기 역사에서 집단 두뇌의 확장을 가장 강력하게 제한하던 요소는 사회적 고립이었다. 수렵과 채집에 의존하는 유목민 집단은 보통 지리적으로 분산돼 있으며 소통 수단이 거의 없었다. 농업혁

다이버시티 파워

명 이후 집단들이 가까이에서 모여 살기 시작하자 사회성은 인간 집단 사이에 물리적, 심리적으로 존재할 수 있는 많은 장벽들에 의해 제한을 받았다. 우리는 태즈메이니아가 광범위한 오스트레일리아 생태계에서 분리됐을 때 후퇴하는 모습을 이미 봤다.

하지만 오늘날 우리는 근본적으로 다른 시대에 살고 있다. 사람들은 사회적으로뿐만 아니라 디지털 방식으로 서로 연결돼 있다. 인터넷은 전 세계에 걸쳐 곧바로 작동할 수 있는 초공간超空間, hyperspace을 만들어냈다. 우리는 단 한 번의 마우스 클릭으로 다양한 의견과 믿음, 아이디어, 기술에 전례 없는 접근을 할 수 있다. 이것은 물론 과학 커뮤니티가 연구와 아이디어를 공유할 수 있는 공간을 만들려고 팀 버너스리Tim Berners-Lee가 고안한 인터넷의 원래 비전이었다. 그리고 이는 온갖 형태의 재결합적 혁신을 추진하는 원동력이었다. 인터넷은 다수의 심오한 측면에서 매우 긍정적인 효과를 냈다.

그러나 전체 네트워크에서 나타나는 높은 수준의 다양성은 지역 네트워크에서 역설적인 효과를 일으킬 가능성이 있다. 이는 사회적 세계뿐만 아니라 디지털 세계에도 적용된다. 캔자스대학교 같은 세계적인 대학교에서 동질의 우정 집단이 생기는 결과로 이어질 수 있다. 사람들을 함께 어울리게 할 목적으로 마련한 모임에서는 매끄러운 동종 어울림으로 이어졌다.

이런 통찰들을 통해 우리는 현대의 결정적인 역설 중 하나, 즉 에코체임버echo chambers(반향실)를 파악할 수 있다. 다양성과 상호연결성이 제공하는 모든 가능성에도 불구하고 인터넷은 혈족 관계나 유목민 부족의 논리가 아니라 이념적 미세조정에 따라 연결되는 새로운 종의 동질적인 내집단in-groups(배타적인 소규모 집단—옮긴이)으로 특징지어졌다. 이는 정보가 그룹 사이가 아니라 그룹 내에서만 순환하는 신석기시대 배타적인 역학 관계의 디지털 화신digital incarnation이다. 에코체임버를 걱정할 필요가 없는 경우도 많다. 패션에 관심이 있으면 비슷한 생각을 지닌 다른 사람들과 대화할 수 있는 포럼에 가입하면 된다. 만약 그곳에서 사람들이 농업이나 풋볼, 피트니스에 관한 게시물을 계속 올리면 즐거움이 약화될 것이다. 그런 포럼에서 다양성은 쓸모없을 뿐만 아니라 사람들을 짜증 나게 한다.

하지만 정치와 같은 복잡한 주제에 관한 정보를 구할 때, 에코체임버는 본질적으로 사실을 왜곡한다. 사람들은 문화적, 정치적 성향을 공유하는 친구들이 사용하는 페이스북과 그 외 플랫폼에서 뉴스를 보면서 자신과 생각이 같은 사람과 자신의 관점을 지지하는 증거를 더 많이 접한다. 아울러 상반된 관점은 덜 접한다. 세밀하게 분류한 역학 관계는 흔히들 필터 버블filter bubble(사용자가 인터넷 알고리즘에 따라 자신의 관심사에 맞게 제공되는 정보에만 의존해 자신만의 거품에 갇히는 현상—옮긴이)이라고 하는 교묘한 현상에 의해 확대될 수 있다. 즉 구글에 있는 것들과 같은 여러 가지 알고리즘이 눈에 보이지 않게 우리의 검색을 개인화하고, 우리가 이미 확신하는 정보들을 더 많이 제공하며 다양한 관점에 대한 접근을 제한한다.[10] 이는 밴스 교수 실험의 디지털 버전이지만 보다 빠른 속도로 이뤄진다. 인터넷의 완벽한 상호연결성은 보다 강화된 정치적 미세조정을 용이하게 했다.

에코체임버의 정확한 수준에 대해서는, 서로 다른 연구가 약간씩 다른 방향을 가리키며 어느 정도 논란의 여지가 있다. 수학자 에마 피어슨Emma Pierson은 백인 경찰관 대런 윌슨Darren Wilson이 흑인 남성 마이클 브라운Michael Brown을 총으로 사살한 사건으로 미주리주 퍼거슨에서 일어난 소요 사태가 2014년 소셜 미디어에서 어떻게 다뤄졌는지 분석했다. 그녀는 뚜렷이 구분되는 두 무리를 발견했다. 한 그룹의 트윗(블루 트윗blue tweets)은 브라운의 사망에 공포심을 드러내며 경찰의 강압적인 대응을 비판했고, 다른 그룹의 트윗(레드 트윗red tweets)은 그 경찰관이 희생양이 됐으며 시위자들은 약탈자라고 주장했다. 피어슨의 설명이다.

> 레드 그룹은 마이클 브라운보다 대런 윌슨을 만날 때 더 안전하게 느낄 것이며 브라운이 총을 맞았을 때 무장 상태였다고 말한다. 블루 그룹은 대런 윌슨과 비무장 상태의 마이클 브라운을 비교하며 비꼬았다. 레드 그룹은 군중 재판과 인종 공격을 언급하고 블루 그룹은 시스템 파괴에 대해 이야기한다. 레드 그룹은 미주리 주지사에게 비상사태를 선포하라고 강요하고, 긴장 상태를 악화시킨 오바마 대통령을 비난한다. 블루 그룹은 비상사태 선포가 인권을 탄압하는 데 활용돼서는 안 된다고 말한다.[11]

무엇보다 가장 인상적인 사실은 두 그룹이 말 그대로 서로 간에 어떤 교류도 없었다는 것이다. 그들은 자신의 의견에 동의하는 사람들의 트윗만 읽었고, 이는 인터넷의 분할 역학이 어떻게 정보를 여과하는지 잘 보여준다. 피어슨은 이렇게 표현한다. "퍼거슨 사태를 두고 정치적, 인종적 배경이 매우 다른 두 그룹은 서로를 무시한다. 이것은 문제를 일으키는 것처럼 보이며 실제로도 그랬다. 한 사태를 두고 두 그룹은 극단적으로 다른 생각을 한다."*

옥스퍼드대학교와 퓨 연구소Pew Institute의 세스 플랙스먼Seth Flaxman 교수가 이끈 또 다른 연구들은 디지털 세계에 관한 다른 시각을 제공한다. 이 연구들은 전반적인 인터넷 사용을 살펴보면 자신과 같은 관점에 대한 디지털 사용자의 노출이 평균적으로 높지만, 그럼에도 그들이 반대되는 사람의 관점도 본다는 사실을 발견했다. 어쩌면 그리 놀랄 만한 일이 아닐 수도 있다. 농업혁명 후 부상한 씨족 체제에서도 다양한 내집단들이 서로 완전히 단절되지는 않았다.

하지만 거의 모든 학자에게 널리 인정받는 흥미로운 상황은 노출이 실제로 일어날 때 벌어지는 일이다. 사람들은 반대되는 사람의 관점을 듣고 반대 측의 증거를 보면 자신의 의견이 덜 극단적으로 변한다고 생각할지도 모르겠다. 즉 관점은 더 미묘한 차이가 될 것이다. 실제로는 정반대 현상이 벌어진다. 사람들은 더욱더 양극화된다. 예를

---

* 이탈리아의 전산사회과학자 아나 루시아 슈미트Ana Lucía Schmidt의 2019년 연구는 대체로 비슷한 결론을 내렸다. 그녀는 3억 7600만 페이스북 사용자와 900개 언론매체의 상호작용을 분석해 "뉴스 소비가 선택적 노출에 따라 이뤄진다고 결론지으며 (중략) 뚜렷이 구분되는 커뮤니티 구조와 강력한 사용자 양극화를 발견했다." 다른 연구는 "에코체임버에서 이뤄지는 사용자 분리가 소셜 미디어 사용자들의 활동에서 새롭게 나타나는 현상일 수 있다"라는 결론을 내렸다.12

다이버시티 파워

들어 피어슨의 연구에서 레드 트위터와 블루 트위터의 제한된 상호작용은 증오와 폭발을 촉발했다. 피어슨은 이렇게 설명한다.

레드 그룹과 블루 그룹이 실제로 말을 주고받으면, 대개의 경우 험악한 장면이 연출됐다. 블루 그룹의 가장 영향력 있는 멤버로 시위대 조직에 핵심적인 역할을 한 학교 행정관 디레이 매케슨DeRay Mckesson에게 레드 그룹 멤버들이 한 말을 생각해보라. 그들은 매케슨을 증오를 퍼뜨리는 '공산주의자'로 묘사하고 (중략) '총과 화염병'으로 무장했고, '인종차별주의자 헛소리의 가치'를 판단했으며 '제대로 된 약물 치료'가 필요한 사람이라고 말했다.

듀크대학교 크리스토퍼 베일Christopher Bail 교수가 이끈 연구에서도 비슷한 패턴을 발견했다. 그는 트위터 사용자 800명을 모집해 정치적 스펙트럼 전체에 걸쳐 명확한 입장 표명으로 주목받는 사람들의 관점을 리트윗하는 봇bot(인터넷상에서 정보검색을 할 때 다른 사이트도 자동적으로 연달아 검색하는 프로그램—옮긴이)을 추적했다. 무슨 일이 일어났을까? 트위터 사용자는 보다 균형을 갖추는 것이 아니라 더욱 양극화됐다. 이것은 더 보수적이 된 공화당원이 특히 더 그랬다. 다른 관점에 대한 노출이 마치 자신들이 이미 갖고 있던 신념이 옳다는 것을 더욱 확신시켜준 듯했다.[13]

무슨 일이 일어나고 있는지 이해하고 에코체임버의 내적 논리를 완전히 파악하려면 에코체임버와 정보 버블information bubble의 미묘한 차이를 구별해야 한다. 철학자 C. 티 응우옌C. Thi Nguyen이 언급한 대로 정보 버블은 그 내부에 있는 사람들이 자기편의 주장 외에는 어떤 다른 것도 보지 않는 고립의 극단적 형태다. 이런 종류의 사회적 그룹은 광신적 종교 집단과 '장벽으로 둘러싸인 기관'을 제외하면 현대 역사에 거의 존재하지 않았다. 응우옌은 에코체임버는 이와 다르다고 주장한다. 에코체임버는 정보 필터링으로 사람들을 대체 가능한 관점으로부터 고립시킨다. (디지털 학자 엘리자베스 뒤부아Elizabeth Dubois와 그랜트 블랭크Grant Blank의 연구는 영국인 8퍼센트가 그렇게 편향된 미디어에 노출돼 사실을 왜곡하는 견해를 경험한 적이 있다는 사실을 발견했다.[14]) 하지만 다른 것과 뚜렷이 구별되는 에코체임버의 특징은 하나가 아니라 두 개의 필터가 있다는 것이다.

두 번째 필터는 무엇일까? 앞으로 우리는 이를 인식 장벽epistemic walls으로 부를 것이다.

"에코체임버는 우리의 취약성에 붙어사는 사회적 기생충"

미디어와 정치 전문가인 캐슬린 홀 제이미슨Kathleen Hall Jamieson과 조지프 캐펠라Joseph Cappella는 학술서 《에코체임버Echo Chamber》에서 정치적 양극화의 핵심 논리를 조사한다.[15] 그들은 크게 성공한 보수 평론가이며 자신의 라디오방송을 듣는 독특한 청취자 수가 주간 누적 1325만 명에 이르는 러시 림보Rush Limbaugh의 프리즘을 통해 분석한다.

그들은 림보가 청취자들을 대체 가능한 목소리에서 고립시키려고 설득하지는 않는다고 언급한다. 이런 설득은 서로 연결된 그런 세상에서 거의 불가능할 것이다. 그 대신 대체 가능한 목소리의 권위를 떨어뜨리려고 노력한다. 다른 관점을 제시하는 사람들의 진실성을 공격하며 그들의 동기를 모함한다. 반대편은 틀릴 뿐만 아니라 악의적이라고 주장한다. 또한 주류 언론들이 진보적 편향성을 드러낸다고 주장한다. 언론들은 림보가 말하는 사실에 동의할 수 없기 때문에 림보와 그의 추종자들을 무너뜨리는 일에 착수한다. 제이미슨과 캐펠라는 이렇게 썼다. "보수적인 의견을 지닌 방송 진행자들은 주류 언론이 이중 잣대를 사용해 보수주의자와 그들의 신념을 체계적으로 손상한다는 관점을 강조한다." 두 저자는 림보가 "극단적 가정과 조롱, 인신공격, 강력한 부정적 정서와 연계"하는 것과 같은 기법을 통해 정치적 적수들을 비롯한 모든 정보원의 신빙성을 떨어뜨리려 노력한다고 주장한다.

이제 우리는 정보 버블과 에코체임버의 미묘하게 다른 속성을 조금씩 이해할 수 있다. 정보 버블의 경우, 정보의 경계는 밀폐돼 있다. 내부에 있는 사람들은 버블 안에 함께 있는 사람들의 목소리만 듣는다. 이는 왜곡된 관점을 만들어내지만 그 관점은 쉽게 무너지기도 한다. 내집단 멤버가 외부 의견을 마주치는 순간 자신의 믿음에 의문이 생길 가능성이 높다. 그렇다면 정보 버블을 터뜨리는 방법은 노출이다. 이것이 바로 광신적 종교 집단이 그토록 오랫동안 내부자들을 다른 목소리에 접근하지 못하게 하는 이유다.

추가적인 필터를 갖춘 에코체임버의 속성은 근본적으로 다르다. 내부에 있는 사람들은 정보 버블처럼 내집단에서 더 많은 의견을 듣지만 이런 관점들은 반대되는 의견에 노출될 때 더욱 강해지는 경향이 있다. 왜 그럴까? 반대자가 림보를 공격하면 할수록, 그의 의견의 오류를 더 많이 지적할수록 이는 림보를 향한 음모를 더욱 확인해준다. 그들은 반대자가 새로운 통찰이 아니라 가짜 뉴스를 제시한다고 생각한다. 림보를 반대하는 각각의 증거는 내집단을 아웃사이더와 분리하는 장벽을 드높이는 새로운 블록이다. 응우옌은 이렇게 표현한다.

> 내부에서 일어나는 일은 일종의 지적 씨름으로, 반대 목소리의 힘과 열정이 면밀하게 조작된 믿음의 내부 구조를 통한 반대 목소리에 대항을 당하는 형태다. 림보의 추종자들은 주류 언론과 진보적인 뉴스를 읽지만 동의하지는 않는다. 그들은 선택적 노출이 아니라 자신들이 권위자와 전문가, 신뢰하는 정보원으로 받아들이는 사람의 변화에 의해 고립된다. 외부 목소리를 듣기는 하지만 무시한다.[16]

결정적인 포인트는 아마도 신뢰가 믿음 형성의 근본적인 요소라는 점일 것이다. 왜일까? 우리는 모든 것을 확인할 시간이 없기 때문에 어떤 일들은 있는 그대로 받아들여야 한다. 우리는 의사와 화학자,

다이버시티 파워

교사를 신뢰한다. 전문가도 다른 전문가들의 데이터와 연구 결과를 자신이 심사숙고하는 일의 재료로 받아들이며 그들을 믿는다. 제1의 원리부터 파악하는 일이 거의 불가능하기 때문이다. 정보의 세계는 상업과 어느 정도 비슷하게 신뢰를 바탕으로 이뤄져 있다. 응우옌의 설명을 들어보자.

> 자신에게 물어보라. 훌륭한 통계 전문가와 무능한 통계 전문가를 구분할 수 있는가? 훌륭한 생물학자와 형편없는 생물학자는? 훌륭한 핵 기술자나 방사선 전문가 또는 거시경제학자를 그렇지 못한 자들과 구분할 수 있는가? (중략) 어느 누구도 혼자 힘으로 그렇게 많은 사람들을 제대로 평가할 수 없다. 그 대신 엄청나게 복잡한 신뢰의 사회구조에 의존한다. 우리는 서로를 신뢰해야 하지만 철학자 애닛 바이어Annette Baier의 말처럼 신뢰는 우리를 공격받기 쉽고 유혹에 넘어가기 쉬운 연약한 상태로 만든다.[17]

에코체임버는 바로 이런 인식 취약성을 활용한다. 대체 가능한 관점에 대한 신뢰를 체계적으로 약화하고 다른 통찰과 관점을 제시하는 사람들을 모함하며 신뢰 형성 과정 자체를 왜곡하는 필터를 실행한다. 대체 가능한 관점은 깊이 생각한 후가 아니라 접하자마자 묵살된다. 사실은 제시되는 순간 곧바로 거부당한다. 관점과 증거는 쇳가루가 자기장에서 밀려나듯 퇴짜 맞는다. 응우옌은 이렇게 썼다. "에코체임버는 우리의 취약성에 붙어사는 사회적 기생충 형태로 운영된다. (중략) 정보 버블은 외부 사람들의 목소리를 듣지 못할 때 형성된다. 에코체임버는 다른 편 사람들을 신뢰하지 못할 때 생겨난다."

이는 보수적인 라디오 진행자들에 관한 것이 아니며 보수주의 자체에 관한 것은 더욱더 아니다. 에코체임버는 우파에만 있는 것이 아니며 좌파와 사실상 정치 이외의 부문에도 존재한다. "백신접종 거부자의 세계는 분명한 에코체임버이며 정치적 노선과 상관이 없다. 나는 다이어트[예를 들면 팔레오Paleo!(일명 원시인 다이어트로 구석기시대 원시인들이 먹던 음식을 따라 하는 방법―옮긴이)]와 운동법(예를 들면 크로스핏!), 모유수유, 일부 학계의 지적 전통 등등 광범위한 주제에서 에코체임버를 수없이 접했다."18

정보와 신뢰라는 두 가지 필터는 대단히 복원력이 좋은 형태의 내집단 응집력을 만들어낸다. 정보 버블이 본질적으로 무너지기 쉬운 형태인 반면 정치적 스펙트럼의 양 진영 모두에 있는 에코체임버는 대체 가능한 관점에 대한 상호 노출로 더욱 강화되며 양극화를 촉진하고 가짜 뉴스를 향한 상반된 (대부분의 경우 반박하는) 주장으로 이어진다. 각 진영은 다른 진영이 탈진실post-truth 시대에 살고 있다고 생각한다. 응우옌은 말한다. "기본적인 체크 사항을 소개한다. 커뮤니티의 신뢰 시스템이 핵심 신조에 동의하지 않는 모든 아웃사이더의 신뢰성을 적극적으로 약화하는가? 그렇다면 그 커뮤니티는 에코체임버일 가능성이 높다."19

"내가 존중하지 않는 사람들의 의견에
귀 기울일 필요가 있을까?"

데릭 블랙은 디지털 에코체임버가 아니라 실생활 속 에코체임버에서 성장했다는 점에서 특이하다. 여섯 살 때 흰색 파워레인저 복장으로 핼러윈 축제에 나섰다. 얼마 뒤 그의 아버지는 남부연합기 Confederate flag를 그린 포스터를 벽에 붙였다. 데릭은 그즈음에 백인우월주의자 콘퍼런스에 참석해 어른들이 흑인의 타고난 지적 열등에 관해 이야기하는 것을 들었다. 엘리 새슬로는 이렇게 서술한다. "데릭은 스톰프런트에서 사회화됐으며 타이핑하는 법을 터득하자마자 비공개 대화방에서 밤을 보내기 시작했다. 데릭이 3학년을 마치자 그의 부모 돈과 클로이는 웨스트팜비치의 공공 교육 시스템에 아이티 사람들과 히스패닉들의 유입이 넘쳐난다고 확신하며 데릭을 자퇴시켰다."[20]

이후 데릭은 홈스쿨링을 통해 인종차별주의 정치에 지속적으로 노출되며 백인우월주의 사상을 더 많이 흡수했다. 블랙 가족은 웨스트팜비치에 살았지만 그들의 집은 돈이 아무렇게나 높이 자라게 내버려둔 초목들에 둘러싸인 섬과 같았다. 백인우월주의자 동료와 가족을 제외하고는 아무도 데릭의 집을 방문할 수 없었다. 그렇다면 데릭의 극단주의 관점이 사회적 고립을 통해 지속됐다는 것을 쉽게 추정할 수 있다. 데릭은 다른 누구에게도 노출되지 않았기 때문에 자신의 믿음을 의심해본 적이 없다. 사실, 그는 실제로 흔치 않은 삶을 살긴 했지만 광신적 종교 집단에 속한 것은 아니었다. 데릭의 대부이자 미국 백인 민족주의의 실질적 리더인 데이비드 듀크는 데릭이 반대되는 의견을 듣는 것을 막으려 하지 않았다. 부모도 마찬가지였다. 우리가 이미 접했던 용어로 볼 때 데릭이 놓인 환경은 정보 버블이 아니었다.

그것은 에코체임버였다. 데이비드 듀크와 돈 블랙은 대안적 정보원을 막아놓지 않았다. 그 대신 그들은 그런 정보들에 대한 데릭의 신뢰를 체계적으로 약화했다. 모든 형태의 비非백인우월주의자들은 이민자와 유대인을 위해 유럽 백인을 배반하려 하는 기만적인 진보 기득권층 멤버, 극우 세력의 '정당한 요구'라는 표현을 용인하지 못하고 채택하는 것은 더더욱 참지 못하는 사람들로 취급받았다.

이는 데릭이 인터넷과 다양한 TV 방송프로그램을 비롯한 다른 정보원을 접했는데도 그의 관점이 전혀 부드러워지지 않고 실제로는 더 강해진 이유를 설명해준다. 데릭은 이런 반대되는 목소리들이 정당한 의견을 표현하는 것이 아니라 가짜 뉴스를 퍼뜨리는 것이라고 생각했다. 그에게 이런 의견들은 정치적으로 정당하다고 주장하는 기득권 세력의 사기성 짙은 표현이었다. 새슬로는 이렇게 설명한다. "[그는] 낯선 사람들의 피드백에 영향을 받지 않았다. (중략) 자신을 비판하는 사람들은 그에게 커튼 너머에 있는 이름 모를 사람들의 합창, 즉 '강탈자'와 '원시인' 같은 사람들이 떠드는 소리에 불과했다. (중략) 그런 사람들을 존중하지 않는데 그들의 의견에 관심을 둘 이유가 있을까?"21

스물한 살 때 데릭 블랙은 집을 떠나 대학교에 진학했다. 플로리다주 일류 대학 중 하나인 뉴칼리지New College에 진학한 데릭은 독일어와 함께 "자신이 항상 유럽 백인들의 영광스러운 우월성과 관련지어 생각해왔던 중세 역사를 전공과목으로 선택했다. 데릭의 부모는 데릭이 역사를 단지 공부하는 데 그치지 않고 궁극적으로 역사에 남을 일을 하기 바라는 마음을 그에게 상기시켰다." 그의 아버지가 데릭의 극단주의자 관점이 반대되는 의견에 노출되며 누그러질 가능성을 전혀 염려하지 않았다는 사실은 주목할 만하다. 라디오방송의 한 청취자가 전화를 걸어 데릭이 스스로 '다문화주의의 온상'에 있다고 생각하는지 물었을 때 돈은 웃음을 터뜨렸다. "이런 보잘것없는 공산주의자들이 데릭의 생각에 영향을 미친다거나 그런 식은 아니에요. 누군가가 여기서 영향을 받는다면, 그건 그들일 거예요."

하지만 플로리다 뉴칼리지는 평범하지 않다. 규모가 작다. 전체 학생 수가 800명 정도에 불과하다. 규모가 큰 대학이었더라면 데릭이 정치적으로 극우 세력에 속하는 친구들을 상당수 만났을지도 모르겠다. 사상적 성향이 비슷한 사람들로 네트워크를 구축했을 수도 있다. 하지만 규모가 작은 칼리지에는 정치적 미세조정을 할 그런 여지가 없었다. 역설적이지만 데릭은 반대 의견에 그 어느 때보다 많이 노출될 처지에 놓여 있었다. 정보 필터가 완전히 사라질 참이었다.

대학교에 등교한 첫날 데릭은 성긴 턱수염과 긴 구레나룻을 가진 페루 출신 이민자 후안 엘리아스Juan Elias와 우연히 마주쳤다. 그는 지금껏 히스패닉과 시간을 보낸 적이 거의 없었다. 두 사람은 인생과 이런저런 주제로 가벼운 대화를 오랫동안 나눴다. 며칠 뒤 데릭은 뜰에서 기타를 치기 시작했고, 유대인 남자들이 정수리 부분에 쓰는 작고 동글납작한 야물커yarmulke를 쓴 학생이 앉아서 자신의 연주를 듣는 모습을 봤다. 캠퍼스에서 유일한 정통파 유대교도인 매슈 스티븐슨Matthew Stevenson은 미소를 지으며 노래를 따라 부르기 시작했다.

데릭은 애초에 자신의 정치적 정체성을 숨기기로 마음먹었다. 정치에 대해 전혀 이야기하지 않거나 최소한 자신의 진정한 믿음에 관한 어떤 실마리도 드러내지 않도록 조심했다. 저녁에는 학교 친구들과 역사나 언어, 음악 등에 관한 이야기를 나누며 시간을 보냈고 그런 뒤에 아침 일찍 기숙사를 나와 자신의 라디오방송에 출연해 극우 정서를 방송으로 내보냈다. 아무도 그가 하는 일을 알아차리지 못했다. 새슬로는 이렇게 썼다. "데릭은 방송 중에 '흑인들의 범죄 본성'과 '흑인과 히스패닉의 타고난 열등 지능'에 관한 이론을 반복적으로 제시했다. 또 오바마 대통령이 '백인을 반대하는 문화권 출신'이었고 '급진적인 흑인 운동가'이자 '선천적으로 반反미국적'이었다고 말했다."

1년 뒤에도 데릭의 관점은 전혀 바뀌지 않았다. 신뢰 필터가 그의 극단주의자 사상을 유지하려 안간힘을 다했다. 그는 여전히 극우 세력의 큰 희망이었기 때문이다. 게다가 데릭에게 자신만의 생각이 없다는 지속적인 비방이 그를 늘 괴롭혔다. 데릭은 그런 낯선 환경 속에서도 자신의 신념이 여전히 굳건하다는 사실에 만족했다. "그는 자신의 생각이 단지 가족의 급진적인 신념에 따라 주입됐을 것이라는 말을 싫어했다. 데릭에게 그보다 모욕적인 말은 없었다." 첫 학기를 마친 뒤 데릭은 학교 공부를 벗어나 어학원에서 4개월간 수업을 받기 위해 독일로 날아갔다. 또한 대부 데이비드 듀크를 방문해 급진적 사상에 관한 연구도 계속했다. 독일에 머문 지 세 달이 지났을 때 데릭은 친구들과 이야기를 나누고 새로운 소식을 알아보기 위해 뉴칼리지 학생 블로그에 접속했다.

그보다 며칠 전 새벽 1시 56분, 정치적 극단주의를 공부하는 한 학생이 머리가 길고 카우보이모자를 쓴 청소년의 사진을 극우 웹사이트에서 우연히 발견했다. 그는 정신이 멍했다. "이 사람을 본 적이 있나요?"라는 글을 올리고 그 아래에 사진도 함께 게시했다. "데릭 블랙. 백인우월주의자, 라디오방송 진행자… 뉴칼리지 학생?"

몇 시간 만에 이 글과 사진은 학교 역사상 학생들 블로그에 가장 많이 올라온 게시물이 됐다.

데릭은 앞으로 닥칠 일을 짐작했다. 학교로 돌아왔을 때 그는 예전 친구들에게서 외면당했다. 한 학생은 포럼에서 이런 말도 했다. "이 친구가 가족들과 함께 고통스럽게 죽으면 좋겠어요. 제가 너무 심한가요?" 다른 사람은 또 이렇게 썼다. "백인우월주의자를 향한 폭력은 백인우월주의자들이 결국은 얻어맞는다는 메시지를 보낼 것이다. 그건 매우 생산적인 행동이다." 데릭은 파티를 마치고 나오는 친구들과 마주쳤고, 그가 곧 맞을까 봐 염려한 한 학생에게 이끌려 그 자리를 벗어나야 했다. 사람들은 데릭의 차를 고의로 파손했다. 욕설을 퍼붓는 이들도 있었다. 한번은 학생들이 데릭이 재학 중인 것에 항의하는 시위를 하기 위해 학교를 하루 폐쇄하기도 했다.

데릭에게 이런 상황은 자신이 듀크와 아버지에게서 배운 내용을 확인해주는 것에 불과했다. 진보 세력은 극우 세력을 가만두지 않았다. 그들은 다른 의견을 참을 수 없었다. 심지어 그런 의견들이 표현조차 되지 못하게 했다. 그들은 아주 편협한 광신자이고 엄격한 검열관이었다. 반면 그 나름대로 과학적이고 도덕적인 논쟁을 한 자들은 바로 백인 민족주의자들이었다. 데릭은 "모든 정상적인 백인들을 위한 언어 전술", "와서 적들의 욕설에 강력히 대항하는 법을 배우라"라는 주제로 스톰프런트 멤버들을 대상으로 한 국제 콘퍼런스를 조직하며 도전적인 태도를 취했고 이를 라디오에서 알렸다. 10여 명의 기조연설자를 섭외했는데 그중에는 백인 민족주의를 가장 설득력 있게 옹호하는 듀크와 자신의 아버지도 포함돼 있었다.

데릭은 "콘퍼런스 로고의 색상부터 점심 도시락 봉지에 담긴 샌드위치에 이르기까지 모든 세세한 부분에 집착했다." 그가 콘퍼런스 개회를 알리는 연설을 시작하기도 전에 유럽과 호주, 캐나다에서 온 극단주의자들이 기립 박수를 보내며 환호했다. 데릭은 커뮤니티의 품속에 안긴 자신의 모습을 발견했다.

데이비드 듀크의 개회사 주제는 '종족 집단 학살'이었다. "나와 함께 외칩시다. 이것은 우리의 유전자 자체에 대한 살인입니다. 이 말을 몇 번이고 반복하세요." 돈 블랙은 마지막에 연설했지만 끝까지 굉장한 박수갈채를 받았고 데릭은 무대 위에 올라와 그의 곁에 섰다.

"종족 집단 학살 메시지를 계속 유지하는 것이 반백인주의자들을 타파하고 부끄럽게 만듭니다." 데릭은 스톰프런트 게시판에 이렇게 썼다. "여러분은 우파이기 때문에 공세를 계속해야 합니다." 백인 민족주의를 위한 미래 세력이 될 그의 운명은 그 어느 때보다 확실해진 것 같았다.

그러고 나서 며칠이 지난 뒤 모든 것이 바뀌었다.

인식 장벽을 구성하는 벽돌들은 어떻게 해체되는가

매슈 스티븐슨은 검은색 머리에 턱수염을 짧게 기르고 눈동자 색깔이 밝았다. 차분한 태도에 친근감 있는 얼굴이었다. 그는 어린 시절을 플로리다주 마이애미에서 보내며 여덟 살 때부터 카발라 Kabbalah (유대교 신비주의 사상—편집자) 센터에 다녔고 유대인 신앙 속에서 자랐다. 열네 살 때 야물커를 쓰기 시작했다. 때로는 집에서 거친 대우를 받기도 했는데, 특히 어머니의 알코올의존증 때문이었다. 그녀는 치료 시설을 다녔고 매슈는 알코올의존증 환자 재활 미팅에 참석하는 어머니를 어릴 때부터 따라다녔다. "그건 엄청난 교육이 됐어요. 부유한 사람, 가난한 사람, 백인, 흑인 등등 온갖 사람들을 만나죠. 사람들이 어쩌다 나락으로 떨어졌는지, 그러다 어떻게 회복하는 길을 찾아냈는지 믿기 힘든 이야기들을 들어요. 이를 통해 공감 능력을 기를 수 있습니다."

매슈는 데릭이 뉴칼리지에 등교한 첫날 마주친, 야물커를 쓰고 뜰에서 데릭의 기타 연주에 맞춰 노래를 따라 부르던 정통파 유대교도다. 나는 어느 화창한 겨울 오후에 매슈를 인터뷰하며 그가 익살스럽고 배려심 깊은 젊은이이며 알코올의존증 환자 재활 미팅에서 특히 사람들의 변화 능력을 비롯한 많은 것을 터득했다는 사실을 발견했다.

매슈는 데릭의 백인우월주의자 신념을 알아버린 날에 대해 내게 말했다. "그 정보를 다루기가 상당히 어렵더군요. 우리가 처음 만났을 때 저는 그의 사상에 대해 아무것도 몰랐어요. 그냥 함께 떠들고 어울리는 시간을 즐겼죠. 가장 친한 친구는 아니었지만 서로를 잘 알았고 함께 있는 걸 좋아했어요. 그 뉴스가 터졌을 때 저도 다른 사람들처럼 엄청나게 충격받았죠."

매슈는 스톰프런트 웹사이트를 이미 알고 있었다. 극우 세력의 부상을 염려하는 다른 학생들처럼 그 사이트를 검색하며 증오범죄의 물결을 더욱 거세게 부추기는 정서를 이해하려 노력했다. "데릭에 관한 소식을 듣고 나서 그 사이트에 다시 들어가 그가 올린 글들을 찾아서 봤어요. 상당히 심각하더군요." 매슈가 찾아낸 데릭의 글들 중 하나에는 이런 말이 쓰여 있었다. "유대인은 백인이 절대 아니다. 그들은 사회를 지배하는 세력의 환심을 교묘하게 얻어 그들 속으로 들어가려 한다. 사람들을 조종하며 학대한다."

매슈의 학교 친구 중 다수는 곧바로 데릭과 친구 관계를 끊었으며 그에게 폭언을 퍼붓는 이들도 있었다. 학생 포럼은 몇 주 동안, 아니 몇 달 동안 충격과 추문의 불길에 휩싸였다. 하지만 매슈는 데릭의 양육 환경, 즉 맹렬한 민족주의 문화 속에서 그가 사회화되었음을 곰곰이 생각했고, 어느 젊은이라도 그런 환경 속에 있으면 얼마나 쉽게 인종주의자의 관점을 가질 수밖에 없을지 되돌아봤다. 매슈는 말했다.

> 데릭이 다른 사람들과 많이 어울리지 않았다는 걸 알았어요. 흑인 가족이나 유대인 가족 친구들이 많지 않았죠. 그런 하위문화 안에서 저는 백인 민족주의자가 되지 않았을 거라고 가슴에 손을 얹고 맹세할 수가 없더라고요. 제가 마땅히 해야 할 일은 그에게 손을 내밀어주는 거라고 느꼈어요. 알코올의존증 환자 재활 미팅을 통해 어떻게 사람들이 변하는지, 때로는 극적으로 변할 수 있는지 알았으니까요.

매주 금요일 매슈는 친구들에게 안식일 저녁을 대접했다. 소규모 그룹으로 시작했지만 기독교인과 무신론자까지 포함하는 규모로 커지며 작은 캠퍼스 내 사회생활의 고정 행사처럼 됐다. 보통 최대 열다섯 명이 매슈의 기숙사 방에 몰려들어 허니머스터드소스를 바른 연어와 유대인이 즐겨 먹는 할라 빵을 먹었다. 이는 우정을 쌓고 아이디어를 공유하기에 더없이 훌륭한 방식이었다.

스톰프런트 콘퍼런스가 끝나고 며칠 뒤 데릭이 캠퍼스로 돌아왔을 때 매슈는 자리에 앉아 캠퍼스의 백인우월주의자 친구에게 문자메시지를 보냈다. "이봐 친구, 금요일 저녁에 뭐 해?" 그는 금요일 오후에 다시 문자메시지를 보냈다. "우리 오늘 저녁에 보는 거지?" 그 어느 때보다 더욱 고립돼 있던 데릭은 초대를 받아들였다. 훗날 그는 이렇게 말했다. "그 무렵 저는 수많은 사교 모임에 초대받지 못했어요." 매슈는 당시를 이렇게 기억한다.

> 처음엔 약간 어색했어요. 아무도 모임이 어떻게 진행될지 알 수 없었죠. 저는 다른 두 참석자[모임에 늘상 오던 친구들 대부분이 데릭이 온다는 소식에 참석을 거부했어요]에게 정치 이야기는 꺼내지 말라고 부탁했어요. 몇 분 뒤 모임은 순조롭게 흘러가더군요. (중략) 그는 유식한 친구였어요. 다음 주에도, 그다음 주에도 모임에 왔죠. 솔직히 말해서 저는 그와의 우정을 즐겼어요.

매슈는 정치 이야기를 피했다. 그렇게 뜨거운 주제는 특히 데릭이 처음 모임에 나온 날 참석을 거부했다가 다시 매주 저녁 모임에 참석하기 시작한 다른 학생들과 날선 말을 주고받는 결과로 이어질 수 있다는 것을 알았기 때문이다. 매슈는 그런 의견 교환이 누군가의 관점을 바꿀 것이라고 확신하지 못했다. 최소한, 처음부터 바꿔놓지는 못할 것이라고 생각했다. 의미 있는 대화를 나눌 수 있으려면 뭔가 다른 것을 확고히 할 필요가 있다고 생각했다. 바로 신뢰였다.

그들은 초기 기독교와 언어, 수도원 생활에 관한 이야기를 했다. 데릭은 매슈의 지식 범위에 계속 감동했다. 매슈는 매슈 나름대로 데릭이 지금껏 만났던 친구 중 가장 똑똑하다고 생각했다. 이들은 학교에서 가장 뛰어난 학생들로서 더욱더 긴밀한 관계를 구축했다. 함께 웃고 함께 공부했다. 더 많은 참석자들이 안식일 저녁 모임에 돌아오

　　　　　　　　　　　　　　다이버시티 파워

며 데릭하고도 친해지기 시작했다. 인식 장벽을 구성하는 벽돌들이 하나씩 해체되고 있었다.

어느 날 저녁, 각자의 정치적 관점에 관해 수다를 떨다가 모임의 또 다른 참석자 앨리슨 고닉Alisson Gornik이 자신의 입장을 밝혔고 데릭은 경청했다. 그들은 백인 민족주의의 토대와 근거, 즉 흑인들이 평균적으로 백인들보다 지능이 떨어지고 범죄를 저지르는 성향이 강하며 인종들 간에는 절대 불변의 생물학적 차이가 있다는 사상을 놓고 토론했다. 데릭은 이런 사이비 과학적 근거들의 견고함을 굳게 믿고 있었다. 소수인종들이 본국으로 송환돼야 한다는 자신의 생각을 말할 때는 매우 진지했다. 그렇게 하는 것이 흑인과 백인 모두에게 더 낫다고 확신했다.

앨리슨은 이런 인종차별적 주장들의 통계적 편견에 이의를 제기하는 과학적 논문으로 반박했다. 데릭은 예전에 그런 논문의 존재를 듣기는 했지만 한 번도 읽은 적은 없었다. 신뢰할 수 없는 진보 세력과 기득권 과학자가 소개한 사기성 데이터를 볼 필요가 있을까? 미리 정해놓은 결과를 얻으려고 조작된 정보에 시간을 뺏길 이유가 있을까?

이제 데릭은 보다 열린 마음으로 그 논문들을 읽는 자신의 모습을 발견했다. IQ 차이는 문화적 편견으로 설명될 수 있다는 사실을 보여주는 논문을 봤다. 또 고정관념의 위험성에 관한 논문과 이민 1세대 자녀들이 미국 학생들보다 평균적으로 얼마나 성적이 더 좋았는지 보여주는 논문과 인간의 유전적 변이와 그 영향의 근거에 관한 논문을 읽었다.

데릭은 백인들이 현대 미국에서 차별 대우를 받았다고 오랫동안 진심으로 주장했지만, 이제는 주 정부에 흑인 대표자들이 부족하다는 데이터와, 백인이 동등한 자격을 갖춘 흑인보다 승진할 가능성이 높고, 흑인이 동일한 교칙 위반에도 학교에서 정학당할 가능성이 두 배 더 높으며 같은 업무를 하더라도 최저임금을 받을 확률이 두 배 더 높고 똑같은 자질을 갖췄는데도 인터뷰에 초대받을 확률이 현저히 낮다는 사실을 보여주는 데이터에 직면해 있었다.

이런 곳이 정말 소수인종에게 유리하고 백인에게 불리하도록 조작된 국가였을까?

데릭의 삶과 어린 시절 기억들, 정체성은 백인 민족주의와 밀접한 관련이 있었다. 그의 가족과 친구, 그가 속한 내집단도 마찬가지였다. 하지만 그의 신념의 근거가 해체되고 있었다. 데릭이 반대되는 증거에 한 번도 노출되지 않아서가 아니라 그런 증거에 관여한 적이 없었기 때문이다. 데릭은 그 증거들이 백인 민족주의 사상을 뒷받침하지 않는다는 사실을 더디긴 하지만 확실히 깨달았다. 비록 자신이 그런 증거들을 공개적으로 인정하면 백인 운동 전체에 걸쳐 소란이 일어나고 자신의 인간관계와 무엇보다도 어머니 아버지와의 관계가 크게 위태로워진다는 것을 알고 있었는데도 말이다. 그는 어느 날 저녁 자리에 앉아 이메일을 쓰기 시작했다.

내가 자라면서 속해 있던 커뮤니티의 대부분은 백인 민족주의를 강력히 믿었으며 내가 많이 존경하는 가족구성원과 특히 아버지는 백인 민족주의의 대의명분을 오랫동안 확고히 지지해왔습니다. 나는 어릴 때부터 아버지가 그 일에 헌신하기 위해 자신을 진심으로 희생하는 모습을 목격했습니다. 이는 다른 어떤 것도 아닌 바로 백인 민족주의 대의명분의 정당성에 대한 강렬한 결의에서 비롯된 신념에 바탕을 두고 있었습니다. 나는 그런 관계를 끊어지게 하거나 어렵게 만드는 위험을 감수할 준비가 돼 있지 않았으며 그렇게 할 필요도 없다고 생각했습니다.

하지만 지난 몇 년간 내 믿음에 대한 변화들이 전환을 고려해야겠다는 생각이 들 정도로 많아졌습니다. 백인 권력과 나머지 다른 인종의 권력 사이에 압도적 차이가 있는 우리 사회에서 인종적 형평성 프로그램이 (중략) 백인에 대한 탄압을 드러낸다는 논리를 놓고 (중략) 이성적으로 논쟁을 벌이기는 불가능합니다. 내가 특히 기이하게 여기는 것은 유대인의 사회적 지배를 확정하는 주장입니다. (중략) 내가 갇혀 있던 버블에서 벗어나고, 나에게 영향을 준 사람들과 대화하며, 보다 폭넓은 자료들을 읽고, 결코 피해를 입힐 생각이 없었던 사람들에게 내 행동이 불가피하게 끼친 영향을 깨달은 나로서는 지지할 수 없는 주장입니다.[22]

글쓰기를 마친 데릭은 수십 년 동안 아버지의 활동을 면밀히 조사했던 민권 단체인 남부빈곤법률센터Southern Poverty Law Center의 이메일 주소를 확인한 뒤 전송 키를 눌렀다.

때로는 신뢰도 전염될 수 있다는 믿음

탈진실 시대에 대한 현대 분석의 결정적 오류는 정보 버블과 에코 체임버를 융합해 동일시하는 것이다. 정보 버블은 사람들의 극단주의 신념을 왜곡된 노출을 통해 설명하려 한다. 즉 다양한 관점과 증거에 접근하지 못하는 사람들이 극단주의 신념과 사상을 고수할 가능성이 높다는 아이디어에 바탕을 둔다. 법학자 캐스 선스타인은 매우 영향력 있는 에세이에서 이렇게 주장했다.

> 비록 수백만 명이 시야를 넓히기 위해 인터넷을 사용하긴 하지만 많은 사람들은 자신의 관심과 편견에 따라 구체적으로 재단된 나만의 일간지 데일리 미Daily Me를 만들어내며 정반대되는 일을 하고 있다. (중략) 제대로 기능하는 민주주의와 국가는 검열로부터 자유로울 뿐만 아니라 (중략) 구하지 않았고 기대하지 않았으며 심지어 원치도 않았지만 다양한 주제와 사람, 아이디어에 노출되는 것에 달려 있다는 사실을 인식하는 것이 중요하다. '출입이 제한된 커뮤니티' 시스템은 실제 세계에서 그런 것처럼 사이버공간에서도 유해하다.

이 분석들이 타당해 보이는데도, 경험에 바탕을 둔 면밀한 검증을 넘어서는 데는 어려움을 겪었다. 극단적 정치 성향을 지닌 많은 사람들이 실제로는 반대 의견에 노출되지만 이런 의견에 영향을 받지 않는 것 같다는 사실을 보여주는 증거들이 나왔을 때 새로운 설명들이 부

다이버시티 파워

상했다. 이 설명들은 (사람들이 너무 게을러서 반대 의견에 관여하지 않는다는) 심리학적 논리나 완전한 비합리성에 대한 비난에 초점을 맞췄다. 이 아이디어는 많은 사람들이 진실 자체를 신뢰하지 않는다는 사실을 지적하는 것처럼 보였다.

에코체임버의 속성을 완전히 이해하면 훨씬 더 타당한 설명이 가능하다. 문제는 사람들이 광신도 집단과 같은 정보 버블에 빠져 있거나 불합리가 급속하게 확산됐다는 데 있지 않다. 그렇다, 문제는 좀 더 미묘하다. 외부 정보 공급원의 신빙성이 체계적으로 훼손되면 신념 형성 과정 자체가 왜곡된다. 이는 신뢰가 어떤 의미에서 볼 때 증거보다 앞서는 세계에서 매우 위험할 수 있다. 응우옌은 이렇게 설명한다.

에코체임버는 정보 연결성이 나쁜 것이 아니라 전략적으로 신빙성을 없애는 구조다. 정보 공급이 원활한 곳에서도 존재할 수 있다. 실제로 에코체임버는 소속된 멤버들이 외부 미디어에 노출되기를 바란다. 외부 정보에 완전히 동의하지 않는 태도가 강화되는 메커니즘이 제대로 자리 잡으면, 그런 노출은 에코체임버 소속 멤버들의 충성을 오히려 더욱 확고하게 할 뿐이다. 그렇다면 우리는 인식 버블(정보 버블)이 존재하지 않는다는 데이터를 바탕으로 에코체임버도 존재하지 않는다고 결론 내려서는 안 된다.

데릭 블랙과 매슈 스티븐슨은 현재 정치 양극화를 가장 설득력 있게 웅변하는 인물들이다. 두 사람 중 누구도 상반된 의견은 아무리 강력하게 주장한 것이라도 문제 삼지 않지만, 인신공격과 가짜 뉴스 혐의 제기, 정적政敵에 대해 더욱 확산되는 신뢰 상실은 염려한다. 그들은 유명한 TV 프로그램과 청소년 행사, 나아가 탈진실 시대를 이해하려는 기업과 단체의 행사에도 함께 무대에 섰다. 경제학과 수학 박사과정을 밟고 있는 매슈는 이제 지역사회의 이해를 촉진하려는 자선단체를 돕고 있으며, 데릭은 역사학 박사과정을 마무리 중이다. 데릭의 트위터 사용자 닉네임은 무엇일까? 바로 '인종차별 반대주의에 대한 예상치 못했던 지지Unexpected advocate for antiracism'다.

자신의 정치적 견해를 철회하는 입장을 담은 이메일을 남부빈곤법률센터에 보낸 후 데릭의 삶은 쉽지 않았다. 백인 민족주의자들 사이에 엄청난 태풍이 불어닥쳤다. 그의 아버지 돈은 처음에 남의 이름을 사칭하는 사기꾼이 그 이메일을 보냈다고 생각했고, 어머니는 데릭과 이야기하고 싶어 하지 않았다. 듀크는 데릭이 스톡홀름신드롬으로 고통받고 있다고 추측했다. 즉 데릭이 실질적으로 진보적인 엘리트에게 인질로 잡혀 자신을 억류한 사람에 대한 감정이입을 겪고 있다고 추측했다. 데릭은 이렇게 말했다.

아버지는 곧바로 전화를 걸어서, 내가 이런 과정을 그들과 공유한 적이 없기 때문에 내 이메일이 해킹당했다는 생각이 든다고 말했다. 그리고 내가 [백인 민족주의를] 비난하다니 정말 충격이라고도 했

다이버시티 파워

다. 솔직히 말하면 내가 처리한 방식이 크게 자랑스럽진 않다. 아버지에게 미리 알리고 좀 더 자세히 설명했어야 한다고 생각한다. 우리는 최소한 대화라도 계속할 수 있을지조차 분명하지 않은 상황에서 며칠 동안 격렬한 대화를 나눴다.

매슈는 내게 이런 말을 했다.

초반 몇 달이 데릭에게 가장 힘든 시기였다고 생각합니다. 그의 사회생활과 정체성은 그 사상에 사로잡혀 있었어요. 엄청난 재조정이 필요했죠. 하지만 데릭의 변신은 제가 어머니와 함께 알코올의존증 환자 재활 미팅에 갔을 때 배웠던 내용을 확인시켜줬어요. 사람들에게 믿음을 심어주면 그들은 변할 수 있어요. 진정한 관계가 구축되면 사람들은 상대방의 말을 즉시 거부하는 대신 경청해요.
그게 바로 오늘날의 문제예요. 서로 경쟁하는 정치 집단이 진흙탕 싸움을 벌이는 거요. 극우 세력뿐만 아니라 많은 사람들에게도 해당되는 문제죠. (중략) 대화를 거의 불가능하게 만들잖아요.

철학자들은 개인의 위상에 대한 연속적인 공격을 뜻하는 특정 용어를 사용한다. 애드 호미넴ad hominem(인신공격)은 "당면한 주제에 대한 진정한 토론이 논쟁을 펼치는 상대방의 인격이나 동기나 다른 속성에 대한 공격으로 외면당하는 잘못된 논쟁 전략, 또는 논쟁 자체의 본질을 공격하는 대신 그런 잘못된 논쟁에 몰두하는 사람"으로 참고 문헌에 정의돼 있다. 핀란드 철학자 야코 힌티카Jaakko Hintikka의 논문에 따르면 이 오류는 아리스토텔레스의 저서 《소피트스적 논박》에서 처음 논의됐다.[23] 이후 철학적 논의의 주요 주제였으며 특히 존 로크John Locke의 저서에 자주 등장했다. 그는 이렇게 썼다. "사람들이 다른 사람들을 설득할 때 상대방의 동의를 얻기 위해, 또는 최소한 그들에게 겁을 줘서 말을 못 하도록 하기 위해 일상적으로 활용하는 논쟁 방식을 (중략) 되돌아보는 것도 우리에게 어느 정도 의미가 있을 것이다."[24]

애드 호미넴의 달갑지 않은 위력은 광범위한 심리학적 연구를 통해 드러났다. 학술지 〈공공 과학 도서관Public Library of Science〉에 발표된 최근 논문에서 대학생 39명과 성인 199명을 조사했다. 이 조사는 누군가가 상대방의 인격을 공격하면, 상대방 주장의 근거에 의문을 제기하는 실제 증거를 확인할 때만큼 그 사람의 결론에 대한 신뢰성을 약화한다는 사실을 발견했다. 구기종목으로 치면 공이 아니라 사람을 다루는 방법이 제대로 작동한다는 뜻이다. 이런 의미에서 애드 호미넴은 경제학자들이 말하는 무임승차문제를 대표한다. 모든 시민이 민주주의 제도에 가장 중요한 신뢰로부터 혜택을 입지만 이는 정치인들이 상대방의 진실성에 의문을 제기하는 동기를 제공하며, 그에 따라 선거 측면에서 정치인은 개인적으로 이익을 얻지만 모든 민주주의의 집단지성이 의존하는 지적 구조를 약화한다. 그 결과 신뢰자체가 양극화하기 시작한다.

물론 애드 호미넴이 항상 잘못된 것은 아니다. 만약 누군가가 끊임없이 거짓말을 하거나 이해관계에 충돌되는 일을 한다면, 그에 대해 주의를 주는 것은 합법적이다. 문제는 뭔가를 잘못해서가 아니라 단지 반대자라는 사실만으로 한 사람의 인격이 공격받을 때, 즉 관점 자체가 일단 불신의 분명한 증거로 간주될 때 생긴다. 이런 유형의 인식론적 부족주의epistemological tribalism는 정보에 근거를 둔 토론의 질을 떨어뜨리는 형태가 아니라 그것과 대립되는 형태다.

특히 소크라테스를 비롯한 많은 고대 그리스 철학자들은 민주주의의 좋은 기능은 토론의 질과 불가분의 관계에 있다고 주장했다. 아이디어를 분석하고 평가하며 증거를 조사해야만 합리적인 결정에 이를 수 있다. 이는 민주주의가 현명한 결과에 이르는 조건을 규명한 공식 이론뿐만 아니라 우리의 다양성 과학에 대한 분석에서도 드러난 교훈이다.*

또한 시민들이 잘못된 추론을 감지하고 처벌할 수 있는 것이 매우 중요하다고 소크라테스가 확신했던 바로 그 이유다. 이는 미국에서 가장 매력적인 현대 시민 중 한 사람인 매슈 스티븐슨에게 한 줄기 희망을 선사한다. 그는 내게 말했다. "상대방의 인격을 끊임없이 공

---

* 예일대학교 정치학자 엘렌 랑드모레Hélène Landemore는 훌륭한 저서《민주주의의 논거: 정치, 집단지성 그리고 다수결 원칙Democratic Reason: Politics, Collective Intelligence and the Rule of the Many》(프린스턴대학교 출판부, 2012)을 통해 집단지성의 관점에서 민주주의를 강력하게 옹호한다. 그녀는 대부분의 환경에서 다수의 생각은 과두정치와 독재정치, 군사정권보다 나은 결정에 이른다는 사실을 보여준다. 전형적인 사례들 가운데 하나로 마르키 드 콩도르세Marquis de Condorcet가 개발하고 그의 1785년 저서《다수결 확률에 적용한 분석에 관한 논문Essai sur l'application de l'analyse à la probabilité des décisions rendues à la pluralité des voix》에 발표된 콩도르세의 배심 정리Condorcet's jury theorem가 있다.

격하는 행위가 자신이 속한 진영에 대한 신뢰성을 잃게 만든다는 것을 유명 인사들이 알았더라면, 그 대신 증거 확보에 더 주력했을 거예요. 그렇게 하면 논쟁의 분위기와 토론의 질이 향상돼요. 만약 누군가가 상대방의 타당성을 무의식적으로 공격하면 그는 자신에 대한 신뢰를 박탈당할 수밖에 없어요."

데릭 블랙의 경우, 부모와 최초의 교착 상태 이후 어느 정도 화해가 이뤄졌다. 데릭은 말했다. "문자를 주고받고 가끔씩 통화도 했다. 지난 오륙 년 동안 서너 차례 부모님을 방문해 하루 이틀 정도 머물렀다. 서로 소통할 수 있는 것이 우리의 정치적 차이보다 중요했다. (중략) 그런 면에서 부모님도 분명 어느 정도 공이 있다." 어떤 상황에서 관계가 끝날지 예측하기 어렵지만, 기타를 연주하다 매슈 스티븐슨에 의해 인식 장벽이 해체된 학생이 이제는 아버지의 장벽을 허무는 데 도움을 줄 것으로 기대할 수는 있다. 무엇보다도 데릭과 그의 아버지 돈 사이에는 단지 신뢰만 있는 것이 아니라 사랑이 있다. 실제로 그들의 토론이 언젠가는 가장 극적인 전향, 즉 현대 정치사에서 가장 주목받는 백인우월주의자들의 전향으로 이어질 수도 있다.

매슈는 말한다. "그들은 불신에 전염성이 있다고 말해요. 때로는 신뢰도 전염될 수 있답니다."

다이버시티 파워

6

평균의 개념을
넘어서

그때는 맞고 지금은 틀린
다이어트 과학의 함정

지금까지 우리는 이 책에서 동종 선호의 위험성과 지배 역학 관계, 에코체임버를 검토했다. 아웃사이더 사고방식과 재결합적 혁신을 살펴봤다. 또한 다양성에 대한 이해가 어떻게 CIA의 실패부터 건설적인 반대의 이득까지 모든 것을 밝혀주는지 살펴봤다. 6장에서는 새로운 각도로 다양성을 바라본다. 인간으로서 자신에 대해 생각하는 방식의 개념적 결함이 어떻게 다양성의 영향력을 약화하고 기관이나 사회가 최대한의 잠재력에 이르는 것을 막을 수 있는지 검토해볼 것이다. 실제로 이런 개념적 결함이 많은 과학 분야 자체에 이미 스며들었다는 사실도 알아볼 것이다.

이런 오류를 파악하고 이것이 왜 중요한지 이해하려면 약간의 탐구가 필요하다. 우리는 우리 모두가 잘 알고 있으며 가장 혼동되는 오류의 징후 중 하나인 다이어트와 영양 섭취에 관한 조언에서 시작한다. 어쩌면 이는 다양성의 과학과 아무런 상관이 없어 보일지도 모르겠다. 지금까지 우리가 검토한 것들과 분명 상당한 거리가 있어 보인다. 하지만 우리는 다이어트 조언에 담긴 긴장감이 우리 세계의 중요한 측면에 빛을 비추는 것을 볼 것이다. 그리고 그것은 우리 미래에 막대한 영향을 미칠 것이다.

△ ● □

에란 시걸Eran Segal은 혼란스러웠다. 사실 당황했다는 말이 더 정확한 표현일 것이다. 스탠퍼드대학교에서 박사학위를 받은 훌륭한 과학자에게 이는 받아들이기 어려운 느낌이었다. 그의 혼돈의 근원은 다이어트와 영양 섭취에 대해 잠깐이라도 고심해본 누구에게나 익숙할 것이다. 우리가 먹는 것은 건강에 중요하며 장수에 엄청난 영향을 미칠 수 있지만 그 증거는 여전히 당황스러울 정도로 이해하기 힘들다.

학부 시절 에란은 핸드볼 경기를 즐겨 하며 건강에 좋은 음식을 먹었지만 18~23킬로그램 정도 과체중이었다. 스물두 살 때 파티에서 만나 훗날 자신의 부인이 된 케런Keren과 함께 있을 때면 그의 혼란은 더욱 고조됐다. 케런은 얼마 지나지 않아 최신 과학 지식으로 무장한 임상영양사가 됐고 주로 미국 영양학회의 가이드라인에 따라 신선한 채소가 많이 들어간 건강식을 요리해줬다. 하지만 에란의 몸무게는 전혀 줄지 않았다.

시걸 부부와 가벼운 대화를 나누었을 때 에란은 다음과 같이 말했다. "내가 기대했던 결과가 아니었습니다. 수많은 연구들은 소수의 샘플에 바탕을 두고 있었죠. 그리고 식품 기업이 자금을 지원하는 연구들이 많았기 때문에 그 결과가 의심스러웠습니다. 기대했던 것만큼 철저한 연구가 아니었어요."[1]

에란이 이야기를 하는 동안 케런의 얼굴에 미소가 떠올랐다. "에란은 대부분의 경우 쉽게 넘어가는 느긋한 사람이지만, 데이터에 관해서는 무척 신경을 써요. 그래서 정말 힘들어했죠."

에란은 증거들이 서로 모순되는 것처럼 보인다는 사실에 가장 놀랐다. 일부 연구는 저지방 다이어트가 필요하다고 했다. 다른 연구는 고지방 다이어트를 요구했다. 다이어트에 관한 유명한 책들은 팔레오 다이어트나 지중해식 다이어트나 아시아식 다이어트, 또는 이 세 가지를 조합한 방식이나 최근 대유행하는 다른 방식들에 찬사를 보냈다. 이 방식들은 소비자의 시선을 끌었지만 그러다가 어느 순간 사라졌고 살짝 변경한 다른 형태의 다이어트로 되돌아갔다.

또 탄수화물을 생각해보라. 일부 증거는 저탄수화물 고지방 다이어트가 건강 상태를 개선할 수 있다고 하는 반면 다른 증거는 고탄수화물 저지방 다이어트가 최고라고 말한다. 양측을 다 옹호하는 증거도 있는데, 이는 어떤 의미에서 보면 어느 쪽의 증거도 아닐 수 있다. 이런 상황은 혼란스러울 뿐만 아니라 완전히 기이하다. 이 때문에 좌절한 에란은 급기야 깊이 미혹된 상태에 이르고 말았다.

자신의 지적 여정을 말하는 동안 에란은 의아한 표정을 지으며 눈을 번득였다. 다이어트 조언으로 혼란스러워했던 다른 사람들과 많은 측면에서 다를 바 없었다. 그는 아내 케런과 세 자녀, 스노라는 개,

블루라는 고양이와 함께 지내며 책임감 있게 살려고 최선을 다했다. 그리고 그에게는 수수께끼 같은 어려운 문제의 진상을 규명할 수 있는 상당한 이점이 있었다. 바로 계산 분야에서 세계 최정상급에 올랐다는 배경(20대 시절 그는 매년 뛰어난 업적을 남긴 젊은 과학자에게 수여하는 권위 있는 오버턴상Overton Prize을 받았다)과 세계 일류 학문 기관 중하나인 바이츠만 연구소Weizmann Institute에서 맡고 있는 직책이었다. 그는 이렇게 말했다.

사람들이 혼란스러워한 것은 놀라운 일도 아닙니다. 2012년 미국 심장협회American Heart Association와 미국당뇨병학회American Diabetes Association는 사람들이 체중 감량과 건강을 위해 다이어트 탄산음료를 마셔야 한다고 제안했습니다. 그러자 정반대의 결과를 제시한 후속 연구에도 불구하고 다이어트 탄산음료 소비량이 크게 늘었습니다. 1977년 미국 정부가 지방은 나쁘고 섬유질은 좋다고 말하자 사람들은 지방 섭취를 줄이고 섬유질을 더 많이 섭취했습니다. 거의 같은 시기에 비만은 남자에게서 세 배, 여자에게서 두 배 늘었습니다.

마지막에 언급한 사항은 시걸의 염려가 이론적 관심 이상이라는 것을 보여준다. 다이어트는 엄청난 대중 건강 이슈로 부상했다. 만약 미국에 살고 있다면 과체중일 확률이 거의 70퍼센트이며 비만일 확률은 40퍼센트에 이른다. 영국의 경우도 통계수치는 비슷하다. 전 세계 비만율은 1980년 이후 두 배 이상 높아졌고, 2014년 전 세계 인구

다이버시티 파워

의 39퍼센트에 해당하는 성인 19억 명 이상이 과체중이며 6억 명이 비만이다. 시걸은 말한다. "너무나 많은 사람들이 다이어트 조언으로 혼란을 겪었다는 사실을 보면 비만의 급격한 확산은 피할 수 없었습니다. 다이어트를 시작한 사람들은 대개의 경우 체중이 원래대로 되돌아갑니다. 실제로 다이어트가 체중을 줄이는 것이 아니라 오히려 늘리는 것과 관련 있다는 사실을 시사하는 증거들도 많습니다."

미국 TV에서 아주 높은 시청률을 기록한 다이어트 프로그램 〈더 비기스트 루저The Biggest Loser〉(한국에서는 〈도전! FAT 제로〉라는 제목으로 방영됐다─옮긴이)에 관한 연구를 보면 참가자들이 운동과 칼로리 계산을 통해 엄청나게 살을 많이 뺐다는 것을 알 수 있다. 그럼에도 불구하고 이런 급격한 체중 감량은 그들의 대사율을 그만큼 떨어지게 했고, 6년 뒤 그들은 신진대사가 너무나 느려진 탓에 자신들과 몸무게가 같고 한 번도 비만이 아니었던 사람들이 섭취하는 양과 같은 양의 칼로리를 섭취하지 못하게 되었다. 과학자들은 이를 '지속적인 신진대사 적응'이라 부른다. 이는 시걸이 그 과학 분야를 탐구하는 동안 발견한 수십 건의 이례적인 사례 중 하나에 불과했다. "어떤 다이어트라도 지방과 소금, 단백질, 섬유질, 비타민, 미네랄을 포함해야 한다는 말처럼 일부 확실히 동의할 만한 사실도 있었지만, 이를 제외하면 거의 모두 이제는 사라진 것 같습니다."

시걸이 30대에 마라톤을 시작하며 다이어트가 기록 단축에 도움이 되기를 기대했을 때도 또다시 혼란스러워졌다. 아니나 다를까, 달리기를 하는 사람들에게 제안된 다이어트 조언은 어느 모로 보나 그

외 다른 모든 사람들에게 주어진 조언처럼 모순투성이였다.

처음 달리기를 시작했을 때 큰 시합 전날 밤 '다량의 탄수화물을 섭취하는 것'이 큰일이었습니다. 이는 누구나 인정하는 마라톤의 원칙이었죠. 나는 마라톤을 뛰기 전날 밤 파스타를 보통 세 그릇은 먹었고, 시합 30분 전 대추나 에너지바 몇 개를 먹었어요. 처음에는 이 조언에 의문을 제기하지 않았지만 얼마 지난 후 좀 더 자세히 살펴보기로 결정했죠.

자세히 들여다보면 볼수록 그는 당혹스러워졌다. 일부 연구는 탄수화물을 모조리 같은 것으로 취급했다. 다른 연구는 '좋은' 탄수화물과 '나쁜' 탄수화물이 있다고 했다. 한 연구는 마라톤을 하기 30분에서 60분 전 대추를 먹은 사람들 중 일부는 힘을 얻은 반면 다른 일부는 너무나 힘이 빠져 달리기 시작한 지 단 몇 분 만에 중단할 수밖에 없었다고 주장했다.

시걸은 이렇게 설명했다. "직접 실험을 해보기로 했어요. 마라톤을 앞둔 어느 날 밤, 여러 그릇의 파스타를 먹는 대신 아보카도, 견과류, 타히니tahini(중동 지방에서 먹는 참깨를 으깬 반죽 또는 소스—옮긴이) 같은 지방이 듬뿍 들어간 샐러드를 먹었죠. 다음 날 아침 나는 아무것도 먹지 않고 32킬로미터를 달렸습니다." 이는 대세로 자리잡은 조언과 모순되는 내용이다. 실제로 많은 영양사들은 이를 자기태업으로 묘사했을 것이다. 하지만 시걸은 그 어느 때보다 강인함을

284 　　　　　　　　　　　　　　　　　　　　　　　　다이버시티 파워

느꼈고 몸 상태가 좋았으며 기운이 넘쳤다. 시걸은 계속 설명했다. "에너지 수준이 탄수화물을 섭취했을 때보다 높았고 달리기 후 느끼는 극심한 배고픔도 사라졌어요. 내 몸이 탄수화물 연소에서 지방 연소로 전환되며 나의 에너지와 배고픔을 바꿔놓았다고 추측했습니다."

30대 때 시걸은 세 시간 안에 마라톤 완주를 하겠다는 야망을 프랑스 파리에서 이뤘다. 2017년 오스트리아 빈에서 다시 한번 세 시간 이내에 완주했다. 그런데도 여전히 다이어트 과학을 이해하려는 그의 궁극적인 야망은 성취하지 못했다. "그냥 넘어갈 수 없었습니다. 이건 반드시 풀어야 할 수수께끼였어요."

1940년대 말, 미 공군의 잦은 비행기 사고는 조종석 디자인 때문이었다?

1940년대 말 미 공군은 자체적인 미스터리에 직면했다. 당시는 제트 추진식 비행기가 도입된 초창기로, 엔지니어링이 전례 없는 신뢰 수준에 도달할 것으로 기대되었으나 공군은 연달아 사건을 겪었다. 동체착륙과 의도하지 않은 급강하 외에도 많은 사고들이 있었다. 이를 두고 하버드대학교 토드 로즈Todd Rose 교수는 이렇게 썼다. "사고가 지나치게 자주 일어나고 너무나 많은 기종과 관련이 있었기 때문에 공군은 생사가 걸린 두려운 미스터리를 손에 쥐고 있는 셈이었다.” 한 퇴역 공군 조종사는 말했다. “언제 추락해 땅에 처박힐지 전혀 알지 못하는 상황이었다.”[2]

문제의 규모를 짐작해보기 위해 1950년 2월의 미 공군 공식기록을 살펴보자. 2월의 첫날, 찰스 퍼거슨Charles L. Ferguson의 쌍발 엔진 쌍동체 수송기 C-82 패킷Packet과 메드퍼드 트래버스Medford Travers의 장거리 단좌 전투기 P-51 머스탱Mustang, 맬컴 해나Malcolm W. Hannah의 훈련기 T-6 텍산Texan, 허먼 스미스Herman L. Smith의 보잉Boeing B-29에 대한 안전사고들이 보고됐다. 그 외 해리 맥그로Harry L. McGraw와 윌리엄 훅William K. Hook, 조지 슈스터George T. Shuster 등이 사고로 고통을 겪었다. 분명히 이야기하지만, 이 모든 사고가 같은 날 일어났다. 하지만 1950년 2월 1일이 특이한 날은 아니었다. 그냥 전형적인 스물네 시간이었을 뿐이다. 같은 달 둘째 날 네 건의 안전사고가 있었고, 셋째 날에는 일곱 건, 넷째 날에는 네 건이 더 일어났다. 그달 14일에는 각기 다른 열여섯 건의 사고가 있었다. 1950년 2월 총 172건의 사고가 일어났다.[3]

도대체 어찌 된 일이었을까? 비행기의 기계적 또는 전기적 시스템과 관련 있는 문제 같지는 않았다. 엔지니어가 이 시스템을 철저히 점검한 뒤 정상적으로 작동하고 있다는 것을 확인했다. 하지만 조종사의 조종 기술이 갑자기 저하돼서 일어난 사고도 아닌 것 같았다. 조종사들은 이 분야에서 크게 존경받는 잘 훈련된 전문가들이었다.

하지만 엔지니어링이나 조종 기술의 문제가 아니라면 대체 뭐가 원인일까? 자연인류학을 전공한 하버드대학교 졸업생이 이 미스터리의 중심부에 발을 들여놓았다. 길버트 대니얼스Gilbert S. Daniels 중위는 그냥 평범한 조종사가 아니었다. 그는 조용하고 부드러운 어조로 말하며, 체계적이고 과학적이며, 자신의 취미 목록에 원예가 들어있는 사람이었다. 겉모습과 관심사 면에서 에란 시걸과 다를 바 없었다. 그리고 대니얼스는 강한 직감의 소유자였다. 그는 문제가 엔지니어링이나 조종사의 판단력이 아니라 조종석 자체의 디자인에 있다고 확신했다.

문제의 배경은 우리에게 유익한 정보를 제공한다. 조종석 디자인은 1926년 미 공군이 조종사 수백 명의 신체 치수를 표로 만든 이후 표준화됐다. 이 과정을 통해 조종사의 신체적 특성의 평균치가 밝혀졌고 이는 의자 높이, 페달과 조종간 사이의 거리, 앞 유리창의 높이, 헬멧의 형태 등을 결정하는 데 사용됐다. 처음에 공군 내 일부 사람들은 1926년 이후 조종사의 신체가 커지면서 조종하기가 어려워지지 않았을까 깊이 따져봤다. 이것이 모든 사고를 설명해줄 수 있을까? 대니얼스의 직감은 달랐다. 그는 평균적인 조종사의 신체가 커진 것이 아니라 '평균적인 조종사'라는 개념 자체에 결함이 있는 것이 문제라고 직감했다. 어쩌면 평균적인 조종사는 아예 없었을지도 모른다.

1952년 대니얼스에게 그의 직감을 확인할 기회가 생겼다. 그는 라이트패터슨Wright-Patterson 공군기지에서 조종사들의 신체 치수를 측정하는 프로젝트를 이끌었다. 그 과제를 직접 수행하며 조종사 4063명의 140가지 신체 치수를 꼼꼼하게 표로 만들었다. 여기에는 '엄지손

가락 길이, 가랑이 높이, 조종사의 눈과 귀 사이 거리'가 포함됐다.[4] 그러고 나서 대니얼스는 조종석 디자인에서 가장 중요하다고 간주한 열 가지 치수의 평균을 계산했다. 달리 설명하면, 평균적인 조종사의 신체 치수를 표로 만든 셈이었다.

그런데 얼마나 많은 조종사가 이 평균에 부합할까? 대니얼스는 그 폭을 상당히 후하게 계산했다. 특정 조종사의 치수가 한 신체 수치 전체 범위의 중간 30퍼센트 내에 있으면 그를 평균으로 간주했다. 예를 들어 조종사들의 평균 신장은 175.2센티미터였다. 그래서 대니얼스는 키가 170센티미터에서 180센티미터 범위 내에 있는 조종사들을 평균으로 여겼다.

이제 군대 내 전문가 대부분은 조종사의 과반이 열 가지 치수 대부분에 걸쳐 평균 범위 안에 든다고 가정했다. 실제로 이 결론은 의무감에서 나온 것처럼 보였다. 어쨌든 평균은 바로 조종사들의 표본에서 산출된 것이었다! 게다가 (로즈 교수의 지적처럼) 이 조종사들은 이미 공군이 요구하는 기본 신체 기준에 부합한다는 바로 그 이유로 선택된 자들이었다. 애초에 공군은 신장이 163센티미터인 사람을 조종사로 뽑지 않았다.

하지만 어떻게 됐을까? 얼마나 많은 조종사들이 열 가지 치수의 평균 범위 안에 들었을까? 그 답은 제로(0)였다. 단 한 명의 조종사도 들지 못했다. 4000명이 넘는 집단에서 아무도 평균에 속하지 않았다. 문제는 1926년 이래로 평균적인 조종사가 커졌다는 데 있지 않았다. 문제는 조종사의 평균 치수라는 것 자체가 없다는 점이었다. 토드 로즈 교수는 이렇게 설명한다. "한 조종사는 팔 길이가 평균보다 길지만 다리 길이가 평균보다 짧을 수 있다. 또 다른 조종사는 가슴이 크지만 엉덩이는 작을 수 있다." 대니얼스가 열 가지 신체 치수 중에서 이를테면 목둘레와 허벅지둘레, 팔목둘레의 단 세 가지만 선택했을 때, 이 세 가지 모두에서 평균에 속하는 조종사는 3.5퍼센트가 채 안 됐다.[5]

어떻게 이런 일이 가능할까? 표면상으로는 어느 조종사도 평균에 부합하지 않는다는 결과는 혼란스러울 뿐만 아니라 모순적인 것처럼 보인다. 한 그룹의 사람들을 대상으로 일부 특성들의 평균을 계산하면 그 결과는 그룹에 속한 개인들에 관한 정보를 분명히 말해줘야 한다. 어쨌든 그 평균이 각 개인의 표본에서 나왔기 때문이다! 하지만 평균에 집중하면 잘못된 결론에 이를 수 있다는 사실이 드러났다. 베짜기개미weaver ant의 몸통 길이를 생각해보자. 매우 크거나 매우 작은 두 형태의 베짜기개미가 있다. 이는 그런 개미들 전체의 평균을 택하면 그 평균은 어떤 개미 개체도 설명하지 못한다는 뜻이다. 어떤 의미에서는 평균이 전체를 대표하지 않는다. 이를 두고 '다봉분포 multi-modal distribution'라고 한다.

그에 반해 인간의 경우 남자 신장은 다른 형태의 분포, 즉 전형적인 벨 커브(종 모양 곡선)를 보인다. 이는 대부분의 사람들이 실제로 평균 근처에 모여 있다는 뜻이다. 신장이 175센티미터인 남자들은 많지만 145센티미터나 205센티미터인 남자들은 매우 적다. 특정 사람을 놓고 볼 때 그 사람이 어느 정도 평균치에 근접할 것이라고 상당히 자신 있게 말할 수 있다. 하지만 조종석 디자인은 신장에 관한 것만은 아니다. 가슴둘레와 팔 길이, 다리 길이, 몸통둘레 등 다수의 신체 치수에 걸친 인간의 크기에 관한 것이다. 이를테면 목둘레 같은 신체 치수가 크면 허리둘레 같은 치수도 크다고 쉽게 가정할 수 있다. 하지만 이런 상관관계는 실제로 그리 높지 않다. 그러므로 이런 치수들에 걸쳐 평균을 구하는 모든 측정 기준은 다양성을 이해하지 못하게 한다.

그림 9에 나오는 두 남자를 예로 들어보자. 아홉 가지 수치의 평균을 구하면 두 사람은 거의 똑같다. 그러나 왼쪽 남자는 몸무게가 더 많이 나가고 키는 작으며 어깨는 좁고 팔 길이는 짧으며 허리둘레는 두꺼운 반면, 오른쪽 남자는 키가 더 크고 몸무게가 더 가벼워 보인다. 수치들을 전체적으로 종합하면 두 사람 모두 평균에 가깝다. 하지

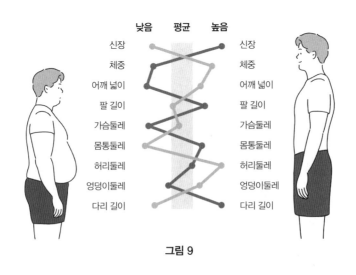

그림 9

다이버시티 파워

만 특정 수치만 놓고 보면 대부분의 경우 평균과 상당히 거리가 멀다.

다른 측정 기준, 즉 IQ를 택해 다른 방식으로 이런 포인트를 볼 수 있다. 만약 예를 들어 IQ가 105인 두 사람을 택하면 그들이 어휘와 문제해결 같은 여러 IQ 구성요소에서 비슷한 점수를 얻는다고 쉽게 가정할 수 있다. 실제로 로즈 교수가 지적한 대로 그 상관관계는 미약하다. 행렬 추론matrix reasoning 점수가 높은 사람이 지식 점수는 낮고 블록 설계 점수는 중간이며 도형 찾기symbol searching 점수는 높고 부호화encoding 점수는 낮을 수 있으며, 그 반대의 경우도 생길 수 있다. IQ의 단일 측정 기준은 이런 편차를 표현하지 못하고 오히려 감춘다. 대부분의 성과 측정 분야에서 중요한 것은 편차다.[6]

대니얼스의 프로젝트는 서서히 밝아오는 여명과 같은 깨달음으로 이어졌다. 평균적인 조종사에 맞춰 표준화된 조종석이 논리적이고 심지어 과학적으로 들릴지 모르겠지만, 잠재적인 위험투성이다. 표준화된 조종석은 다수의 사고를 일으키며, 놀랄 만한 사고율의 근본 원인이었다. 이는 또 공군이 조종석 디자인을 새로운 방식으로 생각하게 만들었다. 거의 모든 조종사에게 맞지 않는 표준 조종석에 조종사가 맞추도록 요구하는 대신 각 개인의 다양성에 맞춰 조종석을 다시 디자인했다.

아니나 다를까, 조종사가 의자 높이와 조종간까지의 거리 등을 조절할 수 있게 비행기를 디자인하자 사고는 급격히 감소했다. 게다가 이런 유연함을 갖추는 데 드는 비용은 부상과 사망으로 인한 인적 비용은 말할 것도 없고 사고 관련한 비용 절감과 비교하면 아주 적었다. 마침내 미 공군의 안전 성과는 급상승했다.

평균 주변만 맴돌다가
다양성을 간과한 결과 일어나는 일

미 공군의 표준화된 조종석은 위험했을 뿐만 아니라 상징적이기도 하다. 이는 우리 세계의 표준화 중 한 사례다. 우리는 교육과 작업 방식, 정책, 의술을 표준화했고 심지어 심리학 이론까지 표준화했다. 이 모두는 각각 나름의 방식에 따라 인간의 다양성을 감안하지 않았다. 모든 사람을 각 개인이 아니라 근거 없는 평균의 형태로 취급했다. 이는 그런 결함이 어떻게 우리가 인간의 다양성을 간과하고 그 이점을 상실하게 만들 수 있는지를 두고 6장 도입부에서 논의했던 요점을 다시 상기시켜준다. 우리 모두는 서로 다르다. 신체 치수가 다를 뿐만 아니라 인지적 특성과 강점, 약점, 경험, 관심사도 다 다르다. 실제로 이런 다양성은 인류의 가장 멋진 특징들 중 하나다.

하지만 우리가 중요한 방식에서 서로 다르다면, 현명한 시스템은 가능한 한 이 편차를 감안해야 한다. 사실상 우리는 이런 편차를 기꺼이 받아들여야 한다. 무엇보다 우리가 표준화된 조종석과 같은 융통성 없는 시스템의 창살에 갇혀 있으면 어떻게 인간 다양성의 혜택을 누릴 수 있을까? 우리가 서로 다르다는 사실을 이해하지 못하게 하는 평균치에 현혹된다면 어떻게 다양성을 활용할 수 있을까?

다이버시티 파워

이 논리를 강조하는 간단한 사례 하나를 살펴보자. 2014년 구글에서 실행한 실험에서 심리학자 팀이 판매와 관리 부서 직원들을 대상으로 짧은 워크숍을 열었다. 이들의 업무는 동시에 같은 도구를 사용하는 표준화된 방식으로 실행되는 경향이 있다. 이런 표준화는 물리적이 아니라 개념적이다. 실제로 그런 업무에 유연성을 구축하는 아이디어는 미친 행동처럼 보였다. 무엇보다 이들은 혁신적인 엔지니어가 아니라 판매와 관리 부서 직원들이다.[7]

하지만 워크숍에서는 그들이 자신의 업무를 융통성 없는 조종석과 같은 고정된 요소가 아니라 조절 가능한 디자인으로 생각하기를 권장했다. 그들은 기업의 목적뿐만 아니라 개인의 관심사와 재능에 맞춰 업무의 윤곽을 그려나가며 자신의 강점을 살릴 수 있는 방법을 고려하라는 가르침을 받았다. 또 실제로 큰 조직 속에 있는 동질의 작은 구성요소가 아니라 독특한 기술과 통찰을 지닌 개인으로 생각하라는 요청을 받았다. 이 실험의 공동연구원 애덤 그랜트는 이렇게 설명한다.

우리는 수백 명의 직원들에게 업무는 고정된 조각이 아니라 유연한 건물 블록과 같다는 개념을 소개했다. 새로운 로고를 자진해서 디자인한 예술적인 판매 직원과 이메일 대신 화상채팅으로 고객과 소통한 외향적인 재무분석가처럼, 자신의 업무를 직접 설계하는 건축가가 돼서 업무 자체와 업무와 자신의 관계를 개인의 관심사와 기술, 가치관에 더 잘 어울리도록 바꾼 사람들의 사례를 제시했다. (중략)

그들은 자신의 역할에 대해 보다 이상적이지만 여전히 실현 가능한 새로운 비전을 설정하기 시작했다.[8]

어떻게 됐을까? 워크숍에 참여한 사람들은 관리자들과 동료들에게서 더 행복하고 성과가 좋은 직원으로 평가받았고 대조군에 비해 승진하거나 선호하는 업무로 옮겨 갈 확률이 70퍼센트 더 높았다. 그랜트는 이렇게 썼다. "기존 재능만 활용하는 대신 그들은 독창적이고 각 개인에 맞춘 업무를 만들어낼 수 있는 새로운 역량 계발에 앞장섰다. 그들은 더 행복해지고 더 효율적인 직원으로 변했으며, 자신에게 더 잘 어울리는 역할을 할 수 있는 자격을 스스로 갖췄다."

우리는 2장에서 평균을 선택하는 것이 예측에서 효과적이라는 사실을 알았다. 경제학자 여섯 명의 예측 평균이 최고 경제학자의 예측보다 훨씬 더 정확했음을 기억할 것이다. 하지만 6장에서 우리는 평균이 나쁜 것처럼 주장하고 있다. 이 차이를 어떻게 이해해야 할까? 분석에 모순이 있는 걸까? 사실 이 두 가지 관점은 단순히 호환 가능한 것이 아니라 상호 보완적이다. 경제를 예측하는 사람들은 서로 다른 모델을 사용했다. 자신의 예측을 다른 예측과 무관하게 독립적으로 발표하며 그들 나름의 예측을 자유롭게 제시했다. 이렇게 서로 다른 관점들의 평균을 택하는 것은 다양한 정보를 종합하며 오류를 걸러내는 방법이었다.

반면 표준화는 다르다. 이는 신체 치수가 다른 사람들이 동일한 조종석을 사용하도록 강제한다. 또는 사람들을 개인적 차이와 상관없이 같은 방식으로 업무를 처리하도록 요청하며, 미처 드러날 기회를 갖기도 전에 다양성을 전체 상황에서 제외시켜버린다. 이는 경제학자들이 동일한 모델, 즉 평균적인 경제학자들이 사용하는 모델을 사용하도록 강제하는 것과 같다. 결국 유용한 차이를 실질적으로 제거한다. 반항적인 아이디어가 말라버리는 것이다.

달리 설명하면, 다양한 예측의 평균을 내는 것은 다양성을 최대한 활용하는 방식이다. 사람들의 업무나 학습 등의 방식을 표준화하는 것은 다양성을 짓누를 위험이 있다. 아마존의 머신러닝 부문 수장인 닐 로런스Neil Lawrence는 이렇게 설명한다. "평균을 잘 이용하면 다양한 사람들에게서 나온 통찰을 활용할 수 있습니다. 잘못 사용하면 다양한 사람들을 위한 단 하나의 해법을 강요하게 됩니다."[9]

물론 표준화가 유용하고 가치 있게 쓰일 수 있는 경우도 종종 있다. 예를 들어 의류의 경우, 규격품 옵션이 항상 완벽하게 들어맞지는 않지만 소비자가 대량 생산된 의류를 저렴하게 구하는 혜택을 얻을 수 있게 해준다. (주문 제작으로) 각 개인에게 맞추는 해법은 일반적으로 더 비싸고 맞춤 상품과 일반 상품 사이에서 충돌이 일어난다. 하지만 종종 일반 상품은 비용효과가 아니라 대안을 거의 고려하지 않기 때문에 채택된다. 조종석이 바로 그런 경우였다. 표준화된 조종석 디자인은 손익 분석 결과에 따라 만든 것이 아니라, 평균적인 조종사에 맞춰 디자인한 조종석이 조종사 대부분에게 맞지 않을 가능성을 인지한 사람이 최소한 대니얼스 중위가 나타나기 전까지는 거의 없었기 때문에 탄생했다.

조직이나 기관에 융통성이 너무 없으면 모든 사람들이 고통받는다. 이는 조직뿐만 아니라, 인간의 다양성을 교묘한 방식으로 간과하게 만드는 평균의 개념 주위를 맴도는 사고 패턴에도 해당된다. 이 사고 패턴은 너무 깊이 자리 잡은 탓에 과학 자체에도 스며들었다. 이를 염두에 두고 에란 시걸의 경우를 다시 생각해보자. 이를 통해 우리는 위험들과 그 위험들이 우리의 먹거리 문제를 훨씬 넘어서는 영역까지 확대된 이유를 밝힐 것이다.

△●□

저탄수화물 섭취 상태에서 마라톤을 한 후 에란 시걸은 마침내 다이어트 과학의 결함을 자세히 살펴보기 시작했다. 표준화된 다이어트 가이드라인은 표준화된 조종석처럼 철저해 보일지 모르겠지만 중요한 변수를 간과했다. 바로 사람들의 다양성이다. 시걸은 말한다.

흔히들 말하는 혈당 지수가 좋은 본보기입니다. 이는 혈당에 영향을 미치는 정도에 따라 음식에 순위를 매기는 시스템이죠. 그런 지수를 얻는 방식은 한 그룹의 사람들을 선택해 다른 음식을 먹게 한 뒤 그 반응을 측정하는 거예요. 이 방식을 통해 측정 결과에 따라 1에서 100까지 음식에 순위를 매긴 지수를 얻을 수 있습니다.[10]

이런 방식으로 만든 혈당 지수는 과학의 황금 기준에 따른 것처럼 보인다. 측정과 데이터를 중심으로 만들었기 때문이다. 하지만 그 외 다른 것에도 바탕을 두고 있다. 바로, 음식에 대한 평균적인 반응이다. 그런데 만약 사람들이 같은 음식에 근본적으로 다른 방식으로 반응하면 어떻게 될까? 혈당 지수를 근거로 먹거리를 선택한 사람들이 자신의 건강에 좋지 않은 음식을 먹을 가능성도 있다. 2017년 봄, 시걸과 동료 연구원들은 그 가능성을 확인하는 실험을 실행했다. 실험 목적은 영리적으로 대량 생산되며 건강에 관한 로비 활동을 펼치는 자들에게 악마로 취급받는 흰 빵(하얀 밀가루로 만든 빵—편집자)과 건강에 광적으로 신경 쓰는 사람들에게서 사랑받는 수제 통곡물 사워도우sourdough, 두 가지 형태 빵에 대한 실험 대상자의 반응을 측정하는 것이었다. 빵에 관한 기존 증거는 변함없이 엇갈렸다. 일부 연구는 통곡물 빵이 암과 심혈관계질환, 제2형당뇨병의 위험을 줄일 수 있다는 결과를 제시했다. 또 다른 연구는 거의 정반대되는 결론을 내렸다. 즉 그런 빵이 건강에 관한 임상 지표에 영향을 거의 미치지 못한다고 말했다.

시걸의 실험은 매우 단순했다. 건강하고 특정 다이어트를 한 적이 없는 사람들을 선택해 무작위로 두 그룹으로 나눴다. 이들 중 일부는 일주일 동안 매일 흰 빵을 먹었고, 다른 사람들은 갈색 통곡물 빵을 먹었다. 어떤 그룹도 다른 밀가루 음식은 먹을 수 없었고, 아침 식사로 빵만 먹어야 했으며, 다른 식사에도 원하면 빵을 먹을 수 있었다. 그러고 나서 두 그룹은 2주 동안의 휴식기를 거친 뒤 빵을 서로 바꿔

먹었다.

중요한 점은 실험에 참여한 모든 사람이 빵에 어떻게 반응하는지 여러 번에 걸쳐 측정했다는 것이다. 염증 반응과 영양소 흡수 등 다양한 측정 기준에 따른 수치를 추적했다. 가장 중요한 측정은 혈당 반응이었다. 이는 건강에 매우 중요하기에 잠시 시간을 들여 그 이유를 설명할 가치가 있다. 생물학 전공 학생이 인체에 관해 가장 먼저 배우는 것 중 하나가 포도당 대사의 중요성이다. 우리가 음식을 먹으면 신체는 탄수화물을 소화해 단순당으로 분해한 뒤 혈류 속으로 내보낸다. 이 시점에서 포도당은 인슐린의 도움을 받아 세포와 간 속으로 이동하고 그곳에서 나중에 에너지원으로 쓰일 글리코겐을 합성하는 데 사용된다.

하지만 인슐린은 과도한 당을 지방으로 바꿔 저장하라는 신호를 세포에 보내기도 한다. 이것이 체중이 늘어나는 주요 원인이다. 또한 음식으로 섭취한 포도당이 혈액 속에 너무 많이 흘러 들어가면 인슐린을 과잉 생산하며 포도당 수치를 낮춘다. 음식을 충분히 섭취했는데도 배가 고프고 더 많이 먹고 싶어지는 이유다. 급격한 포도당 수치 상승은 당뇨병과 비만, 심혈관계질환, 다른 대사장애의 위험 요소다. 2000명을 30년 넘게 추적한 한 연구는 포도당 반응이 높을수록 사망 가능성이 높다는 사실을 발견했다. 고혈당 수치는 만성적으로 신체 시스템 전체에 부담을 준다. 반면 식사 뒤 적당하고 완만하게 상승할 뿐 늘 일정한 혈당 수치는 심장병과 암, 과다 체중과 같은 다른 만성질환과 사망의 위험을 낮출 수 있다. 요약하면, 혈당 반응은

다이버시티 파워

체중뿐만 아니라 건강 측면에서도 중요하다.

시걸의 빵 실험 결과가 나왔을 때, 서로 다른 두 형태의 빵이 혈당 반응이나 다른 어떤 임상 지표에 관한 한 아무런 차이가 없다는 사실이 드러났다. 대량 생산된 흰 빵과 수제 통곡물 사워도우의 효과는 거의 동일했다. 이 결과는 다이어트 조언이 중립적이어야 한다는 사실을 암시하는 듯하다. 한 종류의 빵이 다른 것보다 더 나은 점이 없다면 맛이 더 좋거나 가격이 더 저렴한 빵을 선택하라는 조언을 소비자에게 하지 않는 이유는 무엇일까?

그런데 이와 같은 '과학적' 추론은 평균적인 반응에 바탕을 두고 있었다. 각 개인의 반응은 어땠을까? 사람들이 다양한 방식으로 반응하지 않았을까? 결과는 놀라웠다. 일부는 통곡물 사워도우를 먹으며 혜택을 얻고 대량 생산된 흰 빵에서는 역효과가 났다는 것을 보여준 반면, 다른 사람들은 정반대되는 반응을 보였다. 두 형태의 빵에 아무런 차이를 보이지 않는 사람들도 있었고 극적인 차이를 보이는 이들도 있었다. 시걸은 이렇게 설명한다. "데이터 전체는 매우 개인적이었습니다. 평균이 아니라 각 개인의 경우를 들여다봐야 했어요."

사람들의 반응이 그렇게 다른 이유는 무엇일까? 시걸은 한 사람에게 딱 맞는 조종석 구조에 영향을 미치는 신체 치수가 제각각인 것과 마찬가지로, 개인이 특정 음식에 반응하는 방식에 영향을 미치는 다양한 요소들이 인체에 존재한다는 사실을 인식했다. 여기에는 나이와 유전자, 생활 방식 등과 같은 직관적인 요소들이 포함된다.

가장 흥미로운 요소는 아마 우리 모두의 위장 시스템 속에 있는 박테리아, 즉 마이크로바이옴microbiome일 것이다. 인체 안에는 약 40조 개의 세포와 1000여 종에 이르는 미생물이 존재한다. 이 미생물 '우주'는 숙주로 삼은 인간보다 약 200배 많은 유전자를 보유하고 있으며 우리가 음식을 소화하고 영양소를 추출하는 방식뿐만 아니라 면역체계에 중요한 영향을 미친다. 이 마이크로바이옴은 사람에 따라 다 다르다.

서로 다른 효소와 유전자, 박테리아 유전자로 전환되는 다양한 요소와 그 외에도 수십 개의 독특한 요소가 있다는 관점에서 다이어트를 보면, 어떤 다이어트가 모든 사람 또는 거의 대부분의 사람들에게 의미가 있다고 가정하는 것은 거의 터무니없는 말이다. 시걸은 다음과 같이 덧붙인다. "내가 다이어트에 대해 더 많이 생각할수록 모든 조언들이 더 기이해 보였어요. 표준화된 다이어트 조언은 음식만 고려하고 그 음식을 먹는 사람을 고려하지 않기 때문에 늘 결함이 있을 겁니다."

어쩌면 시걸의 가장 야심적일 수도 있는 연구는 더 멀리 나아갔다. 많은 실험들에서는 소규모 그룹에 치료와 의료 처치 방법을 제공한 뒤 그 시간 안에 특정 시점에 미치는 영향의 평균값을 측정했다. 시걸의 실험에는 거의 수천 명에 이르는 실험 대상자가 동원됐다. 이들 중 약 절반은 과체중인 사람, 4분의 1은 비만인 사람으로 구성해 선진국의 비당뇨병 인구 비율에 맞췄다. 그러고 나서 실험 대상자들에게 포도당 센서를 부착하고 일주일 내내 5분 간격으로 측정하게 했다. 그 결과 거의 5만 종류에 이르는 음식들에 대한 개인화된 혈당 반

응을 찾아냈다.[11]

실험 대상자들은 자신들이 먹는 모든 음식을 특별히 디자인된 모바일앱에 기록했다. 원하는 것은 뭐든 먹을 수 있었지만 아침 식사만은 표준화된 음식을 먹어야 했다. 즉 아무것도 바르지 않은 빵이나 버터를 바른 빵이나 물에 섞은 과당 분말 또는 포도당을 번갈아 섭취했다. 이를 통해 4만 6898종류의 실생활 음식과 5107종류의 표준화된 음식과 1000만 건의 칼로리 기록을 포함한 방대한 데이터 조합과 함께 이들에 관련된 건강 데이터가 탄생했다. 영양소에 관한 실험을 놓고 볼 때 이는 이전의 거의 모든 실험들과 그 규모가 달랐다. 시걸과 동료들은 반응의 평균을 계산하는 대신 모든 개인의 반응을 조사했다.

결과는 충격적이었다. 일부 사람들의 경우, 아이스크림을 먹으면 건강한 혈당 반응이 나타났고 초밥은 상반된 반응을 보였다. 다른 사람들은 이와 정반대되는 반응을 보였다. 시걸은 설명했다. "의료 부문이나 영양 부문에서 발견되는 것들과 완전히 다른 결과를 보이는 사람들이 많았습니다. 사람들은 종종 정반대되는 반응을 보였어요."

시걸의 부인 케런은 결과를 보고 충격을 받았다. 제대로 된 교육을 받은 임상영양사인 그녀는 자신의 클리닉에서 수십 명의 환자를 돌보며 일반적인 가이드라인에 따라 조언을 건넸다. 당뇨병 전기 환자에게는 아이스크림을 먹지 말고 그 대신 쌀 같은 복합 탄수화물을 섭취하라고 권했다. 케런은 이렇게 말했다. "사람들에게 해를 끼칠 수 있는 조언을 했다는 사실을 깨달았어요. 정신이 번쩍 들었죠. 이제는 그들에게 자신만의 혈당 반응을 측정하라고 조언합니다. 그렇게 해야만 자신에게 맞는 식이요법을 알 수 있기 때문입니다."[12]

탈리아Talya가 전형적인 사례다. 이스라엘 출신으로 예순네 살의 은퇴한 소아과 간호사인 그녀는 당뇨병에 가까워지고 있었다. 임상적으로 비만 판정을 받으며 건강에 대한 염려가 점점 더 커졌다. 탈리아는 "살이 많이 쪘고 혈당 수치도 매우 높았어요"라고 내게 말했다. 그녀는 겉으로 보기에는 건강한 방식으로 음식을 섭취하는 것 같았다. 아침에는 오믈렛을 먹고 하루 종일 균형 잡힌 식사를 하며 신선한 과일과 채소를 많이 섭취했다. 뒤뜰에서 농작물을 직접 재배했고 특히 사과와 천도복숭아를 즐겨 먹었다. 그녀는 말했다. "내가 관리할 수 있는 가장 좋은 다이어트였어요. 내가 뭘 잘못하고 있는지 정말 알 수 없었죠."

식사에 대한 개인적 반응을 정기적으로 측정할 수 있도록 포도당 센서를 부착했을 때 탈리아는 말문이 막혔다. 천도복숭아와 멜론, 토마토를 먹자 포도당 수치가 급상승했다. 1퍼센트 저지방 우유에도 같은 반응을 보였다. 하지만 수박과 3퍼센트 지방 우유에 대한 그녀의 혈당 반응은 완벽하게 건강한 수치로 나타났다. 그녀는 말했다. "믿기 힘들 정도로 놀랐습니다. 이런 일이 생기리라곤 전혀 생각하지 못했어요."

탈리아는 개인화된 가이드라인에 맞게 다이어트 방법을 바꾸며 17킬로그램을 감량하고 혈당 수치를 20퍼센트 낮췄다. "어떤 두 사

다이버시티 파워

람도 똑같지 않습니다. 우리는 DNA가 다르고 우리에게 나타나는 생물학적 현상도 달라요. 나는 매우 마른 남자와 결혼해 살고 있어요. 예전에는 둘이서 같은 음식을 먹었을 때 그의 혈당 수치만 괜찮았어요. 이제는 내 혈당도 정상 수준으로 낮아졌습니다. (중략) 천도복숭아가 문제였을 줄이야 세상에 그 누가 알았겠어요!"

하지만 시걸의 연구는 거기서 끝나지 않았다. 연구원들은 모든 데이터를 활용해 새로운 실험 참가자들의 혈당 반응을 예측하는 알고리즘을 디자인했다. 사실상 그들은 아마존과 같은 온라인 소매 기업이 소비자가 구매할 것 같은 책들의 종류를 예측하는 방식과 비슷한 접근방식을 활용했다. 그 알고리즘을 검증하기 위해 100명의 새로운 참가자를 모집해 혈액과 나이, 마이크로바이옴 등과 같은 개인별 특징을 측정했다. 이렇게 수집한 데이터는 알고리즘에 반영됐다. 이 알고리즘은 사람들이 서로 다른 음식에 반응하는 정도를 표준 탄수화물 계산 방식보다 더 정확히 예측했을까?

이 질문에 대한 답은 확실한 '예스$_{yes}$'였다. 시걸은 설명했다. "최초 연구에 참여하지 않았던 사람을 비롯해 어느 누구를 대상으로 하더라도 모든 먹는 음식에 대한 개인화된 포도당 반응을 상당히 정확하게 예측할 수 있다는 사실을 보며 우리는 큰 전율을 느꼈습니다. 그래서 알고리즘이 탄탄하다고 확신했죠."

마지막으로 그들은 당뇨병 전기 증상을 보이는 새로운 참가자 스물여섯 명을 모은 뒤 알고리즘을 활용해 각 대상자에 따라 두 가지 다이어트 방식을 디자인했다. 즉 '좋은 다이어트'를 위해 낮은 혈당 반응을 보이는 음식을 알고리즘이 예측하게 했다. '나쁜 다이어트'를 위해서는 높은 혈당 반응을 보이는 음식을 예측하게 했다.

지금쯤이면 누구에게 '나쁜' 다이어트가 다른 사람에게는 '좋은' 다이어트에 가까운 방법이라는 사실에 더 이상 놀라지 않을 것이다. 어떤 사람의 좋은 다이어트는 달걀과 빵, 후무스hummus(병아리콩 으깬 것과 오일, 마늘을 섞은 중동 지방 음식―옮긴이), 피타pita(동그랗고 납작한 중동 지방 빵―옮긴이), 풋콩, 채소 국수, 두부, 아이스크림으로 구성되고 나쁜 다이어트에는 뮤즐리muesli(곡식, 견과류, 말린 과일 등을 섞어 만든 스위스식 시리얼―옮긴이)와 초밥, 마지팬marzipan 과자(설탕과 아몬드 가루를 섞은 반죽으로 만든 과자―옮긴이), 옥수수, 견과류, 초콜릿, 커피가 포함된다. 예측한 대로 '나쁜 다이어트'는 비정상적으로 높은 포도당 수치와 손상된 포도당 대사에 관련돼 있었다. 좋은 다이어트를 하면 같은 양의 칼로리를 섭취했는데도 포도당 수치가 일주일 내내 한 번도 급상승하지 않고 완전한 정상 수준을 유지했다. 이를 두고 시걸은 이렇게 설명했다. "솔직히 우리는 이 결과들에 충격을 받았습니다. 우리가 단지 음식 선택을 바꾸기만 해도 혈당 수치를 큰 폭으로 조정해 당뇨병 전기 혈당 수치를 일주일 내에 정상으로 바꿔놓을 수 있다는 것을 증명하는 결과였으니까요."

이런 결과들은 그 자체로도 중요하지만, (우리의 목적에 맞는) 핵심 포인트는 그것들이 다양성에 대한 우리의 이해를 더욱 깊어지게 한다는 것이다. 모든 조종사가 평균적인 조종사의 신체 치수에 부합한다고 가정한 것은 1950년대 초 수많은 사고로 이어졌다. 이와 동일한 개념적 결함은 거의 아무도 모르게 영양학의 중심부에서도 집요하게 계속 일어났다. 개인의 다양성을 감안하지 않으면 결함이 있거나 제한적이거나 혹은 둘 다에 모두 해당되는 시스템과 가이드라인, 그 외 다른 많은 것들을 디자인할 가능성이 높다.

개인화된 영양 섭취에 관해서는 아직 갈 길이 멀다. 혈당 같은 간접적인 지표가 아니라 직접적으로 건강 성과를 측정하는 보다 장기적인 사후관리 체계를 갖춘 연구가 더 많이 필요하다. 마이크로바이옴 등을 이해하려면 후속 연구가 필요하다. 하지만 시작은 매우 희망적이었으며 연구원들에게 그 분야를 오랫동안 혼란스럽게 했던 모순들을 극복할 기회를 제공한다. 무엇보다도 과학 자체가 다양성의 중요성을 잊게 만들 수 있다는 지극히 중요한 진실을 분명히 알려준다.

이미 설정되어 있는 디폴트에 의문을 품고 행동에 나설 능력

2010년 봄 노동경제학자 마이클 하우스먼Michael Housman은 일부 콜센터 직원들이 다른 직원들보다 좋은 성과를 내는 이유를 알아내는 프로젝트를 실행하고 있었다. 하지만 아무리 자세히 살펴봐도 답을 찾을 수 없었다. 어떤 이유도 추정할 수 없을 것 같았다. 그는 내게 말했다.

나는 직원 채용과 유지에 도움을 주는 소프트웨어를 고용주에게 판매하는 기업의 최고분석책임자로 근무했습니다. 우리는 45분간의 온라인 직무평가를 받은 후에 채용된 5만 명의 데이터를 보유하고 있었어요. 데이터 속에 장기근속과 성과에 관한 단서가 있는지 확인하려고 직무평가의 모든 측면을 자세히 검토했습니다. 하지만 계속 아무것도 얻지 못했죠.

하우스먼 팀은 여기저기 직장을 자주 옮겨 다닌 이력이 있는 사람들이 평균적으로 더 빨리 이직할 것이라고 예상했다. 그렇지 않았다. 지난 몇 년간 다섯 군데 직장을 다녔던 직원도 있었고 단 한 군데에 계속 근무했던 사람도 있었지만, 이는 장기근속 예측과 전혀 상관이 없었다. 또한 하우스먼 팀은 평가에서 드러난 개인 성향의 특정 측면이 성과와 상관관계가 있을 것이라고 추측하기도 했다. 그것도 상관이 없었다.

그런데 그때 하우스먼의 연구 보조원에게 한 가지 통찰이 번쩍 떠올랐다. 하우스먼 팀은 지원자들이 평가서를 작성할 때 사용했던 웹 브라우저에 관한 데이터를 갖고 있었다. 일부 지원자는 사파리Safari를 사용했고 다른 이들은 파이어폭스Firefox를 사용했다. 인터넷 익스플로러Internet Explorer나 크롬Chrome을 사용하는 지원자들도 있었다. 웹 브라우저를 선택하는 성향으로 이들의 성과를 예측할 수 있을까? 하우스먼이 보기에는 그렇지 않을 것 같았다. 이는 확실히 개인 성향의 문제이기 때문이었다.

하지만 결과는 매우 놀라웠다. 파이어폭스나 크롬을 사용해 평가서를 작성한 사람들은 사파리나 인터넷 익스플로러를 사용한 사람들보다 15퍼센트 더 오래 재직했다. 하우스먼 팀은 결근 일수도 조사했다. 여기서도 동일한 차이를 발견했다. 파이어폭스나 크롬을 사용한 사람들은 인터넷 익스플로러나 사파리를 사용한 사람들보다 결근 일수가 19퍼센트 적었다.

이 정도쯤은 그리 당황스럽지 않다고 생각하는 이들도 성과 관련 수치를 보면 크게 놀랄 것이다. 파이어폭스와 크롬을 사용한 사람들의 생산성과 연봉, 고객 만족도가 더 높았고 고객과 한 통화 시간은 더 짧았다. 하우스먼은 말했다. "이는 우리가 발견한 가장 확실한 데이터 조합 중 하나였습니다. 큰 차이를 보였고 일관성이 있었어요."

어떻게 된 일일까? 하우스먼은 이렇게 설명했다.

결과를 이해하는 데 한참 걸렸습니다. 핵심은 인터넷 익스플로러와 사파리는 컴퓨터에 이미 내장된 웹브라우저라는 거였어요. PC는 익스플로러를 패키지의 일부로 포함하고 있으며, 맥Mac은 사파리가 기본 패키지에 포함돼 있죠. 이것들은 컴퓨터의 디폴트, 즉 기본 사양이에요. 그냥 컴퓨터를 켜기만 하면 사용할 수 있죠. 하지만 크롬과 파이어폭스는 다릅니다. 이 소프트웨어를 사용하려면 보다 나은 옵션이 있는지 확인할 정도로 호기심이 충분히 많아야 해요. 그러고 나서 직접 다운로드하고 설치까지 해야 하고요.

성과에서 이런 차이를 보이게 만든 것은 소프트웨어 자체가 아니라 선택으로 드러난 심리적 차이였다. 일부 사람들은 세상을 있는 그대로 받아들이는 경향이 있다. 그들은 현재 상황을 고수한다. 반면 세상을 바꿀 수 있는 대상으로 여기는 이들도 있다. 이런 사람들은 더 나은 방법이 있는지 궁금해하고, 있다면 바로 행동으로 옮긴다. 중요하지 않을 것처럼 보였던 웹브라우저 선택으로 심리적 스펙트럼에서 서로 다른 지점에 있다는 사실이 드러난 것이었다. 그들이 하는 업무로 해석해보면, 이는 많은 것을 의미했다. 이들이 소매와 고객 응대 업무를 하는 콜센터에 근무하는 전문가임을 기억하기 바란다. 그런 업무에서는 대개의 경우 고객 문의를 처리할 때 미리 주어진 대본을 활용한다. 대본을 그대로 따라 하면 일이 수월하다. 대본이 디폴트인 셈이다. 하지만 때로는 대본에 없거나 새로운 방식이 더 나을 수도 있는 상황에 직면한다. 그럴 경우, 항상 하던 방식대로 할 것인가? 아니면 문제를 해결하거나 아이디어를 제시하거나 고객을 만족시킬 새로운 방법을 찾을 것인가?

지금껏 해오던 관습에서 벗어날 수 있었던 콜센터 직원들의 성과가 훨씬 더 좋았다. 현재 상황이 충분히 좋지 않으면 그들은 뭔가 창의적인 방법을 떠올렸다. 이런 사고방식은 크롬과 파이어폭스 사용자가 더 오래 근무하고 결근 일수가 적었던 이유도 설명해준다. 대본을 수정할 수 있는 직원들이 문제를 해결하고 자신을 더 행복하게 만들며 생산성을 높이는 방향으로 업무 방식에 변화를 줄 확률이 높다. 현재 상황을 바꿀 수 없다고 생각하는 사람들은 업무에서 문제를 해결할 가능성이 낮다. 디폴트를 그냥 받아들인다. 불만에 차서 관둘 때까지 그렇게 한다. 하우스먼은 말했다. "처음에 우리는 결과의 실상에 많이 놀랐습니다. 하지만 웹브라우저 결정이 중대한 특성을 드러내줬다는 것을 깨달았죠. 디폴트에 의문을 제기하는 능력이야말로 끊임없이 변화하는 세상에서 큰 차이를 만들어냅니다."[13]

하우스먼의 실험은 당연히 정신적 민첩성mental agility의 힘에 대한 증거로도 간주된다. 이런 사람들은 아웃사이더 사고방식으로 기존 패러다임에서 벗어날 수 있는 자들이다. 이는 그들을 더 생산적으로 만들고 더욱 성취감을 느끼게 해줬다. 그들은 문제를 그저 참아 넘기는 것이 아니라 해결할 수 있었다.

하지만 여기에 6장의 주제와 관련된 또 다른 교훈이 있다. 최상의 실행 방식the best practice 개념을 생각해보자. 이는 비즈니스에서 가장 익숙한 개념 중 하나이며 단순한 주장에 근거를 두고 있다. 즉 더 낫다고 증명된 업무처리 방식이 있으면 모든 사람이 이를 채택하는 것이 타당하다는 주장이다. 예를 들어 보건의료 부문에 관한 연구는 의사들이 종종 다른 방식으로 수술을 실행해 환자가 최상의 치료를 받지 못하는 결과로 이어지는 경우가 있다는 사실을 보여준다. 대개의 경우 최상의 실행 방식은 매우 중요하다. 최상의 실행 방식의 또 다른 측면도 잘 알려져 있다. 절대적인 의미가 아니라 상대적 의미에서 '최상'이다. '지금까지 최상'이라는 뜻이다. 누군가가 현재 방법보다 더 나은 다른 업무처리 방식이 있다는 것을 보여줄 수 있으면, 최상의 실행 방식은 수정돼야 한다. 이런 개념에서 볼 때 최상의 실행 방식은 시간이 흐르면서 합리적이고 데이터에 바탕을 둔 방식에 따라 진화한다.

하지만 우리는 이제 이런 분석이 유용하지만 불완전하다는 사실도 인식해야 한다. 왜일까? 여기서 우리는 다이어트 방식의 결함을 밝혀낸 에란 시걸의 연구를 되돌아볼 수 있다. 한 인구 집단의 혈당 반응에 따라 다이어트 방법에 순위를 매겼다고 가정해보자. 이 연구를 엄격하게 실행하고, 그 결과 하나의 다이어트 방법이 다른 모든 대안보다 더 낫다고 결정할 수 있을 것이다. 그래도 이 방법이 최상의 다이어트 방법이 아닐 수도 있다. 그저 최상의 표준화된 다이어트 방법일 뿐이다. 이와 다른 접근방식은 개인화 방식을 채택하는 것이다. 이는 전체 인구에 걸쳐 다른 다이어트 방법을 비교하는 것이 아니라 개인별로 유연함을 적용하는 것이다. 그리고 시걸이 보여준 대로, 이 접근방식은 각 개인에게 어울리는 훨씬 더 건강한 다이어트 방법을 제시하며 혈당 반응을 낮출 수 있다.

이제 콜센터 직원들을 생각해보자. 많은 조직들은 다양한 대본을 실험하며 그 결과를 비교하고 통계적 검증을 거쳐 최상의 대본에 대한 일종의 과학적 결론에 도달한다. 하지만 이렇게 하면 대개의 경우 유연함에서 얻는 이득을 놓친다. 하우스먼 실험은 직원들이 현명하게 대본에서 벗어날 때 더 나은 성과를 내는 경우가 많다는 사실을 보여준다. 이런 현상이 생기는 부분적인 이유는 앞서 언급한 대로 그런 직원들이 새로운 상황에 잘 적응하기 때문이다. 또한 그들에게 강점을 살리고 개인적 성향을 대화에 반영할 기회를 주기 때문이기도 하다. 대본이 직원의 개성에 따라 달라지는 것이다. 달리 설명하면, 최상의 실행 방식은 표준화된 해결 방안의 비교만으로 설정될 수 없다. 다른 방식들의 유연함을 비교해야 한다. 우리가 다양성에 관해 지금껏 배운 내용을 감안할 때, 조종석이나 다이어트, 대본 또는 어떤 다른 것을 이야기하더라도 대개의 경우 더 유연한 시스템이 결국 승리한다.

일의 세계에서 더 많은 유연함을 구축하는 문제는 이제 중요한 주제다. 그것은 보통 재택근무와 휴일, 근무시간 등의 범위에 중점을 둔다. 전문가들은 개인별 참여 정도에 따라 일정을 조정할 여지가 있을 때 업무 만족도가 더 높아지는 경우가 많으며, 이런 유연함을 제시하는 조직은 새로운 인재(예를 들면 오전 9시에서 오후 5시로 표준화된 근무시간을 원치 않는 사람들)를 더 많이 접할 수 있다. 이는 Y세대에게 특히 더 중요하다. 한 연구에 따르면 일과 삶의 균형work-life balance이 젊은 세대가 직장을 선택하는 가장 중요한 요인이었다.

그럼에도 불구하고 이는 유연함의 힘에 관한 하나의 측면에 불과하다. 보다 깊은 중요성은 다양성 과학에서 나타나는데, 아직까지 조직과 사회가 기능하는 방식의 핵심까지 파고들지는 못했다. 유연함은 시스템 디자인을 혁신하는 핵심 요소로 입증되며 각 개인이 강점을 살리고 자신의 독특함을 직장에 반영할 수 있게 해줄 것이다.

물론 유연함에도 위험이 있다. 변화할 자유가 주어지면 일을 그르칠 여지도 생긴다. 항상 이 두 가지 사이에는 균형이 존재한다. 하지만 조직이나 기관이 통제와 실수에만 초점을 맞추는 동안, 우리는 현대 시스템의 중심부에 드러나지 않고 감지되지 않은 채 자리 잡고 있는 경직성의 위험을 거의 인정하지 못한다. 간단히 말해 우리는 다양성에 대해 더 완전히 과학적이 될 필요가 있다.

사무실을 마음대로 꾸미게 해주면 왜 성과가 좋아질까?

표준화는 우리 삶 속에 자리 잡고 있다. 20세기 초 교육개혁가들은 '표준화된 교과과정과 표준화된 교과서, 표준화된 학점, 표준화된 휴일, 표준화된 학위'로 학교를 디자인했다.[14] 교육이 개별 학습자들의 필요에 따라 달라져서는 안 된다는 아이디어에 바탕을 뒀지만 정작 그 개인들은 시스템의 필요 속에 갇혀야 했다.

이를 뒷받침하는 패러다임은 대량생산이었다. 즉 학교는 공장이 규격품을 대량으로 찍어내는 방식으로 학생들을 대량으로 배출해야 한다는 논리였다. 학생들은 같은 장소에서 같은 도구와 같은 교과서로 똑같은 방식으로 배우며 같은 시험으로 성적을 측정받았다. 엘우드 커벌리Ellwood Cubberley는 1916년에 출간되어 지대한 영향력을 미친《공립학교 행정Public School Administration》에 이렇게 썼다. "우리 학교들은 어떤 의미에서 보면 원재료(아이들)를 생활 속 다양한 수요를 충족하기 위한 제품으로 만들어내는 공장과 같다."[15]

이런 방식은 그 전에 있었던 일관성 없는 시스템보다 나았지만 한

계도 있었다. 무엇보다도 학생들이 중요한 부분에서 서로 다를 경우 학생 수준에 맞춰 유연함이 적용돼야 한다(현명한 교사는 이 점을 늘 알고 있었다). 실제로 유연함이 학생들과 학교들에 보다 나은 결과를 제공한다는 점을 보여주는 좋은 증거가 있다. 2015년 국제학업성취도평가Program for International Student Assessment, PISA 통계표는 적응적 수업 adaptive instruction이 높은 수준의 교육 성과에 대한 두 번째로 강력한 예측 변수이며 규율과 교실 크기와 기타 등등보다 앞선다는 사실을 보여줬다(학업 성과와 이보다 더 강한 상관관계를 보이는 예측 변수는 부유함이었다). 적응적 수업은 다들 예상하는 대로, 교사가 모든 학생을 같은 장소에서 동시에 같은 내용을 공부하게 하는 대신 개별 학생의 필요에 맞추는 수업 방식이다.

작가이자 교사인 마리아 뮤어리Maria Muuri가 핀란드 교육의 핵심 원리를 요약한 글은 세계에서 최고로 알려져 있다. 이 원리들 가운데 학생들이 유연한 사고를 할 수 있게 해주는 횡단 기술transversal skills과, 교과 과목들이 분리된 저장고가 아니라 새로운 통찰을 쌓기 위해 서로 연결될 수 있는 영역(재결합)이라는 점을 학생들에게 알려주는 종합적 학습법을 포함한 다섯 가지는 이 책의 주제와도 일치한다.[16] 뮤어리는 시스템 자체가 유연함을 갖추는 것이 중요한 이유에 관한 글도 썼다. "학생들이 전부 다 개인이므로 우리는 그들 모두를 같은 방식으로 가르칠 수 없다. [핀란드 학교에는] 일반적으로 동시에 공부하는 같은 학급 내에 수준이 다른 과제가 최소한 다섯 개 있다. 이는 모든 학생들에게 자기 나름의 구체적인 목표가 있다는 의미다." 우리는 이를 차별화라고 한다.

뮤어리는 또 다른 핵심 원리가 학생 평가의 다양성이라고 말한다.

> 핀란드의 새로운 교과과정은 학습을 이끌어가고 증진하는 평가뿐
> 만 아니라 다양한 평가 방법을 강조한다. 각 학생의 학업 진도에 관
> 한 정보는 학생과 보호자에게 충분히 자주 전달돼야 한다. (중략) 우
> 리는 목표를 설정하고 학업 진도를 논의하며, 평가는 항상 학생의
> 강점에 바탕을 두고 이뤄진다.

뮤어리는 또 학생들이 학습 그룹 내 인지 다양성으로 얻을 수 있는
혜택에 관한 상당히 훌륭한 글도 남겼다. "우리는 서로 다른 배경 출
신의 학생들이 반드시 함께 공부하도록 한다. 나는 자기 자신과 다른
사람에게서 배울 수 있는 점이 늘 있다고 확신한다."

교육 시스템에 개인화가 너무 지나치게 적용된 부분이 있다고 주
장하는 이들도 있다. 하버드대학교의 토드 로즈 교수처럼 더 많이 적
용되기를 원하는 사람들도 있다. 이는 건전한 논쟁이며 증거를 바탕
으로 진행돼야 한다. 보편적으로 동의하는 부분은 그러지 않았더라
면 융통성이 없었을 시스템에 유연함을 제공하는 것이 모든 학생들
을 잘 성장하게 도와줄 수 있다는 점이다.

물론 평균의 횡포는 교육보다 훨씬 심각한 영역에도 관련돼 있다.
즉 과학 분야에 더 일반적으로 스며들어 있다. 전형적인 오류는 남
자 대상자들의 평균이 여자에게도 적용된다고 가정하는 것이다. 조

다이버시티 파워

종석을 다시 생각해보자. 조종석이 신체 치수가 서로 다른 남자들에게 맞지 않게 잘못 디자인됐다면 평균적으로 체격이 더 작은 여자들에게는 얼마나 더 심할까? 캐럴라인 크리아도 페레스는 저서 《보이지 않는 여자들》에서 피아노 건반이 평균적인 남자의 손 크기에 맞춰 디자인됐으며, 경찰 방탄복과 군사 장비 같은 것들도 마찬가지라고 지적한다.[17]

이런 물리적 디자인 결함은 정말이지, 광범위한 분야의 제도적 장치가 평균적인 남성에 맞춰 설계되었음을 보여주는 은유이며 눈에 보이지 않게 여성들을 어렵게 만든다. 페레스는 이렇게 말한다. "젠더 데이터 차이에 대한 가장 중요한 말 중 하나는 일반적으로 악의가 없거나 고의적이지 않다는 것이다. 실제로는 정반대다. 이는 그야말로 1000여 년 동안 지속되면서 제대로 생각하지 않는 형태가 돼버린 사고방식의 산물이다."

이와 같은 개념상 혼동은 이른바 '자연'과학hard science에서도 일어난다. 몇 년 전 캘리포니아주립대학교 샌타바버라의 신경과학자 마이클 밀러Michael Miller는 기능적 자기공명영상fMRI 촬영을 받는 열여섯 명의 대상자를 상대로 실험을 실행했다. 그들에게 단어 목록을 제시하고 잠시 쉬었다가 다시 새로운 단어 목록을 제시했다. 그러고 나서 처음 목록에 있던 단어를 볼 때마다 버튼을 누르라고 요청했다.[18] 그런 뒤에 대상자들의 뇌 스캔 결과를 분석했다. 실험 목적은 언어적 기억에 관련된 신경 회로를 알아내는 것이었다. 이 신경 회로들은 일반적으로 뇌의 어느 부분이 밝게 빛나는지 보여주는 뇌 지도에 나타나며, 신경과학에 관한 신문 기사를 읽어본 사람들에게는 익숙할 것이다. 이것이 덜 인정받는 이유는 아마도 실험 대상자들 전체의 평균에 따라 산출됐기 때문일 것이다.

무슨 이유인지 몰라도 밀러는 평균 반응이 아니라 각 개인의 반응을 상세하게 나타내는 뇌 지도를 보기로 결정했다. 그는 토드 로즈와 한 인터뷰에서 말했다. "깜짝 놀랄 만한 일이었죠. 대상자 대부분은 평균 영상과 전혀 달랐습니다. (중략) 가장 놀라운 점은 이런 패턴 차이가 감지하기 어렵지 않고 매우 컸다는 것이었습니다."[19]

이에 대해 잠시 생각해보자. 현대 연구에서 가장 흥미진진한 분야 중 하나인 신경과학은 평균적인 뇌 지도가 개별 반응의 다양성을 숨기기 때문에 그릇된 결론을 제시할 수 있다. 로즈는 이렇게 언급한다. "밀러가 사람들의 뇌에서 발견한 큰 차이는 언어적 기억에만 제한돼 있지 않다. 안면 인식과 심상mental imaginary부터 절차적 학습과 감정에 이르기까지 모든 것에 대한 연구에서도 발견됐다." 이들 중 어느 것도 신경과학에 결함이 있다는 것을 의미하지는 않는다. 때로는 평균을 활용하는 편이 타당할 때도 있다. 하지만 과학자들은 너무나 자주 평균을 사용하며, 그렇게 하고 있다는 사실을 거의 의식하지 못한다.* 이는 사람들을 다양한 개인이 아니라 복제인간으로 취급하는 것에서 단 한 걸음 떨어져 있을 뿐이다.

---

* 공식적으로 과학자들은 종종 평균값이 사람들의 계층을 대표한다고 여기며 평균값을 산출해낸 분포를 간과한다(또는 완전히 무시한다).

△●▢

다양성 과학에서 내가 가장 좋아하는 실험 중 하나는 영국 엑서터 대학교의 심리학자 크레이그 나이트Craig Knight가 실행한 것이었다. 교수가 되기 전 나이트는 전국 곳곳을 돌아다니는 세일즈맨이었다. 그가 표준화의 위험에 충격을 받은 순간은 웨스트미들랜즈의 한 대형 사무실에 서 있었을 때였다. 그는 저 멀리까지 어마어마하게 늘어서 있는 똑같은 검은색 책상들을 내려다보고 있었다. 당시 유행하던 아이디어는 근무 공간이 똑같아 보여야 하며 직원들은 표준화된 공간에서 근무해야 한다는 것이었다. 이를 본 나이트는 약간의 우울함 그 이상의 느낌을 받았다. 그는 내게 말했다.

사람들은 이를 군더더기 없이 체계적이며 비용은 줄이고 생산성은 높이는 린 오피스lean office 개념이라 불렀으며, 2000년 무렵에 크게 유행했습니다. 사무실에 개인 물품이 없어야 한다는 아이디어였죠. 사진도 없고, 그림이나 식물도 없어야 했어요. 그런 것들이 집중을 방해한다고 생각했습니다. 특정 형태의 근무 공간이 가장 효율적이라는 아이디어가 과학적으로 증명될 수 있다면, 관리자들은 모든 직원이 그 형태에 맞춰야 한다고 믿었습니다.[20]

전국을 돌아다니는 세일즈맨인 나이트는 사무실마다 린 개념이 적용되고, 관리자들은 표준 공간이 줄지어 있는 모습을 자랑스럽게 바라보고, 직원들은 획일적으로 구성된 공간에서 열심히 일하고 있는 장면을 목격했다. 관리자들은 생산성을 향상할 수 있는 실증적인 방식을 생각해냈다고 믿었다. 심리학을 전공한 나이트는 그 정도로 확신하지는 못했다.

이것이 의도하지 않은 결과를 불러오리라고 예상했습니다. 만약 고릴라나 사자를 린 개념의 우리에 가둬놓으면 동물들은 정말 비참해질 거예요. 스트레스를 받고 서로 싸우며 허약해지고 일찍 죽겠죠. 나는 사람들이 표준화된 공간에서 소외감을 더 많이 느끼지 않을까라는 의문이 생겼어요. 사람들에게는 저마다의 성향과 성격, 관심사, 아이디어가 있습니다. 나는 사람들이 자신을 위한 공간을 원한다고 생각했어요.

나이트는 몇 년 뒤 학계로 옮기고 나서야 자신의 추측을 실험해볼 기회가 생겼다. 동료 연구원 앨릭스 하슬람Alex Haslam과 함께 진행한 그의 실험은 기발했다. 그들은 두 그룹의 사람들을 택해 그들에게 사무실에서 일반적으로 하는 과제를 줬다. 실험 대상자들은 서류를 검토하고 정보를 처리하며 판단을 내리는 등의 일을 해야 했다.[21]

첫 번째 그룹은 린 환경에서 일했다. 그들은 모두 동일하고 최소한의 것만 갖추고 겉으로 보기에는 효율적인 공간에서 일해야 했다. 이는 사실상 나이트가 웨스트미들랜즈의 사무실에 서 있는 동안 봤던 환경과 정확히 일치했다. 두 번째 그룹도 표준화돼 있지만 약간 다른 업무 공간에서 일했다. 나이트는 이 공간에 그림들을 걸고 책상 옆에는 식물도 놓았다. 그리고 이 공간을 풍요로운 환경이라고 했다.

어떻게 됐을까? 풍요로운 환경에서 성과가 15퍼센트 향상됐다. 어쩌면 그리 놀랄 일은 아닌 듯하다. 사람들은 비록 표준화된 공간이라도 보다 인간적인 환경에서 더 좋은 성과를 낸다. 나이트는 내게 말했다. "대부분의 사람들은 풍요로운 환경을 더 좋아합니다. 사람들은 그림과 식물이 공간의 분위기를 더 활기차게 만들었다고 했어요. 린 공간은 획일적인 과제가 연이어 진행되는 조립라인에서는 제대로 작동할 수 있지만, 인지적 또는 창의적 과제에는 맞지 않습니다."

그러고 나서 나이트는 세 번째 그룹을 택해 환경을 다시 한번 더 바꿨다. 이 그룹의 실험 대상자들은 업무 공간을 개인화할 수 있었다. 그림과 식물을 직접 고르고 취향과 성향, 선호도에 따라 공간을 설정했다. 나이트는 이렇게 설명한다. "집에 있는 것처럼 편안하게 지내라고 그들에게 말했습니다." 우리는 이를 개인화된 환경이라 부를 수 있다.

그런데 외부자의 시선으로 보면 개인화된 환경을 갖춘 공간의 많은 부분이 린 환경이나 풍요로운 환경의 공간과 크게 다르지 않다. 결국, 풍요로운 공간을 좋아하는 사람들이 있는 반면 실제로 최소한의 것만 갖춘 공간을 좋아하는 사람들도 있다. 평균적으로 풍요로운 공간에 있는 실험 대상자가 최소한의 것만 갖춘 공간에 있는 사람들보다 성과 면에서 더 뛰어났다. 하지만 이는 평균일 뿐이다. 그리고 이것이 새로운 환경에 대한 핵심이다. 즉 이 새로운 공간들은 개인적으로 선택한 것이었다. 획일적인 환경이 아니었다. 조정 가능한 의자와 페달을 장착한 조종석과 에란 시걸이 만든 개인별 다이어트 방법과 마찬가지로 이 공간들은 특정 직원의 취향과 성향에 맞춰져 있었다.

이후 그들이 다시 돌아와 점검해보니 결과는 놀라웠다. 생산성이 급상승했다. 린 오피스 환경보다 거의 30퍼센트 높았고 풍요로운 환경보다 15퍼센트 높았다. 엄청난 효과였다. 나이트는 말했다. "사람들에게 자신만의 공간을 창조하는 자율성을 부여하면 그들은 우리가 제공할 수 있는 거의 모든 것보다 더 나은 공간을 생각해냅니다. 한 참가자는 이렇게 말했어요. '기가 막힌데요. 정말 너무 좋았어요. 여기 언제 들어올 수 있을까요?'"

생산성 증가는 두 가지 요소로 나눠볼 수 있다. 첫째는 자율성 요소다. 사람들은 지시를 받는 대신 스스로 선택했다. 이에 따라 더 많은 권한을 받았다고 느껴 더욱 동기부여가 되었다. 이 요소는 선택 자체보다는 선택하는 행동과 더 많은 관련이 있다. 하지만 둘째 요소는 선택하는 행동이 아니라 개인화의 힘으로 형성됐다. 사람들은 자신이 좋아하는 공간을 만들 수 있었다. 자신의 성격에 맞는 공간을 꾸밀 수 있었다. 아주 사소한 일처럼 들릴지 모르겠지만, 실제로는 대단히 중요한 일이다. 이는 다양성을 중요하게 생각하는 접근방식이었다.

이제는 다양성을
진지하게 받아들일 때가 되었다

에란 시걸과 동료들의 선구적 연구는 데이투DayTwo라는 첨단기술 스타트업으로 이어졌다. 비록 지금은 한정된 국가들에서만 운영하지만 목표는 이 접근방식을 전 세계에 전파하는 것이다. 그 과정은 단순하다. 사람들이 대변 시료와 혈액검사 결과를 제출하면 데이투 실험실은 이것을 활용해 사람들의 마이크로바이옴을 검사하고 혈당치를 측정한다. 그런 뒤에 그 결과를 알고리즘에 반영하면 연구원들이 10만 개의 음식과 음료에 대한 예상 당수치를 담은 검색 가능한 데이터베이스를 토대로 각 개인에게 맞는 음식을 추천할 수 있다. 이는 마이크로바이옴에 관한 정보뿐만 아니라 모든 음식에 대한 혈당 반응을 측정한 2015년 실험만큼 체계적이지는 않지만, 그럼에도 앞으로 가야 할 방향을 알려준다. 인간과학human science의 다른 분야들처럼 다이어트도 표준화에서 벗어나 개인화를 향해 나아가고 있다.

분자의학 교수이자 세계에서 가장 존경받는 의사 중 한 명인 에릭 토폴Eric Topol은 시걸의 연구에 강한 흥미를 느껴, 섭취하는 모든 음식과 음료를 추적해 혈당 반응을 알아내고 장내 마이크로바이옴을 조사하는 테스트 전체를 자진해서 받았다. 몇 주 내에 토폴은 음식에 대한 자신의 독특한 반응에 관해 표준화된 다이어트를 수없이 시도해 발견했던 것보다 많은 것들을 알 수 있었다. 즉 자신이 흔치 않은 마이크로바이옴을 갖고 있을 뿐만 아니라 오랫동안 먹었던 음식 때문에 심한 혈당 수치 급상승을 겪었다는 사실을 알았다. 토폴은 〈뉴욕타임스〉에 이런 글을 기고했다. "나의 장내 마이크로바이옴에 한 고약한 녀석이 빽빽하게 들어차 있었다. 바로 박테로이데스 스테르코리스Bacteroides stercoris라는 미생물로, 나와 공생하는 전체 미생물의 27퍼센트를 차지했다(일반 인구의 평균은 2퍼센트 미만이다). 나는 혈액 데시리터(10분의 1리터)당 최고 160밀리그램까지 올라가는 당수치 급상승을 몇 번 겪었다(공복 상태에서 정상 당수치는 100 미만이다. (후략))."

그 덕분에 토폴은 자신의 건강과 장수에 관한 힌트를 얻었을 뿐만 아니라 다이어트 조언 속에 담긴 모순을 이해할 수 있는 계기를 발견했다. 그는 이렇게 썼다. "수십 년 동안의 다이어트 열풍과 정부가 발표한 식단 피라미드에도 불구하고 우리는 영양학에 대해 놀랄 만큼 아는 것이 거의 없다. 연구들은 연속적으로 다른 연구들을 반박했다. 모든 전제 속 핵심적인 결함이 점점 더 분명해지고 있다. 바로 모든 사람을 위한 최적의 다이어트가 있다는 아이디어다."

2019년 4월 데이투의 과학자들은 런던에 있는 국민보건서비스National Health Service의 고위 인사들을 만났다. 보다 많은 증거를 확보하기 위한 후속 연구가 시걸의 실험실뿐만 아니라 다른 곳에서도 진행되고 있다.[22] 목표는 적합한 다이어트 방법을 추천하는 데 마이크로바이옴 및 게놈과 함께 약물, 수면, 스트레스와 같은 개인적 요인까지 활용하는 것이다. 토폴은 이렇게 썼다.

다이버시티 파워

스킨 패치와 스마트워치 같은 다양한 기기로 (중략) 다양한 형태의 데이터를 확보하는 것이 우리가 반드시 해야 할 일이다. 발전된 알고리즘을 통해 이것을 분명히 실행할 수 있다. 앞으로 몇 년 안에 우리는 우리의 건강지표를 딥 러닝deep learning(사람처럼 스스로 보고 배운 지식을 계속 쌓아가면서 공부하는 컴퓨터 인공지능 학습법—옮긴이)하며 개인에 맞춘 다이어트 방법을 추천해주는 가상 헬스 코치를 만날 수 있을 것이다.

하지만 다이어트는 이런 개념상 혁명의 한 분야일 뿐이다. 우리 삶의 거의 모든 영역에서 우리는 표준화 시대에서 개인화 시대로 옮겨가는 자신의 모습을 발견할 것이다. 이 전환이 지혜롭게 인도되면 건강과 행복, 생산성을 향상할 잠재력이 생긴다. 시걸은 이렇게 표현한다. "다양성은 인류의 핵심적인 부분입니다. 이제는 다양성을 진지하게 받아들일 때가 되었습니다."

7

빅 픽처

혼자서 모든 문제를 해결하기엔
너무 복잡한 시대

우리는 CIA의 실패부터 롭 홀이 에베레스트 정상에서 보여준 영웅적인 행동까지, 그리고 바퀴 달린 여행 가방의 기이한 역사에서 정치적 에코체임버의 위험에 이르는 모든 것을 다뤘다. 혁신에 관한 한 영리한 것보다 사교적인 것이 더 좋다는 사실을 알았고, 1940년대 말 미 공군의 놀라운 사고는 말할 것도 없고 다이어트 과학의 심각한 결함을 밝히는 요점을 통해 평균에 대한 집착이 어떻게 개인의 특성을 이해하지 못하게 하는지 살펴봤다.

이 모든 사례와 이야기, 실험, 개념적 탐구는 동일한 근본 패턴을 분명히 보여 준다. 이들은 다양성의 힘과 함께 다양성을 무시함으로써 직면하는 위험을 환기한다. 조직뿐만 아니라 사회의 성공은 우리의 필수적인 이익을 추구하는 과정에서 우리의 차이점들을 얼마나 잘 활용하느냐에 달려 있다. 계몽적인 리더십과 디자인, 정책, 과학적 통찰을 활용해 이 일을 잘 해내면 그에 따른 보상은 어마어마할 수 있다.

그럼에도 불구하고 이 여정에서 가장 큰 장애물 중 하나로 여전히 남아 있는 주제를 되돌아볼 가치는 있다. 우리는 이를 복제 오류로 불렀다. 즉 복잡하고 다차원적인 문제를 선형적인 방식으로 생각하는 것이다. 이는 말할 때는 분명하게 보이지만 사회 전체에 걸쳐 교묘하게 숨어 있는 오류들 중 하나다. 또한 그 무엇보다 사람들이 개인적 관점에서 전체론적 관점으로 전환하지 못하게 막는 장애물이다.

오늘날 주요 초점은 여전히 개인적인 것에 맞춰져 있다. 우리는 개인이 더욱 똑똑해지고 더욱 통찰력 있고 편견에 대비해 더욱 조심할 수 있도록 도와주느라 여념이 없다. 게리 클라인과 대니얼 카너먼 같은 작가들의 훌륭한 저서가 이런 기준에서 집필됐음을 우리는 알고 있다. 하지만 이런 관점이 중요하다고 하더라도 그것이 전체론적 관점을 흐리게 하도록 내버려둬서는 안 된다.

이 책을 구성하는 개념들, 즉 집단 두뇌, 대중의 지혜, 심리적 안전감, 재결합적 혁신, 동종 선호, 네트워크 이론, 매끄러운 동종 어울림의 위험은 전체론적이다. 이 개념들을 구성하는 내용은 부분이 아니라 전체에서 나타난다. 이는 우리의 가장 긴급한 문제들이 개인 스스로 해결하기에는 너무나 복잡한 시대, 즉 집단지성이 가장 중요한 존재로 떠오르는 시대에 매우 중요하다.

마지막 장에서 우리는 다양성 과학으로 향하는 우리 여정의 시야를 완전히 확대하며 마무리한다. 또한 다양성이 개인과 조직의 성공을 설명하는 데 도움을 줄 뿐만 아니라 인류의 진화를 밝히는 데 매우 중요한 역할을 한다는 사실을 살펴볼 것이다. 이를 통해 개인적 관점과 전체론적 관점의 궁극적인 차이와 복제 오류를 거부하는 새로운 개념을 이해할 것이다.

우리는 또 이 책에서 배운 내용에서 도출해낸 보다 실용적인 효과 세 가지를 더 알아볼 것이다. 이는 다양성 과학과 관련된 모든 흥미진진한 아이디어와 개념에 우리가 살아가며 일하며 사회를 구성하는 방식을 전환하는 데 곧바로 활용할 수 있는 교훈이 담겨 있다는 사실을 상기시켜 줄 것이다.

개별 두뇌에만 머무른 네안데르탈인
vs. 집단 두뇌로 진화한 현생인류

지구 행성을 지배하는 종은 인류다. 인간은 거의 모든 거주환경에서 번성한다. 가축을 포함하면 인간은 전 세계 지상 척추동물 생명체의 98퍼센트를 차지한다. 강력한 기술과 이론, 예술을 창조한다. 정교한 언어로 소통한다. 인간의 사촌인 침팬지는 서식지가 아프리카 열대우림의 작은 지대에 한정돼 있지만 인간에게는 그런 제한이 없다. 세인트앤드루스대학교 행동진화생물학 교수 케빈 러랜드Kevin Laland는 말했다. "인간의 범위는 비할 데 없이 엄청나다. 찌는 듯이 더운 열대우림에서 얼어붙은 툰드라까지 지구상의 거의 모든 거주환경을 개척했다."

여기서 한 가지 의문이 생긴다. 인간이 그렇게 성공한 이유는 무엇일까?

책을 덮고 이 의문에 대해 잠시 생각해보면, 직관적인 답이 떠오를 것이다. 바로 인간은 지능적이라는 대답이다. 인간은 큰 뇌를 가지고 있다. 이를 통해 우리는 다른 동물들이 풀지 못하는 문제를 해결할 수 있다. 큰 뇌는 우리가 이론이든 기술이든 소통 방식이든 새로운 아이디어를 떠올리는 데 도움을 준다. 이는 유일하게 인간만이 자신의 뜻대로 자연을 바꿔놓을 수 있다는 의미다. 기본 아이디어는 다음과 같다.

큰 뇌에서 훌륭한 아이디어(즉 기술, 문화, 제도)가 나온다.

하지만 우리는 오랫동안 우리의 세계관을 지배해온 이 프레임워크가 틀릴 뿐만 아니라 진리의 정반대일 가능성을 탐구할 것이다. 이는 인간의 뇌를 분석의 중심에 두는 개인주의적 관점에서 나온 것이다. 우리는 전체론적 관점이 적절하다는 사실을 알아볼 것이다. 심지어 인과관계의 방향이 반대일 수도 있다는 주장까지 제시할 것이다.

즉, 훌륭한 아이디어가 뇌를 크게 만든다.

이상하게 들릴지 모르겠지만 이 주장을 추적하다 보면 우리의 인지 다양성 분석이 정점에 이를 것이다. 우리는 다양성이 집단지성을 만들어내는 요소일 뿐만 아니라 인류의 독특한 진화 궤적을 만들어낸 요소임을 볼 것이다. 다양성은 진정한 의미에서 인류의 숨겨진 엔진이다.

그 이유를 알아보기 위해 하버드대학교 인간진화생물학 교수 조지프 헨릭의 여러 주장들 가운데 특히 우리 조상들의 뇌 크기가 네안

다이버시티 파워

데르탈인의 뇌와 비슷하거나 약간 작았다는 주장을 생각해보자. 이는 우리 조상들이 네안데르탈인보다 지능이 낮았을 수도 있다는 점을 시사한다. 헨릭은 이렇게 설명한다. "영장류 전체의 인지능력을 예측하는 가장 강력한 요인은 뇌 크기다. 따라서 더 큰 뇌를 가진 네안데르탈인보다 우리가 지능이 낮았다는 주장은 믿기 어려운 말이 아니다."

하지만 우리 조상들에게는 매우 중요하지만 우리가 눈여겨보지 않았던 장점이 있었다. 보다 사회적이었다는 점이다. 우리는 더 크고 더 촘촘하게 연결된 집단을 이루고 살았다. 이 차이가 엄청난 결과를 낳은 것으로 드러났다. 왜일까? 같은 종의 동물들이 가까이 모여 있는 집단 속에는 배울 만한 점이 있는 동물도 있기 마련이다. 이런 사회적 집단의 각 구성원에게 먹거리를 찾고 도구를 만드는 등의 아주 기본적인 아이디어만 있다고 하더라도 그런 아이디어의 밀도가 높으면 어떤 한 사람이 (심지어 똑똑한 사람이라도) 평생 동안 스스로 알아낸 것보다 더 많은 것을 집단에서 배울 수 있다는 뜻이다.

이는 결국 자연도태가 훌륭한 학습자, 즉 다른 사람이 하는 일을 관찰하며 아이디어를 얻는 기술이 뛰어난 사람들에게 유리하게 작용하기 시작할 것이라는 의미다. 이런 기술은 네안데르탈인에게 중요하지 않았다. 그들에게는 충분히 밀집돼 배움을 얻을 수 있는 사회적 집단이 없었기 때문이다. 요점은 네안데르탈인의 아이디어가 우리 조상들보다 열등했다는 것이 아니다. 다른 사람에게서 배우려면 (사냥 시간을 학습에 투자하는 등) 치러야 할 대가가 크고 이런 투자를 보상해줄 만한 아이디어는 충분하지 않다는 점이다.

하지만 일단 자연도태가 훌륭한 학습자에게 유리하게 작용하기 시작하면 진화 궤적 자체가 바뀌기 시작한다. 만약 사람들이 이전 세대에서 아이디어를 배우는 기술을 보유하고 여기에다 다음 세대로 넘겨줄 기술을 좀 더 추가하면 아이디어가 축적되기 시작하기 때문이다. 초기 인류가 인지한 어떤 아이디어도 네안데르탈인이 인지한 아이디어보다 수준이 더 높지는 않지만 지식의 전체적인 덩어리는 점점 더 불어난다. 그리고 재결합한다.

네안데르탈인의 경우 혁신을 만들어낸 사람이 사망하면 그 혁신은 일반적으로 사라진다. 개인들이 새로운 것을 발견하지만 그것이 사회적 집단 전체나 다음 세대에 공유되지 않는다. 반면 인류의 조상들은 각 개인의 두뇌가 사회적 집단 안에서, 그리고 다음 세대에 걸쳐 연결돼 있다. 혁신이 사라질 가능성이 낮다. 오히려 증가될 가능성이 높다. 이것이 진화적 시간 전체에 걸친 정보 넘침의 역학이다.

4장에서 설명했던 용어로 돌아가 보면, 우리 조상은 개인의 두뇌 측면에서 네안데르탈인보다 지능이 낮았다. 하지만 집단 두뇌를 놓고 보면 더 똑똑했다. 헨릭은 이렇게 설명한다.

빙하기 유럽의 분산된 자원에 적응하고 급격하게 변하는 생태학적 조건에 대처해야 했던 네안데르탈인은 넓게 흩어져 소규모 집단을 이루고 살았다. (중략) 한편 아프리카 이주민[우리의 조상]은 보다 규모가 크고 서로 연결된 집단으로 살았다. (중략) 네안데르탈인의 뛰어난 개인적 지능으로 탄생한 추가적인 이점은 아프리카인의 집단 두뇌 규모의 사회적 상호연결성의 힘에 의해 위축됐다.

4장의 사고실험 속 천재와 네트워크를 활용하는 사람의 차이를 다시 생각해보자. 천재는 네트워크를 활용하는 사람보다 영리하지만 새로운 혁신을 이룰 가능성은 낮았다. 혁신은 개인들 사이의 상호작용과 자신이 속한 네트워크에 관한 것이다. 지식은 축적되면서 집단 두뇌를 형성하며 사실상 자연도태 작용 자체에 따라 발전한다.

실제로 이 과정은 너무나 강력한 것으로 판명돼 개인 두뇌들의 집합에서 진정한 집단 두뇌로 전환하는 과정을 생물학자들은 '대전환major transition'이라 부른다. 이곳이 정보를 저장하고 전달하는 방식을 약간 바꿔 복잡성에 큰 변화가 일어나는 지점이다. 전형적인 사례는 원핵생물(단세포 유기체)에서 진핵생물(막으로 둘러싸인 핵을 가진 세포로 이뤄진 유기체)로의 전환과 무성 복제에서 성적 개체군으로의 전환이다.

인간의 집단 두뇌는 지구에서 가장 최근에 일어난 대전환에 해당한다. 이는 방대한 아이디어의 축적으로 이어졌지만 유전적 진화 자체를 바꾸는 피드백 루프로 이어지기도 했다. 왜일까? (때로는 '누적된 문화cumulative culture'라고 불리는) 아이디어 뭉치의 확장이 빠르게 늘어나는 방대한 정보를 저장하고 분류할 수 있는 더 큰 개인의 뇌를 선택하는 압박으로 작용했기 때문이다.

지난 500만 년 동안 인간의 뇌는 침팬지와 비슷한 약 350세제곱센티미터에서 1350세제곱센티미터로 커졌고, 이런 성장 중 대부분은 지난 200만 년 동안에 일어났다. 이와 같은 뇌의 성장은 영장류 몸 구조의 핵심 부분인 여성 산도(출산 통로)의 한계 때문에 20만 년 전에 결국 멈췄다. 태아의 머리가 너무 크면 출산할 때 밖으로 나올 수 없다(또는 출산 과정에서 산모가 사망할 수도 있다). 대뇌피질 주름이 많고 아주 빽빽하게 서로 연결돼 있으며, 산도를 빠져나오기 위해 융합되지 않은 채 있다가 출생 후 빠르게 성장하는 태아 두개골을 자연 도태가 선호하는 이유가 바로 여기에 있다.

그러므로 인간은 실제로는 엄청나게 큰 뇌를 가진 셈인데, 인과관계의 방향에 주목해보자. 즉 아이디어 축적이 뇌의 성장을 촉진하는 것이지 그 반대가 아니다.

(단순한 아이디어의 축적과 재결합으로 탄생한) 훌륭한 아이디어가 뇌를 더 크게 만든다.

러랜드는 이렇게 표현한다. "일단 인구 규모가 임계점에 이르면 수렵채집민의 작은 무리는 서로 접촉하며 물품과 지식을 교환할 가능성이 높아지고 그 결과 문화적 정보가 사라질 확률이 낮아지며 지식과 기술이 축적되기 시작했다."[1]

그렇다면 침팬지와 다른 동물들은 왜 이와 같은 진화 경로에 합류하지 않았을까? 왜 인간만이 생물학자가 말하는 이중 유전dual inheritance을 할까?(인간은 유전자와 점점 늘어나는 아이디어 집합체를 둘 다 물려받는다.) 그 이유는 닭이 먼저냐 달걀이 먼저냐의 문제에 직면한 집단 두뇌의 출현에 있다. 우리는 이미 그 논리를 언급했다. 다른 사람에게서 학습하도록 디자인된 뇌는 비용이 많이 드는 개체다. 진화적 관점에서 볼 때 그런 뇌는 습득할 아이디어 집합체의 규모가 꽤 클 때에만 일리가 있다. 그런데 다른 사람에게서 학습할 능력이 없으면 이런 비용을 정당화할 충분한 양의 아이디어가 주변 환경에 생기지 않을 것이다. 이는 집단 두뇌 출현의 근본적인 제약에 해당한다. 헨릭은 이를 '착수 문제start-up problem'라고 부른다.

예를 들면 고릴라는 수컷 한 마리와 암컷 몇 마리로 이뤄진 단일 가족 무리를 이뤄 살기 때문에 이 비용을 절대 정당화할 수 없었다. 오랑우탄은 혼자 있기를 좋아하고 암수가 한 쌍을 이루지 않는다. 이는 어린 오랑우탄이 보통 어미에게서만 배우며 자란다는 뜻이다. 침팬지는 집단생활을 하는 경향이 있지만, 유아기와 청년기의 침팬지에 관한 연구를 보면 그들이 롤 모델로 접근할 수 있는 존재는 어미밖에 없다.

이 동물들에게 가장 기본적인 기술을 제외한 다른 기술들이 부족한 이유가 바로 여기에 있다. 이런 집단의 새로운 혁신은 그 창조자와 함께 사라지는 경향이 있다. 그들은 유전적 능력을 물려받지만 축적된 아이디어 집합체를 물려받지는 못한다. 네안데르탈인은 진정한 집단 두뇌에 이르는 과정에서 현대 인간의 조상이 아프리카를 떠나는 바람에 그들과의 경쟁에서 뒤처졌다. 이 집단들은 개별적으로 지능이 낮아서가 아니라 집단적인 지능이 낮았기 때문에 경쟁할 수 없었다.

이 관점은 인간의 뇌뿐만 아니라 인간의 신체 속성을 설명하는 데도 도움을 준다. 일단 아이디어들이 환경의 안정적인 부분으로 자리 잡으면 그것들은 유전적 진화 자체를 추진하기 시작한다. 우리 인류 역사상 가장 위대한 반항적 아이디어 중 하나인 불의 발명을 생각해 보자. 우리는 누가 처음에 불을 창조하는 데 성공했는지 모르지만 인간이 이 기술을 서로에게 그리고 후손들에게 가르칠 수 있었다는 사실은 알고 있다. 즉 불은 초기 인간의 문화적 생태계의 일부가 되었고 세대에서 세대로 전해 내려왔다.

하지만 이는 또 인간이 음식을 해독하기 위해 그렇게 큰 내장이 필요하지 않았다는 뜻이기도 하다. 음식은 조리 과정에서 이미 부분적으로 해독됐다. 그러므로 자연도태는 인간의 뇌 성장에 필요한 대사에너지를 많이 소비하지 않는 작은 내장을 가진 인간을 선호하기 시작했다. 인간은 그렇게 큰 입이나 이빨, 강한 턱, 대장 또는 창자가 필요하지 않았으며 이 모든 것은 불을 사용해 조리하는 문화에 적응하기 시작했다. 헨릭은 이렇게 말한다.

조리와 같은 기술은 실제로 음식에서 얻을 수 있는 에너지를 증가시키며 음식을 더 쉽게 소화하고 해독할 수 있게 해준다. 이런 효과를 통해 인간의 내장 조직을 줄여 상당량의 에너지를 절약하는 자연도태가 일어났다. (중략) 문화적 진화에 의한 소화 기능의 이런 표면화는 인류가 더 큰 뇌를 형성하고 작동할 수 있게 하는 요소들 중 하나가 됐다.[2]

또는 인간이 지구상에서 가장 지구력이 강한 주자runner라는 사실을 생각해보자. 인간은 영양과 같은 동물들을 특히 무더운 날씨에도 추적해 사냥할 수 있다. 인간에게는 이렇게 할 수 있는 몇몇 특성, 특히 땀을 흘리는 엄청난 능력이 있다. 인간은 시간당 1리터에서 2리터의 땀을 흘릴 수 있으며 이는 훌륭한 냉각 메커니즘이다.

하지만 여기서 한 가지 의문점이 생긴다. 즉 인간의 위는 너무 작아서 장거리를 계속 달리는 데 필요한 많은 양의 물을 섭취하지 못한다. 그렇다면 인간은 어떻게 그토록 부적절한 저장 기관으로 계속 달릴 수 있을까? 애초에 충분한 물을 섭취할 수 없는 상태에서 왜 그렇게 많은 땀을 흘릴까? 이 의문점은 기술을 고려할 때만 풀 수 있다. 일단 인간은 호리병과 가죽 부대, 타조알에 물을 담아 가지고 다니는 법을 습득했으며 이 기술이 우리 환경의 안정적인 부분으로 자리 잡고 다음 세대로 전달되면서 인간은 신체 내에 대형 저장 시스템이 필요하지 않게 되었다. 음식 해독을 외부에 위탁했듯이 물 저장도 외부 도구를 활용해 해결하며 또 다른 진화 궤적에 이르렀다.

하지만 인과관계의 방향에 다시 한번 주목해야 한다. 장거리달리기에 대한 인간의 효율적인 적응은 이전의 외부 저장 기술이 없었더라면 발달할 수 없었다. 헨릭은 이렇게 설명한다. "땀에 바탕을 둔 복잡하고 다소 놀라운 체온조절 시스템의 진화는 인간이 물 저장 용기를 만드는 (그리고 수원水源을 찾는) 아이디어를 개발한 후에야 일어날 수 있었다."

인간의 아이디어와 기술은 유전자에 변화를 줄 뿐만 아니라 인간의 생명 작용을 비유전적 방식으로 바꿔놓는다. 이 책을 읽고 있다는 사실은 독자가 글을 읽지 못하고 쓸 줄 모르는 문맹이 아니라는 뜻이다. 부모와 스승에게서 글을 읽는 기술을 배웠으며, 또 그들은 그들의 부모와 스승에게서 배웠다. 하지만 글을 읽는 능력을 습득하는 과정에서 뇌에도 변화를 준다. 읽는 법 학습은 뇌량을 두껍게 하고 상측두구와 하위 전전두엽 피질을 수정하며 뇌의 좌복측 후두 측두부 영역에 변화를 준다. 이처럼 읽는 법을 학습하는 과정을 통해 일어나는 뇌의 재배선rewiring은 문명사회와 관련된 생물학적 수정modification 이지 유전적 수정은 아니다. 헨릭은 이렇게 말한다.

> 읽기는 실제로 우리 뇌를 재배선해 형상의 패턴을 언어로 빠르게 전환하는 거의 마법에 가까운 능력을 (중략) 창조하는 문화적 진화의 산물이다. 대부분의 인간 사회에는 표기체계가 없었으며 지난 수백 년 동안은 대다수가 읽고 쓰는 법을 몰랐다. 이는 현대사회에서 (읽기 능력이 뛰어난) 대부분의 사람들은 (중략) 인간 역사 전반에 걸친 대부분의 사회에 속한 사람들 대다수와 어느 정도 다른 인지능력을 갖춘 다른 뇌를 가지고 있다는 뜻이다. (중략) 중요한 점은 문화적 차이가 유전적 차이가 아니라 생물학적 차이라는 것이다.

이들은 반항적인 아이디어가 인간의 뇌와 신체, 그리고 사실상 사회적 규범과 제도를 직접적으로 형성한 방식의 몇몇 사례일 뿐이다. 반항적인 아이디어는 인간의 심리 형성에도 영향을 미쳤다. 일단 인간이 평생 동안 스스로 배울 수 있는 것보다 사회적 집단에서 더 많은 것을 배울 수 있는 지경에 이르면서 자연도태는 다른 사람의 뇌에서 아이디어를 끄집어내는 데 능숙한 자를 선호하기 시작했다. 이는 배움을 가장 많이 얻을 수 있는 사람에게 주목하는 능력을 뜻한다. 헨릭은 덧붙인다.

> 일단 [아이디어가] 축적되기 시작하면 (중략) 유전자상에서 가장 큰 선택 압박은 한 집단 내 다른 사람들의 생각 속에서 점점 더 많이 얻을 수 있는 일련의 적합성 향상fitness-enhancing 기술과 실행 방식을 습득하고 저장하며 처리하고 체계화하는 인간의 심리적 능력 향상을 중심으로 전개된다. (중략) 이 과정은 추진할 연료를 자체적으로 만들어낸다는 의미의 자가촉매작용autocatalytic으로 설명될 수 있다.

다양성이야말로 인류가 성공한 비결이다

이렇게 피상적인 조사만으로도 우리는 개인적 관점과 전체론적 관점의 궁극적인 차이를 알 수 있다. 인간의 뇌는 대단하지만 인류의 성공은 지구 행성 전체와 과거 역사까지 뻗어 있고 방대한 양의 아이디어와 기술, 문화의 진화로 이어졌던 복잡한 연결성 망에 존재한다. 이는 대략 200만 년 동안 뇌를 확장하고 생리生理 기능을 바꾸고 아이디어 집합체로 다시 흘러 들어가며 인간의 유전적 진화 과정을 이끌었다.

이런 의미에서 인류는 다양성을 바탕으로 구축됐다. 서로 다른 아이디어와 경험, 운 좋은 발견, 재결합이 사회적 네트워크 전체를 휩쓸고 지나가며 집단 두뇌를 만들어내고 집단지성을 확장하며 자연도태의 궤적을 수정한다는 방식에서 인류는 독특하다. 인간을 똑똑하게 만드는 것은 이런 아이디어들의 다양성이다. 축적된 방대한 양의 아이디어를 벗겨낸 인간의 두뇌는 훨씬 덜 인상적이다.

실제로 인류학자들은 축적된 정보 집합체에 접근할 수 없는 상태에 놓인, 그야말로 있는 그대로의 인간의 인지능력을 측정하는 실험을 고안했다. 이를 측정하는 하나의 방법은 인간 유아를 비슷한 연령대의 침팬지와 다른 영장류와 비교하는 것이다. 이 발육단계의 인간 유아는 부모에게서 약간의 정보를 흡수하지만, 열 살 또는 심지어 다섯 살의 어린이보다 훨씬 적게 습득한다. 독일 라이프치히의 진화인류학연구소Institute of Evolutionary Anthropology 연구원들은 공간 기억(실험 대상자는 물체의 위치를 기억해야 한다)과 인과성(모양과 소리를 평가)을 비롯한 인지 과제 테스트를 통해 두 살 반 된 인간 유아와 침팬지, 오랑우탄을 비교했다. 결과는 모든 과제에서 거의 비슷하게 나타났다. 인간 유아와 침팬지는 비슷한 수준으로 과제를 수행했고, 오랑우탄은 약간 뒤처졌다.

하지만 인간이 뛰어나게 잘했던 과제가 바로 사회적 학습이었다. 이 과제는 좁은 관에서 음식을 뽑아내는 복잡한 기술을 사용하며 시범을 보이는 사람을 관찰하는 것이었다. 인간 유아는 그 기술을 곧바

다이버시티 파워

로 습득해 즉시 적용할 수 있었다. 다른 영장류는 목격한 기술을 이해하거나 실행에 옮길 수 없었다. 헨릭은 이렇게 설명한다.

> 사회적 학습을 측정하는 하위 검사에서 두 살 반 된 인간의 대부분은 100퍼센트의 점수를 받은 반면, 대부분의 유인원은 0퍼센트를 기록했다. 종합적으로 이 발견들은 뛰어난 두 영장류에 비해 유일하게 특출한 인간 유아의 인지능력이 공간이나 수량, 인과성이 아니라 사회적 학습과 관련이 있다는 사실을 보여준다.

반직관적인 말로 들릴지 모르겠지만, 이는 지금껏 우리가 배웠던 내용과 관련이 있다. 인간은 다른 인간들의 뇌와 연결되도록 진화됐기 때문에 똑똑하다. 이는 아홉 살 또는 열 살 된 인간 어린이가 인지 과제 실험의 거의 모든 분야에서 전체 연령대의 다른 영장류보다 뛰어난 이유다. 성인에게서 흡수한 방대한 양의 지식 덕분에 아이는 훨씬 더 큰 힘을 가진 뇌를 갖출 수 있다.

침팬지와 오랑우탄은 나이가 들어도 나아지지 않는다. 그들의 뇌는 세 살 때 성숙 단계에 이르면 더 이상 좋아지지 않는다. 연결할 집단 두뇌와 아이디어 뭉치, 축적된 문화가 없다. 있다고 하더라도 이 정보를 다른 동물에게서 추출하는 지능이 발달되지 않았다. 그들의 진화 역사에서 그런 능력을 구축할 선택 압박이 없었기 때문이다. 마이클 무수크리시나는 이렇게 요약한다. "인간이 다른 동물과 그렇게 다른 이유는 무엇일까? 인간의 하드웨어 때문이 아니다. 인간을 다른 동물보다 똑똑하게 만드는 거대한 뇌 때문도 아니다. 실제로 일부 침팬지는 기본적인 작업기억에서 인간보다 뛰어나다. (중략) 인간을 다른 동물들과 차이 나게 하는 것은 인간의 집단 두뇌다." 케빈 러랜드는 다음과 같이 설명한다. "인류의 성공은 때로 인간의 영리함 덕분이지만, 실제로 인간을 똑똑하게 만드는 것은 아이디어다. 물론 지능도 관련이 있지만 인류를 가장 돋보이게 하는 것은 인간의 통찰과 지식을 한데 모으고 다른 사람들의 해결 방안 위에 쌓아나가는 능력이다."[3]

이런 분석이 인간 각자의 두뇌를 약간 폄하하는 것처럼 들릴지도 모르겠다. 무엇보다도 인간의 두뇌는 지금껏 알려진 우주에서 가장 복잡한 실체로 간주된다. 우리는 인간의 인지와 처리 능력을 자랑스러워한다. 하지만 근본적인 요점은 뇌 자체에 빗대어 설명할 수 있다. 뇌는 셀 수 없이 많은 신경세포와 축삭돌기로 이뤄져 있다. 다수의 서로 다른 부분으로 구성된 복잡한 시스템이다. 그럼에도 불구하고 특정 뇌의 지능은 각 부분의 지능에서 나오는 것이 아니다. 어떤 신경세포도 통찰을 떠올리는 역할을 담당하지 않는다. 그 대신 뇌의 능력은 각 부분의 상호작용에 바탕을 둔다. 마빈 민스키Marvin Minsky가 저서《마음의 사회》에 쓴 것처럼 "각 부분 자체로는 사고 능력이 없는 많은 작은 부분들을 통해 사고를 구축할 수 있다."

각 개인의 두뇌와 집단 두뇌의 관계는 신경세포와 개인 두뇌의 관계와 어느 정도 비슷하다. 개인의 두뇌는 독자적으로 통찰을 하기 때문에 이 비유가 정확한 것은 아니다. 신경세포와 달리 개인의 두뇌는 아무 말도 못하는 멍청이가 아니다. 하지만 개념적 요점은 유효하다. 우리가 (분, 시, 년, 세기로 측정한) 일반적 시간에서 운영하든 (수십만 년 단위로 측정한) 진화적 시간에서 운영하든 인간의 발전은 집단을 구성하는 두뇌들 자체보다 다양한 두뇌들이 상호 작용하는 방식에 훨씬 더 많이 의존한다.

이제 우리 곁에 번득이는 통찰이 남는다. 인류는 개인적으로 막강해서가 아니라 집단적으로 다양하기 때문에 지구 행성에서 가장 막강하다. 다양한 통찰을 한데 모으고 세대 내와 세대들에 걸쳐 연결하며 반항적인 아이디어들을 재결합함으로써 인류는 상당히 놀랄 만한 혁신들을 창조했다. 인간의 영특함이 사회성을 만든 것이 아니라 사회성이 인간의 영특함을 만들어냈다.

다양성은 인간 그룹의 집단지성을 끌어낸 요소일 뿐만 아니라 인류의 독특한 진화 경로를 구축한 숨겨진 요소다. 헨릭의 말에 따르면, 인류가 성공한 비결이다.

다양성을 실제 일과 삶에 적용하려면

빅 픽처를 살펴봤으니 이제 이 책에서 얻은 교훈을 실제로 적용하기 위해 마지막으로 초점을 좁혀보자. 우리는 어떻게 다양성을 일과 삶에서 활용할 수 있을까? 이를 위해 우리가 생활하고 일하며 사회를 구성하는 방식에 직접적으로 관련이 있는 세 가지 결정적인 적용

방법을 검토할 것이다.

무의식적 편견

무의식적 편견unconscious bias은 다양성에 관한 현대의 논쟁을 지배한다. 이는 사람들이 재능이나 잠재력의 부족이 아니라 인종이나 젠더 같은 자의적 요인 때문에 기회를 얻지 못하는 상황과 관련된다.

가장 직관적인 편견의 사례는 1970년대에 나온 것이라 할 수 있다. 당시 미국을 비롯한 여러 지역의 오케스트라는 남성이 지배했다. 이유는 단순하다. 오디션을 실시한 사람들이 남성이 일반적으로 더 뛰어난 음악가라고 생각했기 때문이다. 그들이 주장한 것은 능력주의였다. 남성 피아니스트와 바이올리니스트의 기량이 더 뛰어난 것으로 알려져 있었다.

그런데 하버드대학교 클로디아 골딘Claudia Goldin 교수와 프린스턴대학교 서실리아 로즈Cecilia Rose 교수가 한 가지 아이디어를 떠올렸다. 참가자를 스크린 뒤에 세워놓는 블라인드 오디션을 왜 하지 않을까? 그렇게 하면 선발 위원들이 음악을 듣고 그 수준을 평가할 수는 있지만 음악을 연주하는 음악가들의 젠더를 확인할 수는 없었다. 이런 블라인드 오디션이 도입되자 여성이 첫 번째 단계를 통과할 가능성이 50퍼센트 높아졌고 마지막 단계를 통과할 가능성은 300퍼센트 높아졌다. 이후 주요 오케스트라의 여성 연주가 수가 5퍼센트에서 거의 40퍼센트로 늘어났다.

대단히 흥미로운 점은 블라인드 오디션이 도입될 때까지 심사 위

다이버시티 파워

원들은 여성을 차별하고 있다는 사실을 인식하지 못했다는 것이다. 그러고 나서야 후보자를 기량만이 아니라 훌륭한 음악가가 어떤 모습이어야 한다는 고정관념의 필터로 평가했다는 사실을 깨달았다. 편견을 없애는 것은 여성 음악가에게는 물론이고 오케스트라 자체에도 좋은 일이었다. 이후 그들은 겉모습과 상관없이 인재들을 영입했다.

무의식적 편견은 후보자들 사이의 차이가 분명할 때에는 드러나지 않는 경향이 있다. 무엇보다도 고용주가 의도적으로 실력이 떨어지는 연주가를 선택할 이유가 있을까? 그렇게 하면 오케스트라 자체에 해를 입히는 꼴이 된다. 후보자들의 능력이 비슷하고 심사 위원들에게 심리학자들이 말하는 '임의적 영역discretionary space'이 있을 때에만 무의식적 편견이 더 중요하게 작용한다.

대학생들에게 취업 지원자들 중에서 합격자를 결정하는 과제가 주어진 연구를 살펴보자. 흑인 지원자가 백인 지원자보다 월등히 뛰어나면 그들은 거의 항상 선발됐다. 백인 지원자도 마찬가지였다. 경력의 수준이 비슷할 때에만 무의식적 편견이 드러났다. 당시 대학생들은 백인 지원자를 선호하는, 약하지만 주목할 만한 경향을 보였다. 그들이 의식적으로 한 일은 아니었다. 그런 편견을 지적하자 그들은 놀랐다. 만약 그런 결정에 대해 법정에서 이의를 제기했다면 차별을 증명하기가 거의 불가능했을 것이다. 그럼에도 흑인의 능력이 백인보다 떨어진다는 고정관념은 대학생들이 이력서를 무의식적으로 처리하는 방식에 영향을 미쳤다.

이런 작은 편견들이 누적된 결과는 매우 중요하다. 삶의 모든 부분에서 뭔가를 이루려면 일련의 미닫이문 평가sliding-door evaluations, 즉 별로 중요해 보이지 않지만 그럼에도 앞으로 일어날 일의 궤도를 바꿔놓는 순간sliding-door moments에 미닫이문이 열리거나 닫히는 것과 같은 결정이 내려지는 평가를 거쳐야 하기 때문이다. 예를 들면 우리는 학교 토론팀과 여름 인턴직, 대학교, 첫 직장 지원, 승진 등에서 선발돼야 한다. 이들은 대표적인 사례일 뿐이다. 평가는 거의 모든 일상적 상호작용에 반영돼 있다.

하지만 이제 그런 결과를 수학적으로 생각해보자. 스콧 페이지의 주장에 따르면 열 번의 평가 각각에서 흑인에 대한 단 10퍼센트의 편견은 그들이 선두에 오를 확률을 90퍼센트라는 엄청난 비율만큼 줄인다. 이것이 어떻게 왜곡된 인센티브를 만들어내는지도 생각해보자. 일단 자격을 갖추려면 중등학교와 대학교뿐만이 아니고 그 이후에도 많은 노력과 희생이 필요하다. 성공하려면 엄청나게 많은 방법으로 만족감을 뒤로 미루는 의지가 필요하다.[4]

그럼에도 불구하고 이런 자격에 관련된 보상이 슬프게도 몹시 희석된다면 그렇게 힘든 상황을 군이 겪을 이유가 있을까? 하버드대학교 경제학자 로널드 프라이어Ronald Fryer는 교육에 대한 보상이 소수 집단에게 얼마나 왜곡될 수 있는지 보여줬다. 그리고 이는 구조적 편견으로 알려진 방식, 즉 역사적 불공정과 무의식적 차별, 왜곡된 인센티브의 유산이 인구의 특정 계층에 대한 실질적 장벽으로 굳어질 수 있는 방식을 암시한다.

다이버시티 파워

그렇다면 무의식적 편견을 없애는 것은 보다 공정한 시스템을 만드는 강력한 첫 단계일 뿐만 아니라 집단지성을 더 많이 갖춘 사회를 만드는 첫 단계이기도 하다. 이는 모든 배경의 사람들에게 자신의 재능을 추구할 기회를 제공해 우리의 가장 긴급한 문제에 기여하는 지식을 지닌 집단을 확장한다. 구조적 차별에 맞서 싸워 이를 해결하는 일은 모든 정치적 의제의 거의 최우선 과제가 돼야 한다.

그리고 이를 통해 우리는 오케스트라 단원을 뽑는 블라인드 오디션을 되돌아본다. 이 방법은 단원 영입 과정에서 주관성을 배제한 덕분에 효과적이었다. 편견은 평가 자체에 대한 디자인을 통해 제거됐다. 또한 이 방법에는 야심 있는 여성 음악가들에게 자신의 재능이 공정하게 평가되고 그에 따라 일단 입단 자격을 얻으면 더 많은 인센티브가 주어질 것이라는 자신감을 심어주는 보다 큰 효과도 있었다.

하버드대학교 아이리스 보닛Iris Bohnet 교수는 저서《제대로 작동하는 것What Works》에서 평가의 객관성을 강화하는 다양한 측정 기준에 대한 광범위한 분석을 제시한다. 여기에는 (특정 형태의 인구통계적 정보를 제거한) '블라인드' 이력서 도입과 함께, 기업이 신입 사원을 찾고 일자리를 광고하며 채용 공고를 내고 지원자를 평가하며 최종 후보자 명단을 선정하고 후보자를 인터뷰하며 최종 선택을 하는 방법에 대한 변경이 포함됐다.[5]

그런데 무의식적 편견을 없애는 것은 집단지성 확대와 관련해 필수적인 기법이지만, 결코 충분하지는 않다. 블레츨리 파크를 다시 생각해보자. 채용 담당자가 수학자 채용을 간절히 원해왔다고 가정해보자. 여기서 무의식적 편견을 제거하면 고정관념에 빠지지 않은 최고 수학자를 알아볼 수 있었을 것이다.

그럼에도 불구하고 이는 그들이 십자말풀이 전문가와 에니그마 암호해독에 결정적이었던 것으로 드러난 특이한 사고방식을 지닌 사람을 찾는 데 도움을 주지 못했다. 무의식적 편견 제거는 인종이나 젠더와 상관없이 최고 인재를 찾는 데 도움이 된다. 하지만 그것 자체가 인지 다양성을 최적화하지는 못한다. 무의식적 편견 제거와 인지 다양성 최적화, 이 두 가지 도전은 개념상 뚜렷이 구분된다. 훌륭한 조직은 둘 다 해야 한다.

그림자 위원회

첨단기업들이 다양성을 활용하는 또 다른 방법은 '그림자 위원회 shadow boards'를 설치하는 것이다. 이 위원회는 주요 의사 결정과 전략에 대해 경영진에게 조언을 하며 나이로 인한 좁은 시야를 없앨 수 있는 젊은 사람들로 구성돼 있다. 무엇보다도 우리는 각자 특정 시기에 성장하며 특정 문화와 지적 패러다임을 흡수했다. 이는 우리가 의식할 수 없는 수많은 부분에서 우리의 사고방식에 영향을 미친다.

철학자 토머스 쿤Thomas Kuhn의 주장에 따르면 이는 실제로 다른 모든 것에 적용되는 수준만큼 과학에도 적용된다. 현역으로 활동 중인 과학자들은 대개의 경우 새로운 통찰 개발에 제약을 가할 수 있는 특정 가설들의 조합과 절대적 이론에 따라 연구한다. 이것이 위대한 물리학자 막스 플랑크Max Planck가 "과학은 장례식이 한 번 치러질 때마다 발전한다"라는 말을 하게 만든 요인이다.

일반적으로 그림자 위원회는 높은 수준의 의사 결정에 정기적으로 기여하는 가장 유능한 젊은 사람들을 조직 전체에서 선발해 구성한다. 따라서 경영진이 '젊은 그룹의 통찰을 활용하며' 경영진의 관점을 다양화할 수 있게 해준다. 이는 또 반항적인 아이디어의 흐름을 더욱 강화하는 결과로 이어진다.

새로운 기술에 적응하는 데 어려움을 겪고 젊은 사람들의 빠른 신기술 습득 속도에 놀랐던 사람이라면 누구라도 그림자 위원회의 중요성을 이해할 것이다. 또한 오래전부터 묵혀온 문제들을 젊은 사람들이 얼마나 다르게 생각할 수 있는지 보며 충격을 받았던 사람들은 누구라도 이 논리를 이해할 것이다. 이것이 바로 그림자 위원회를 구성한 기업들이 이 위원회를 높은 수준의 의사 결정 과정 속에 통합해 엄청난 보상을 얻은 것이 절대 놀랍지 않아야 하는 이유다.

경영 전문가 제니퍼 조던Jennifer Jordan과 마이클 소렐Michael Sorell이 〈하버드 비즈니스 리뷰〉에 게재한 논문은 최고급 패션 브랜드 프라다Prada와 구찌Gucci의 성쇠를 대조했다. 프라다는 전통적으로 높은 마진을 누려왔지만 2014년부터 2017년까지 슬럼프를 겪었다. 왜 그랬을까? 2018년 공개 발표에서 프라다는 "디지털 채널과 온라인에서 블로그 활동을 하는 '인플루언서influencer'의 중요성을 빨리 인식하지 못했다"라고 인정했다. 프라다 CEO 파트리치오 베르텔리Patrizio Bertelli는 "우리가 실수했다"라고 말했다.

구찌는 임원들과 지속적으로 상호 작용하는 젊은 사람들로 구성된 그림자 위원회를 만들었다. 논문에 따르면 "그림자 위원회의 젊은 사람들은 경영 위원회가 집중하는 이슈를 놓고 끝까지 토론했고 이들의 통찰은 '임원들의 주의를 촉구하는 역할'을 했다. 이후 구찌의 매출은 회계연도 기준 2014년 34억 9700만 유로(약 4조 7000억 원)에서 2018년 82억 8500만 유로(약 11조 1500억 원)로 136퍼센트 성장했으며, 이 성장은 대부분 인터넷과 디지털 전략으로 이뤄졌다. 같은 기간 프라다의 매출은 2014년 35억 5100만 유로(약 4조 7800억 원)에서 2018년 31억 4200만 유로(4조 2300억 원)로 줄었다."[6]

주는 자세

협업에 성공하려면 특별한 자세가 필요하다. 자신의 통찰을 다른 사람에게 기꺼이 제공하고 관점을 공유하며 지혜를 전해야 한다. 이렇게 줘야만 다시 받을 수 있는 기회를 얻는다. 실제로 점점 더 커지는 다양성의 중요성에 대한 가장 강력한 증거는 아마도 주는 자세 giving attitude를 갖춘 사람들이 더욱 성공한다는 사실일 것이다.

600명 이상의 의대생을 조사한 결과, 자신의 발전에만 집중하며 타인을 전혀 신경 쓰지 않는 개인주의자들이 첫해에는 매우 좋은 성적을 올렸다는 사실을 발견한 한 연구를 살펴보자. 이처럼 받기만 하는 사람들, 즉 '테이커taker'는 주위 사람들에게서 정보를 뽑아내는 데 뛰어나고 그 대가로 거의 아무것도 제공하지 않으며 자신의 발전에만 초점을 맞출 수 있었다. 반대로 자신의 시간에 더 관대하며 동료들에게 통찰을 기꺼이 제공하는 학생들, 즉 '기버giver'는 뒤처졌다.

다이버시티 파워

하지만 특이한 일이 일어난다. 두 번째 해에 이르자 보다 협업적인 집단이 따라잡았고, 세 번째 해에는 다른 동료들을 앞서 나갔다. 마지막 해에 이르자 기버들은 상당히 더 높은 학점을 받았다. 실제로 흡연이 폐암 발생률에 미치는 영향보다 협업적 사고방식이 학점에 미치는 영향이 훨씬 더 강력했다.

무슨 일이 일어났을까? 기버들은 변하지 않았지만 프로그램의 구조가 바뀌었다. 애덤 그랜트는 저서《기브앤테이크》에 이렇게 썼다.

> 학생들은 의과대학을 다니는 동안 개인별 독립적 수업에서 임상 실습과 인턴 과정, 환자 진료 과정으로 올라간다. 더 높은 과정으로 갈수록 성공은 팀워크와 팀원들의 헌신에 더욱더 의존한다. 성적이 개인적인 노력으로만 결정되는 역할에서 테이커가 앞서는 경우도 있지만, 기버는 협업이 중요한 상호 의존적 역할에서 뛰어난 성적을 보이며 성공한다. 의과대학 수업의 구조가 바뀌면서 기버는 보다 효과적으로 협업하는 성향 덕분에 이익을 얻는다.

이는 사회과학 전반에 걸쳐 반복적으로 나타나는 발견이다. 즉 남에게 뭔가를 제공하는 접근방식을 사용하는 사람들이 번성한다. 이는 반드시 지켜야 할 엄격한 규칙은 아니다. 우리는 테이커의 태도를 취하며 신뢰와 명예를 나누기 싫어하면서도 대단한 업적을 성취한 사람들을 떠올릴 수 있다. 세상에 특정 범주에 깔끔하게 맞아떨어지는 경우는 거의 없다. 하지만 증거들을 보면 주는 방식을 쓰는 사람에게 유리한 패턴이 광범위하게 나타난다. 또한 가장 성공적인 기버는 전략적임을 알 수 있다. 즉 의미 있는 다양성은 찾아 나서고 이용당하는 협업은 중단한다. 이를 통해 기버는 성공적인 팀워크의 긍정적인 면으로 이익을 얻는 한편, 무임승차하는 파트너들의 부정적인 면을 줄일 수 있다. 한 연구자는 이렇게 설명한다. "기버의 자세는 사회적 지성과 합쳐지면 강력한 자산이 된다."

주고 협업하려는 의지는 장기적 효과도 있다. 럿거스경영대학원 대니얼 러빈Daniel Levin 교수가 200명 이상의 경영자에게 최소한 3년간 교류가 없었던 사람들에게 연락을 재개하라고 요청하며 실행한 실험에서 이 효과를 볼 수 있다. 실험 대상자는 이 사람들 중 두 명에게 현재 진행 중인 프로젝트에 대한 조언을 요청했다. 그러고 나서 이 조언의 가치를 프로젝트에 현재 관여하고 있는 두 사람에게서 얻은 조언과 비교해 평가했다.

어느 쪽이 보다 참신한 통찰과 더 나은 아이디어, 보다 강력한 해결 방안을 제공했을까? 답은 분명했다. 그동안 연락이 끊겼던 사람들이 상당히 더 가치 있는 조언을 했다. 왜일까? 교류를 하지 않았다는 바로 그 이유로 이 사람들은 동일한 계열에서 활동하거나 같은 이야기를 듣거나 동일한 경험을 하거나 하지 않았다. 교류가 없었던 사람들은 다양성 보너스를 효과적으로 제공했다. 그리고 이는 아주 중요했다.

주는 자세를 갖춘 사람들은 보다 다양한 네트워크를 구축할 수 있다. 그들에게는 매우 다양한 휴면 상태 연락처들이 있다. 이들을 통해 훨씬 더 많은 반항적인 아이디어에 접근할 수 있다. 과거에 베풀었던 기버들은 중요한 시기에 아이디어를 구할 수 있는 범위가 더 넓다. 한 경영자는 이렇게 말했다. "그들에게 연락하기 전만 해도 나는 그들이 내가 이미 알고 있는 것을 넘어서는 아이디어를 그리 많이 갖고 있지 않을 것이라고 생각했지만, 내 생각이 틀렸더군요. 그들의 참신한 아이디어에 무척 놀랐습니다."

지식과 창의적 아이디어를 공유하고 제공하려는 의지는 복잡한 세상에서 엄청난 이익을 준다. 한순간이 아니라 오랫동안, 효과적인 협업이 이어지게 만드는 접착제 같은 역할을 한다. 이익은 복리처럼 늘어난다. 그랜트는 이렇게 썼다. "일반 통념에 따르면 크게 성공한 사람들에게는 세 가지 공통점이 있다. 바로 동기, 능력, 기회. (중략) [하지만] 네 번째 요소가 있다. 성공은 우리가 다른 사람들과 상호 작용하는 방식에 크게 의존한다. 우리가 할 수 있는 한 최대한으로 [자신을 위한] 가치를 주장하려 하는가, 아니면 가치를 주는가? (중략) 이 선택이 성공에 놀랄 만한 영향을 미치는 것으로 드러났다."

솔직한 반대는 파괴적이 아니라 필수적이다

오늘날 우리는 혁명이 일어나기 직전에 놓여 있다. 정칙적인 관점에서 다양성은 종종 성과와 혁신이 아니라 정치적 올바름을 둘러싼 분열, 도덕과 사회적 정의에 관한 이슈로 여겨진다. 다양성을 놓고 사람들은 보통 서로 알아듣지 못하는 방식으로 이야기하며 애매한 말로 논쟁을 벌인다. 다양성에 대한 우리의 이해는 불완전할 뿐만 아니라 대개의 경우 근본적으로 결함이 있다.

우리가 다양성 과학의 진리를 흡수하기 시작할 때 비로소 관점이 바뀌기 시작한다. 우리는 지성이 단지 개인의 지적 탁월함이 아니라 개인들의 집단적 다양성을 바탕으로 구축된다는 사실을 알게 되었다. 또한 혁신이 단지 특정 사람들의 통찰에 관한 것이 아니라 통찰들의 재결합을 허용하는 네트워크에 관한 것이라는 사실도 이해한다. 그리고 인간의 성공이 개인의 두뇌보다 집단 두뇌에서 드러나는 특성과 더 많은 관련이 있다는 것도 알았다.

이런 개념적 진실이 현실적인 상황에 시사하는 점들도 있다. 동종 선호에 대한 논의를 다시 생각해보자. 우리는 동종 선호가 보이지 않는 중력처럼 작동하며 팀과 조직을 동질성으로 끌어당긴다는 것을 봤다. 사람들은 같은 방식으로 생각하고 관점을 공유하며 자신들의 편견을 확증해주는 사람들에 둘러싸여 있는 것을 무의식적으로 즐긴다. 편안하고 인정받은 느낌이 든다. 심지어 우리가 집단적으로 더욱 멍청해지는데도 개인적으로는 똑똑하다고 느끼게 해준다.

하지만 다양성 과학을 이해하는 것보다 동종 선호에 맞서 싸우는 더 강력한 방법이 있을까? 우리가 같은 생각을 하는 사람들에 둘러싸여 있는 것이 그룹의 목적을 약화하는데도 그렇게 하기를 원하는 이유는 무엇일까? 우리의 관점을 계속해서 확증받는 것이 우리가 새로운 것을 전혀 배우지 못한다는 의미인데도 그런 경험을 즐기는 이유는 무엇일까? 유사함을 추구하는 문화가 혁신의 촉매제 역할을 하는 반항적인 아이디어를 침묵하게 만드는데 우리는 왜 그런 문화를 갈망할까?

우리가 다양성을 새로운 방식으로 생각하기 시작할 때 협업의 본질적인 의미가 바뀐다. 솔직한 반대는 파괴적이 아니라 반드시 해야 할 일이다. 서로 다른 의견은 사회적 결합에 대한 위협이 아니라 사회적 활력에 대한 기여로 간주된다. 새로운 아이디어를 위해 아웃사이더에게 손을 내미는 것은 배신하는 행동이 아니라 가장 계몽적인 결속 형태다. 재결합으로 만들어진 혁신이 없으면 어느 집단이 빠르게 변하는 세상을 따라갈 수 있을까?

다르게 설명하면, 다양성 개념을 먼저 이해했을 때에만 다양성 문화를 구축할 수 있다. 세계 최고의 헤지 펀드 중 하나인 브리지워터는 전체론적 관점에서 신입 사원들을 교육한다. 신입 사원들은 다른 무엇보다도 다양성 과학을 자세히 설명하는 원칙들을 읽는다. 이것이 동의하고 앵무새처럼 흉내 내며 그냥 받아들여 버리는 사람이 아니라 솔직하게 반대하고 도전하며 다른 의견을 내는 사람을 충성스럽게 여기는 이유다. 브리지워터 직원들은 조직의 경계 안에서 융통성 없이 머무를 때가 아니라 새로운 아이디어를 찾아 나설 때 칭찬을 받는다. 브리지워터 창업자 레이 달리오는 이렇게 말한다.

(전략) 훌륭한 문화는 문제와 의견 충돌을 표면에 드러내고 해결하며, 지금껏 개발하지 못한 훌륭한 일을 상상하고 만드는 것을 좋아

한다. 그렇게 함으로써 지속적으로 진화한다. 우리의 경우를 보면, 능력주의 아이디어를 도입함으로써 근본적 진리와 철저한 투명성을 통해 의미 있는 일과 의미 있는 관계를 얻으려고 분투 중이다.

조직 단위에서 진실인 것은 사회 단위에서도 그렇다. 새로운 아이디어를 장려하고 반대 의견을 촉진하며 반항적인 아이디어가 계속 흐를 수 있는 네트워크를 확보한 사회는 지적 유사함의 문화에 묶여 있는 사회보다 더 빠르게 혁신한다. 헨릭은 이렇게 설명한다.

일단 우리가 집단 두뇌의 중요성을 이해하면 현대사회들이 혁신성에서 각기 다른 이유를 알 수 있다. 혁신은 각 개인의 영특함이 아니라 (중략) 지식의 최첨단에 있는 다수의 개인들이 자유롭게 교류하고 관점을 교환하며 반대 의견을 내고 서로 배우며 협업 관계를 구축하고 낯선 이를 신뢰하며 자신이 틀릴 수 있다고 생각하는 의지와 능력에 달려 있다. 혁신은 천재나 천재 집단을 필요로 하지 않는다. 혁신을 하려면 생각이 자유롭게 상호 작용하는 거대한 네트워크가 필요하다.

이런 통찰들은 최소한 고대 그리스 시대부터 진보적 사상가와 철학자와 관련이 있었지만, 오늘날에는 공식적인 이론과 방대한 데이터의 지원을 받고 있다. 이런 의미에서 사회의 활력에 기여하는 다양성은 직관의 영역에서 자연과학의 영역으로 옮겨 왔다. 다양성은 우리

다이버시티 파워

가 기후변화에서 빈곤에 이르는 가장 긴급한 문제들을 해결하고, 우리 세계의 가치를 훼손하는 에코체임버의 굴레에서 벗어나는 데 도움을 줄 수 있는 요소다. 다양성을 가장 설득력 있게 주장하는 사람들 중 한 명인 19세기 영국 철학자 존 스튜어트 밀John Stuart Mill은 이렇게 말했다.

> 인간의 발전 속도가 더뎌진 지금의 단계에서 인간을 자신과 다른 사람과 접촉하게 하고 익숙하지 않은 사고방식과 행동을 접하게 만드는 것의 가치를 과대평가하기란 거의 불가능하다. (중략) 그런 소통은 지금까지 항상 발전의 주요 근원이었고 특히 현 시대에 더욱 그렇다.

9.11 이후 다양성의 부족을 깨달은
CIA 조직은 어떻게 변했을까?

우리가 시작한 지점에서 이 책을 마무리하려 한다. 9.11 이후 몇 년이 지나고 나서야 CIA가 조직에 심각한 손상을 입히는 동질성을 깨닫기 시작했기 때문이다. 이와 같은 깨달음의 한 신호는 미국 서부 해안 지역에서 성장하고 캘리포니아주립대학교 버클리의 경제학과를 졸업한 뒤 풀브라이트 장학금을 받고 컬럼비아대학교에서 석사 학위를 딴 아프리카계 미국인 무슬림 야야 파누지Yaya Fanusie의 채용이었다. 그는 20대 초반 이슬람으로 개종하며 독실한 신자가 됐다.

나는 어느 이른 봄 아침 파누지를 인터뷰하며 그가 CIA에서 겪은 경험을 알아보려 했다. 그는 말했다.

2005년 CIA에 합류했을 때 처음에는 테러 방지가 아니라 경제분석 업무를 맡았어요. 내가 경제학을 전공했다는 점을 감안하면 어떤 면에서는 그 업무가 타당했죠. 내가 무슬림이라는 이유로 지하디스트 테러 방지 업무를 해야 한다는 등식이 자동으로 성립하진 않으니까요. 하지만 내 배경을 고려했을 때 독특한 통찰을 제공할 수도 있겠다고 느꼈습니다. 런던에서 7월 7일 폭발 테러가 일어난 뒤 알카에다에 맞서 싸우는 부서로 옮기라는 지시를 받았어요.

파누지는 곧바로 이름을 떨치는 데 성공했다. 백악관 상황실에서 브리핑을 한 후 그는 뉴멕시코주에서 예멘인 부모에게서 태어난 미국계 무슬림 설교자 안와르 아울라끼Anwar al-Awlaki에 대한 의심이 생겼다. 1990년대 중반에서 2001년 사이에 아울라끼는 덴버와 샌디에이고, 노던버지니아 등 여러 곳에서 이맘imam(예배를 관장하는 성직자—옮긴이)으로 지냈다. 9.11 폭파범 중 일부는 그의 사원에서 예배했다. 2002년 미국을 떠난 뒤 아울라끼는 먼저 영국으로 갔고 이후 예멘으로 갔다. 그의 설교는 더욱더 극단주의적으로 변했다. 파누지는 이렇게 말한다. "그는 미국 영어와 전통적인 아랍어를 섞어 사용하는 훌륭한 이야기꾼이었어요. 그의 강론은 보통 몇 시간 동안 이어졌죠. 그는 내가 테러 방지 부서로 옮긴 때와 거의 비슷한 시점인

2006년 납치 사건에 연루돼 있었습니다. 그가 특히 젊은 서구 무슬림들을 접촉하는 데 초점을 맞추고 있었다는 것은 분명했어요." 파누지는 아울라끼의 설교를 철저히 조사해 분명한 경고신호를 포착했다. 그는 이렇게 말했다.

아울라끼는 무슬림이 지하디스트에 합류해야 한다는 주장을 펼쳤습니다. 이는 일부 사람들이 추측하는 것처럼 생각 없이 아무렇게나 내뱉은 말이 아니라 전략적인 지시였어요. 나는 그가 가르침의 측면들을 이용해 밀레니얼 세대 서구 무슬림들의 마음에 자신의 주장을 영리하게 주입하는 방식을 눈치챘죠. 교도소에서 출소한 뒤 그는 블로그를 시작했습니다. 미국과 유럽, 그 외 국가부터 예멘에 이르기까지 모든 지역의 젊은 무슬림들을 대대적으로 영입하고 있었어요. 아울라끼는 그들을 말 그대로 무기화했죠.
한 나이지리아인 추종자는 어느 크리스마스이브에 항공기를 폭파하는 음모를 실행하기 위해 디트로이트 상공에서 자신의 속옷에 불을 질렀지만 실패했어요. 정보기관 커뮤니티는 미국 군대에서 자신의 역할로 갈등을 겪으며 자학한 니달 말리크 하산Nidal Malik Hasan이라는 육군 소령이 어떻게 아울라끼를 찾아내 조언을 구했는지 정확히 이해하지 못했습니다. 하산 소령이 텍사스주 포트후드Fort Hood 군사기지에서 동료 군인들과 여성들에게 총을 발사해 열세 명을 살해하고 수십 명을 다치게 했을 때, 아울라끼는 니달 말리크 하산이 의로운 일을 했다는 글을 블로그에 올렸어요.

독실한 무슬림이자 미국인 애국자인 파누지는 아울라끼의 가르침을 계속 분석하며 그가 서구 진영에 가하는 위협을 조금씩 인지하기 시작했다. "그는 블로그 활동과 언론 인터뷰를 통해 자신의 의도를 무심코 드러냈습니다. (중략) 하지만 우리는 무엇을 눈여겨봐야 할지 알아야 했어요. 핵심은 우리가 그의 야망을 좌절시키는 보다 나은 위치를 차지하기 위해 어떤 일이 일어나고 있고 그가 무슨 일을 도모하고 있는지 파악하는 것이었습니다."

2010년 4월 아울라끼는 버락 오바마 대통령에 의해 CIA 살해 명단에 올랐다. 2011년 9월 30일 그는 예멘 남동쪽 지역에 숨어 있다가 CIA의 지휘하에 수행된 합동 특수작전 사령부Joint Special Operations Command의 공격으로 제거됐다. 이때까지 미국 정부는 그를 세계에서 가장 위험한 인물 중 한 명으로 확신했고 사우디아라비아의 한 라디오방송국은 그를 "인터넷의 빈 라덴"으로 묘사했다.

2015년 〈뉴욕타임스〉 국가안보 담당 기자로 아울라끼에 관한 책 《트로이 작전: 테러리스트와 대통령, 그리고 드론의 부상Operation Troy: A Terrorist, a President, and the rise of Drone》을 쓴 스콧 셰인Scott Shane은 이렇게 말했다.

아울라끼는 단연코 알카에다와 지하디스트 전체를 위해 영어로 요원들을 모집하는 가장 유명하고 가장 영향력 있는 영입 담당자였다. (중략) 그는 사람들이 알카에다에 합류하도록 설득하는 가장 강력하고 효과적인 발언을 하는 사람 중 한 명이 됐다. (중략) 그는 매우 노골적인 방법으로 스스로 해결하는DIY 접근방식을 어느 정도 개척한 인물이었다. (중략) 폭탄 제조법을 알아야 한다면 [그에게] 그것에 관한 글이 있었다. 어떤 면에서 보면 그는 서구 사람들에게 명령을 기다리지 말고 그냥 공격을 감행하라고 부추긴다는 관점에서 우리가 이슬람국가Islamic State, IS와 이라크-알샴 이슬람국가Islamic State of Iraq and al-Sham, ISIS를 바라보게끔 부추겼다.[7]

나는 파누지에게 정보기관 내 다양성의 실상에 관해 물었다. 그는 이렇게 대답했다.

정보기관 내에서는 종종 CIA에 지원하는 소수집단 후보자가 너무 적다고 말합니다. 또한 (미국 시민권자가 아니면서) 가족 배경이 외국 국가와 상당한 연관성이 있는 후보자가 있으면 대개의 경우 역스파이 활동에 대한 염려가 채용 과정에 영향을 미쳐요. 채용 담당자는 일반적으로 공통 경험과 문화, 외모 등의 이유로 배경이 자신의 모습을 연상시키는 후보자들을 채용하는 경향이 있습니다. 내가 흑인 여성에게 채용된 건 우연의 일치가 아니에요.

나는 또 질문했다. "다양성을 갖춘 후보자를 채용하면 CIA의 질을 희석할 위험이 있나요?" 파누지는 이렇게 대답했다.

문화적 또는 인종적 배경만을 이유로 사람들을 채용해서는 안 됩니다. 그것은 위험한 실수예요. 하지만 채용망을 확장하면 인재 풀도 넓어집니다. 그렇게 하면 뛰어나면서 다양성도 갖춘 사람을 채용할 기회가 생겨요. 그리고 이는 연쇄반응을 일으키는 결과로 이어지죠. 소수집단 출신의 일류 인재들을 더 많이 채용하면 이는 새로운 사람들에게 지원할 용기를 주며 인재 풀을 더욱 늘립니다.

CIA는 9.11 이후 의미 있는 다양성을 향한 큰 발걸음을 내디뎠지만 이 이슈는 여전히 CIA를 괴롭히고 있다. 2015년 내부 보고서는 고위직에서 다양성이 부족하다고 비난했다. 당시 국장 존 브레넌John Brennan은 말했다. "연구팀은 우리 기관을 날카롭게 관찰해 명백한 결론에 이르렀다. 즉 CIA는 우리의 가치관이 필요로 하고 우리의 사명이 요구하는 다양하고 폭넓은 리더십 환경을 조성하기 위해 더 많은 일을 해야 한다."

파누지는 이제 민주주의수호재단Foundation for Defense of Democracies의 경제 및 금융 권력 센터Center on Economic and Financial Power에서 선임 연구원을 맡고 있다. 정보 분야에 관한 선도적 사상가이고 국제회의의 고정 연사이며, 흑인 무슬림 미국인으로서 자신의 여정과 전 세계 안보에 관한 시급한 이슈들을 멋지게 넘나드는 팟캐스트의 설립자다. 2012년 CIA를 떠날 때 그는 국가대테러센터National Counterterrorism Center 전직 국장 마이클 E. 라이터Michael E. Leiter가 서명한 패를 받았다.

거기에는 파누지에게 이런 말로 감사를 표했다. "당신은 단연코 미국 정부 최고위층에 영향을 미쳤습니다."

에필로그

집단사고

코로나19 팬데믹에 대한 영국의 대응은 보리스 존슨Boris Johnson 총리와 가까운 정보원이 (자신이 오랫동안 근무했던 신문사) 〈데일리 텔레그래프〉 저널리스트들에게 중요한 사실을 인정하는 정보를 누출한 2021년 3월 15일 흥미로운 양상을 띠었다.

영국이 2020년 3월 23일이 돼서야 뒤늦게 봉쇄 조치에 들어간 초기 결정을 언급하며 존슨 총리의 측근은 이렇게 밝혔다. "뒤늦게 깨달았지만, 우리가 봉쇄 조치를 더 일찍 취했어야 한다는 데는 이론의 여지가 없다. 나는 총리가 되돌아갈 수 있다면 더 강한 조치를 더 일찍, 더 빠르게 실행했으리라 확신한다."

이미 다른 장관들과 특히 코로나19 대응에 관해 영국 정부에 조언하는 핵심 기관인 비상사태 과학자문그룹Scientific Advisory Group for Emergencies, SAGE 소속 인사들이 비슷하게 인정을 하기 시작했다. 이는 매우 흥미로운 일이다. 이를 통해 어떤 의미에서는 토론과 논쟁 없이 이뤄지는 영국의 의사 결정 과정을 탐구할 수 있기 때문이다.

이게 무슨 뜻일까? 정부가 무엇을 언제 해야 할지를 두고 지금도 정치인과 학자, 대중 사이에서 여전히 많은 의견 충돌이 일어난다. 이런 논쟁은 제2형 중증급성호흡기증후군 코로나바이러스SARS-CoV-

2(코로나19)의 모든 결과가 처리된 뒤에야 완전히 해결될 것이다. 하지만 영국 정부가 중대한 실수, 즉 많은 비판자들이 공유했던 관점을 인정한 사실을 감안할 때, 우리는 영국 대응의 1단계에 관해서는 의견 일치에 가까워졌다고 볼 수 있다. 영국이 잘못을 저질렀지만, 어쩌면 피할 수도 있었다. 그렇다면 에필로그에서 묻는 질문은 이것이다. 대체 왜 그랬을까?

이 책 전반에 걸친 논점은 분명하다. 즉 우리가 복잡성에 직면하고 환경이 급속도로 변화할 때 인지 다양성이 현명한 결정을 내리는 데 매우 중요하다는 것이다. 이런 관점은 어쩌면 전쟁이 아닌 평시에 영국 정부가 내린 가장 중대한 조치를 검토할 수 있는 시각을 제공한다. 앞으로 보겠지만, 1장의 CIA가 했던 것과 같은 실수들은 시스템 중심부에 있는 사각지대로 거슬러 올라갈 수 있다.

어떻게 그럴 수 있는지 파악하기 위해 잠시 맥락을 바꿔 항공 역사상 중대한 사건 하나를 살펴보자. 1972년 12월 29일 이스턴항공 401편은 뉴욕을 이륙해 플로리다주 마이애미로 향했다. 항공기가 마이애미 국제공항으로 하강을 시작할 때까지 비행은 아무런 사고 없이 순조로웠다. 이 시점에서 조종사는 착륙장치를 내리기 위해 레버를 당겼지만 곧바로 문제에 부딪혔다.

이 항공기 기종의 바퀴는 각 날개와 기수 아래에 달려 있다. 바퀴가 내려가 자리를 잡으면 계기판 표시등이 깜빡이며 착륙장치가 제대로 고정됐음을 알린다. 하지만 이스턴항공 401편의 경우, 기수 아래쪽 바퀴에 연결된 표시등에 불이 들어오지 않았다. 승무원들은 항공기가 안전하게 착륙할 수 있을지 확신하지 못했다.

그들이 문제를 해결하는 방법을 찾는 동안 조종사는 현명하게 항공기를 에버글레이즈 상공에서 착륙 대기 선회비행 상태로 전환했다. 승무원들은 곧바로 계기판 표시등에 문제가 생겨 불이 들어오지 않았다는 '설명'에 의견을 같이했다. 그러고 나서 표시등을 고정판에서 꺼내 입으로 먼지를 불어낸 뒤 계기판에 다시 장착해 고정했다. 조종실 내 긴장감이 상승했고 그들은 표시등을 주시하며 표시등에 문제가 있었다는 가정을 확증하려 애썼다.

하지만 그들이 미처 알아차리지 못했던 새로운 문제가 발생했다. 항공기의 고도가 낮아지고 있었다. 자동조종장치가 갑자기 풀리며 항공기는 에버글레이즈의 참사를 향해 하강하고 있었다. 항공기가 하강한다는 표시가 조종실 내 계기판에 나타났지만 승무원들은 의식하지 못했다. 그들은 여전히 '고장 난' 전구에 집중하고 있었다. 이는 그들이 채택한 심적 모델mental model이었으며 어떤 것도 그들을 거기에서 벗어나게 할 수 없어 보였다. 100명 이상이 탑승한 항공기가 이제 위험에 빠졌다.

승무원들의 이런 집단적 집착은 스트레스가 많은 상황에서 너무나 흔히 있는 현상이라 심리학자들은 이 현상에 집단사고groupthink라는 명칭까지 달았다. 우리의 '센스 메이킹sense-making(상황 파악)' 기관은 암시적이든 아니든 공유된 가정들을 통해 다시 명령을 내리며 변화하는 사건에 대응한다. 집단역학은 이런 집착을 더욱 강화하는 경향이 있는데 팀원들이 신규 정보를 기존 개념 형태에 새로 장착하기 때문이다. 종종 그들은 기존 형태에 적합하지 않은 데이터는 무시한다.

이스턴항공 401편이 약 530미터 강하하자 조종실 전체에 고도 경고장치가 크게 울렸다. 훗날 음성기록장치에서 분명히 들릴 정도로 소리가 컸지만 몸을 구부린 채 계기판에 집중하고 있던 승무원들은 인식하지 못했다. 그들의 집착이 새로운 데이터를 보지 못하게 만든 것이었다. 부기장은 거의 절망적인 상태에서 말했다. "그 표시등이 어쨌든 제대로 작동하는지 테스트로는 모르겠습니다." 기장이 대답했다. "그렇군." 부기장이 다시 말했다. "표시등 고장입니다."

항공기가 지상 몇 미터까지 강하한 뒤에야 그들은 뭔가 크게 잘못됐다는 사실을 깨달았다. 부기장이 소리 질렀다. "우리가 고도에 뭔가 영향을 줬습니다!" 기장은 레버를 힘껏 잡아당기며 참사를 피하려 애썼지만 이미 너무 늦었다. 항공기는 추락했고 101명이 목숨을 잃었다. 항공 역사상 가장 큰 참사 중 하나였다. 당시 항공기의 바퀴가 실제로 제대로 내려왔고 항공기는 안전하게 착륙할 수 있었다는 사실이 훗날 드러났다. 한 전문가는 이렇게 말했다. "문제는 항공기 시스템이 아니라 집단역학에 있었다. 그들이 집착한 것이었다."

이제 코로나19에 대한 영국의 대응으로 돌아가 보자. 바이러스가 출현하자 SAGE는 이 위협을 다루는 자신들만의 심적 모델로 모여들었다. 지난 15년간 새로운 병원균을 다루기 위해 작성한 서류들을 검토해보면 이 심적 모델을 이해할 수 있다. 정부가 전국적, 권역별, 지역별 수준에서 내리는 의사 결정의 과정을 점검하기 위해 만든 2007년 윈터 윌로 훈련Exercise Winter Willow 운영은 코로나바이러스가 아니라 팬데믹 독감에 바탕을 두고 있었다. 2008년 국가위험등록부national risk register는 독감을 서른아홉 번 언급했지만 코로나바이러스는 한 번도 언급하지 않았다. 10년 동안 정부 정책에 정보를 제공한 핵심 계획 수립 문서는 영국 인플루엔자 팬데믹 준비 전략UK Influenza Pandemic Preparedness Strategy이었다. 2016년 오퍼레이션 시그너스Operation Cygnus는 팬데믹 독감에 바탕을 뒀다. 2019년까지 정부의 대비가 동일한 곳에 집착했음을 알 수 있다.

간략히 말하면, 당시 새로운 위협이라 강요된 형태는 전 세계가 2020년 실제로 다룬 위협이 아니었다. 독감 인플루엔자와 코로나바이러스가 비슷한 점도 물론 있지만 결정적으로 다른 점이 있다. 중요한 차이는 독감의 경우 잠복기가 짧아서 억제하기가 불가능하다는 것이다. 한 전문가는 "독감은 너무나 효율적으로 확산된다"라고 말한다. 영국 정부 심의에서 대부분의 틀을 형성했던 2011년 계획은 "바이러스의 확산을 막거나 바이러스를 근절할 수 없을 것"이라고 명시했다. 또한 "영국 정부는 어떤 팬데믹 기간에도 국경을 봉쇄하거나 대중의 집결을 막거나 대중교통을 통제할 계획이 없다"라고 선언했다.

하지만 병원균을 억제할 수 없다는 가정은 몇몇 사건에 의해 이미 대체됐다. 2020년 2월까지 아시아에서 드러난 증거들은 검사와 접촉 추적, 환자 격리(코로나바이러스의 일종인 사스와 메르스의 경험에서 대부분 습득한 교훈)를 통해 코로나19를 억제할 수 있다는 사실을 보여줬다. 이는 앞서 본 조종실의 고도 경고장치처럼 SAGE에 기존 심적 모델이 잘못됐다는 사실을 알렸다. 이 글을 쓰는 시점(2021년 5월—편집자)에 타이완의 코로나19 사망자는 열두 명에 불과했고 한국의 사망자는 2000명이 채 안 됐다. 하지만 이런 전략이 2020년 2월에 분명히 드러났는데도 영국 과학 자문관들은 이를 보지 못했다.

우리는 이 집착을 다른 방법으로도 관찰할 수 있다. 영국 정책에 크게 영향을 미쳤던 것으로 입증된 임피리얼칼리지 런던Imperial College London의 전염병학 모델은 팬데믹 독감을 겨냥해 만들어졌다. 서로 다른 정책 대응이 모델에 반영되면서 두 가지 시나리오만 고려됐다. 완전 봉쇄 또는 통제받지 않는 바이러스 확산이었다. 억제는 고려되지 않았다. 2020년 2월까지 타미플루Tamiflu와 리렌자Relenza가 계속 비축됐다. 영국에서 지역 감염이 발견됐는데도 권장된 보호 장비는 여전히 독감 대비용이었다.

2020년 3월 초 열린 기자회견에서 독감에 대한 집착은 내가 그해 5월 〈선데이 타임스〉 칼럼에서 지적한 대로 모든 발언에 스며들어 있었다.

'억제하고 지연시키고 연구하며 완화시키는' 논리는 독감에 바탕을 두고 있다. 영국의 사고를 지배한 트레이드오프 관계, 즉 첫 번째 확산의 물결을 억제하는 조치와 두 번째 확산 때 병에 대한 민감성을 감소시키는 것 사이의 균형 유지는 억제가 실현 가능하지 않다는 가정에서 나왔다. 이는 아시아 지역에서 드러나지 않았던 징후로, 독감의 프리즘으로 본 결과였으며 이를 바탕으로 영국의 의료 최고책

다이버시티 파워

임자 크리스 휘티Chris Whitty는 3월 12일 억제가 무의미하다고 주장했다. 의료 부책임자로 휘티를 보좌하는 제니 해리스Jenny Harries가 같은 날 지역사회에 대한 검사를 "적절하지 않다"라고 말한 이유도 여기에 있었다. 또한 이는 그렇게 중요한 시기에 검사 역량을 긴박하게 구축하지 않았던 이유이기도 하다.

에든버러대학교의 글로벌 공중보건 학장 데비 스리다르Devi Sridhar가 대표 저자로 참여해 〈영국 의학 저널British Medical Journal〉에 게재된 논문은 영국 정부의 판단을 제한했던 것으로 보이는 개념상 속박을 냉엄한 언어로 평가했다. "일부 초기 코로나19 모델은 대규모 '검사, 추적, 격리' 전략으로 얻을 수 있는 효과나 전염 역학에 대한 인력 부족 가능성을 고려하지 않았다. 이것들을 고려했더라면 검사 역량과 최전방 대응 인력들을 위한 보호 장비에 좀 더 일찍 집중할 수 있었을 것이다."

불확실한 상황에서의 의사 결정 전문가이자 유니버시티칼리지 런던 교수 데이비드 터킷David Tuckett은 독감 형태에 대한 집착을 직접적으로 언급했다.

가장 중요한 사례에 바탕을 둔 모델을 이미 확보하고 있으며 여러 경험들을 통해 습득한 유용한 자료들도 아주 많다. 하지만 현재 다루고 있는 위기가 정부가 계획한 것과 상당히 다르다면 가장 중요한 사례가 사고를 방해할 것이다. 어떤 면에서 보면, 그런 일이 일어났다.

바이러스가 보고되고 두 달 넘게 지난 2020년 2월 19일 학교 폐쇄에 관한 정부의 최신 문서에는 이런 내용이 쓰여 있었다. "이 문서 작성을 위해 우리는 어린이들이 전염에 있어서 독감의 경우와 같은 역할을 한다고 가정했다." SAGE 내부 정보원은 독감 모델이 '눈가리개들'이라고 내게 말했고 다른 전문가는 이런 이야기를 했다. "이를 집단사고로 부를 수도 있지만 나는 '모델에서 유발된 맹목'이라는 용어를 더 좋아합니다. 우리는 특정 대응에 집착했어요."

어떤 의미에서 보면 그리 놀랄 일도 아니다. 집단사고는 복잡성에 직면한 팀에서 나타날 수 있는 경향이다. 인지 다양성이 부족한 그룹은 거의 확실하게 편협한 가정들에 수렴한다. 우리가 2장에서 다뤘던 같은 대학교에서 공부하고 동일한 기본 모델을 사용한 경제학자 그룹을 생각해보라. 집단사고는 심리적 위험에 관한 경고를 받은 적이 없었던 사람들에게서 일어날 가능성이 더 높다.

SAGE의 경우 두 가지 문제가 있었다. 그중 하나는 비밀 유지였다. 그들이 자신의 추론과 함께 그 추론의 바탕이 되는 증거를 같이 발표했더라면 외부 그룹의 다양한 목소리가 건설적인 이의 제기를 할 수 있었을 것이다. 이는 동료평가로 불리는 과학계의 오래된 전통이다. 영국 정부가 중요한 시기에 그런 개방성을 고려하지 않았다는 것은 정말 놀라운 일이다. 현명한 의사 결정의 요소로서 다양성의 중요성이 완전히 이해되지 못했다. 무엇보다도 바이러스가 지성이 없는 존재임을 감안할 때 공개 토론이 우리의 적인 바이러스에게 대응조치에 관한 정보를 제공할 수는 없었을 것이다. 실제로 SAGE가 너무나 비밀스러웠기 때문에 숨겨져 있었던 것은 그들의 심의 내용뿐만이 아니다. SAGE 외부에 있는 사람들 중 그 누구도 SAGE 멤버들의 정체를 오랫동안 알지 못했다. 나는 3월에 사실을 명확히 밝히려 무척 노력했지만 수십 명의 다른 저널리스트와 마찬가지로 퇴짜를 맞았다. 과학 자문관들은 외부 의견의 피드백 루프에서 외과적으로 분리된 채 정부라는 조종석에 갇혀 있는 것 같았다. 전 보건부 장관 제러미 헌트Jeremy Hunt는 5월 11일 영국 하원에서 이렇게 말했다.

> SAGE가 하는 모든 일을 둘러싼 비밀주의 때문에 빚어진 구조적 실패가 문제입니다. SAGE의 조언이 공표되지 않기 때문에 SAGE는 과학적 도전의 대상이 될 수 없습니다. 또한 정부가 과학 이론을 따르고 있다고 말할 때에도 이에 대해 의회가 철저히 검토할 수 없습니다. 지난주까지도 우리는 SAGE에 어떤 사람이 있는지조차 알 수 없었습니다. (중략) SAGE의 조언이 1월에 발표됐더라면 우리 대학들의 과학자 집단이 검사하고 추적하며 밝혀내는 모델이 수립되지 않은 이유에 도전할 수 있었을 것입니다. 검사 확대를 요구하고 봉쇄를 지연시킨 습성의 가정에 이의를 제기할 수 있었을 것입니다. 우리가 확실히 알 수는 없지만 이들의 도전은 보다 나은 조언이 뒤따라 나오며 많은 생명을 구하는 결과에 이르렀을 것입니다.[1]

또 SAGE 자체에 적절한 다양성이 갖춰져 있었더라면 이런 문제를 피할 수 있었겠지만, SAGE에는 다양성도 부족했다. '문제 공간'

전체를 충분히 다루지 못했다. 이슈는 각 개인의 전문성 부족이 아니라 학문 분야 간의 다양성 부족이었다. 특히 SAGE는 전염병학적 모델 수립자들과 임상 학자들이 장악하고 있었고 최일선 의료 종사자와 전염병 전문가의 조언이 부족했다. 이는 다양한 분야에 걸쳐 여러 요인들을 고려하며 결론을 도출해 타이완 정부에 조언했던 과학자 그룹과 대조를 이룬다.

시간이 지나면서 영국 정부의 의사 결정 과정의 구조적 결함이 주요 과학자들에게 포착됐다. 에든버러대학교 마크 울하우스Mark Woolhouse 교수는 말했다. "나는 전염병학자이지만 과학적 조언이 전염병학에 너무나 많이 치우쳐 있다고 생각한다." 케임브리지대학교 의학연구위원회Medical Research Council의 생물통계학 부문 프로그램 책임자를 역임했던 실라 버드Sheila Bird는 말했다. "우리는 SAGE에 누가 있는지 모르고 SAGE에 전달되는 논문들을 거의 보지 못한다. 그런 과학적 토대가 눈에 띄지 않는다."

스리다르 교수는 이렇게 말했다. "같은 배경과 동일한 분야, 같은 학교 출신 사람들이 한데 모여 있으면 정말 문제가 생긴다. 이런 동일성은 사각지대를 만들어낼 수 있다. 더 나은 의사 결정을 하려면 다양성이 분명히 중요하다. (중략) 어떤 분야도 모든 해답을 내놓을 수는 없으며 '집단사고'를 피하는 유일한 방법은 다양한 배경과 전문성을 대표하는 자들이 주요 결정을 내릴 때 반드시 참여하도록 하는 것이다."

요약하면, 왜 독감 프리즘이 진부한 문구로 굳어졌는지, 왜 SAGE

다이버시티 파워

내부자들이 (집단사고로 괴로워졌던 다른 팀들처럼) 이미 틀어진 일로 훗날 그토록 심하게 반박을 당했는지 그 이유는 그룹 자체에 존재하는 동질성과 함께 SAGE와 외부 세계 사이의 비밀 유지 장벽이 설명해준다.[2] 이 분석은 전체 팬데믹 기간에 대한 영국의 대응이 아니라 초기 단계들의 대응만 포함하고 있다는 사실을 다시 한번 강조해둔다. 이 초기 단계들은 훗날 정부와 비판가들 모두 적절한 조치가 더 빨리 취해졌어야 했다고 동의한 시기다.

영국에서 처음 코로나19 사망자가 나온 지 1년 되던 날, 몇몇 미디어 보도는 장관들이 더 빨리 봉쇄를 해야 한다는 과학적 조언을 거부했고 SAGE가 아니라 정치인들이 문제였다는 사실을 에둘러 말했다. 하지만 이런 사실은 회의록에 분명히 기록돼 있지 않았다(SAGE의 구성과 그들의 심의 내용은 5월 말에 마침내 발표됐다). 기록은 장관들이 3월 말까지 SAGE의 조언을 글자 그대로 따랐다는 것을 분명히 보여준다. 예를 들면 3월 13일 SAGE는 두 번째 확산 정점이 더 악화될 것이라는 두려움 때문에 조기 봉쇄를 피해야 한다는 명확한 입장을 취했다. 회의록은 이렇게 기록했다. "SAGE는 코로나19 확산을 완전히 억제하려는 조치가 두 번째 정점을 유발할 것이라는 의견에 한목소리로 동의했다."

이 사례는 매우 특출한 개인들이 인지 다양성을 갖추지 못하면 엄청난 피해를 일으키는 집단적 판단을 내릴 수 있다는 사실을 다시 한번 보여준다. 중대한 결정 대부분이 팀 단위로 이뤄지는 세계에서 이런 속성을 최대한 잘 이용할 수 있는 체계적 사고는 거의 보이지 않는다. 실제로 내가 이 글을 쓰는 동안에도 다양성 확보를 '박스티킹 활동box-ticking exercise'(관료적 편의를 위해 형식적으로 이루어지는 활동—옮긴이)으로 묘사하는 언론 논평들이 계속 쏟아져 나오고 있으며, 이는 성공에 기여하기보다는 성공의 기반을 약화할 가능성이 크다.

코로나19 사태를 놓고 제러미 헌트는 이렇게 말한다. "우리가 일생 동안 장관들에게 했던 조언들 가운데 가장 큰 패착 중 하나는 [아시아] 국가들이 처음에 했던 일을 보지 못한 것이었다." 유니버시티 칼리지 런던의 앤서니 코스텔로Anthony Costello 교수는 이런 말을 했다. "모든 과학자 자문 그룹의 성공은 개방적 문화와 독립성, 의견의 다양성에 달려 있다. 불행하게도 이런 개방적 문화가 마땅히 있었어야 할 SAGE에 존재하지 않았다."

이 팬데믹 상황을 다룬 방식을 앞으로 검토할 때, 최소한 우리가 조사했던 기간 동안의 과학자 개개인을 비난하는 것이 근본적으로 잘못된 이유가 바로 여기에 있다. 9.11 테러 음모가 진행되는 동안 CIA 분석가들이 최선을 다했던 것처럼 과학자들도 최선을 다했다. 이는 전체론적 수준에서만 이해될 수 있는 문제이며, 미래를 생각할 때 우리가 다양성을 진지하게 받아들여야만 해결될 문제다. 사실 진작 그렇게 했어야 했다.

¹T	R	²O	U	³P	E	■	⁴S	⁵H	O	⁶R	T	⁷C	U	⁸T
I	■	L	■	S	■	■	O	■	E	■	U	■	A
⁹P	R	I	V	E	T	■	¹⁰A	R	O	M	A	T	I	C
S	■	V	■	U	■	¹¹A	D	■	I	T	■	K
¹²T	R	E	A	D	■	¹³G	R	E	¹⁴A	T	D	E	A	L
A	■	O	■	¹⁵O	W	E	■	D	■	R	■	E
¹⁶F	E	I	G	N	■	¹⁷N	E	¹⁸W	A	¹⁹R	K	■
F	■	L	■	Y	■	D	■	R	■	I	²⁰T	■	²¹S
■	■	²²I	M	²³P	A	L	E	■	²⁴G	U	I	S	E
²⁵S	■	²⁶E	■	E	■	■	²⁷A	S	H	■	N	■	N
²⁸C	E	N	T	²⁹R	³⁰E	B	I	T	■	³¹T	O	K	E	N
A	■	A	■	O	■	O	■	H	■	N	■	L	■	I
³²L	A	M	E	D	O	G	S	■	³³R	A	C	I	N	G
E	■	E	■	I	■	I	■	■	I	■	N	■	H
³⁴S	I	L	E	N	C	E	R	■	³⁵A	L	I	G	H	T

십자말풀이 5062
〈데일리 텔레그래프〉, 1942년 1월 13일

감사의 글

파키스탄에서 나고 자란 아버지와 영국 웨일스 북부 지역 출신 어머니 밑에서 자란 아이로서 다양성은 내 삶의 핵심적인 부분이었다. 이 책에 대한 아이디어는 다양성이 단지 인종이나 문화적 배경에 관한 것이 아니라 비즈니스부터 정치까지, 그리고 역사에서 진화생물학에 이르는 모든 것에 걸쳐 영향을 미친다는 사실을 깨달았을 때 형성되기 시작했다.

이 책의 초안을 읽고 의견을 제시해준 놀랍도록 다양한 그룹의 사람들에게 큰 감사의 뜻을 전한다. 여기에는 아딜 이스파하니와 리오나 파월, 닐 로런스, 데이비드 파피누, 마이클 무수크리시나, 캐시 웍스, 앤디 키드, 프리얀카 라이 자이스왈, 딜리스 사이드가 포함돼 있다.

또 최고의 편집자 닉 데이비스와 에이전트 조니 겔러에게도 고마운 마음을 전하고 싶다. 아울러 일하기에 더없이 훌륭한 잡지사 〈더 타임스〉 동료들에게서 엄청난 지원을 받았다. 특히 15년 이상 내 편집자로 활약한 팀 핼리시에게 고맙다.

이 책에 대한 지적 영감을 준 사람들은 독자들의 예상대로 다양하지만, 특히 두 사상가에게 감사를 표하고 싶다. 하버드대학교 인간진화생물학 교수 조지프 헨릭의 연구는 많은 방면에서 이 책에 영향을 미쳤고, 미시간주립대학교 앤아버 캠퍼스의 복잡성 시스템, 정치학,

　　　　　　　　　　　　　다이버시티 파워

경제학 교수 스콧 페이지도 마찬가지로 많은 영향을 줬다. 나는 초안을 읽고 핵심 이슈를 논의할 시간을 내준 두 사람 모두에게 감사의 뜻을 전하고 싶다.

이런 종류의 책을 쓰면서 경험하는 가장 멋진 일 중 하나는 아주 다양한 책과 연구논문, 사례연구들을 만나는 것이다. 나는 특정 주제를 좀 더 깊이 검토하고 싶은 모든 이들을 위해 전체 자료를 후주에 참고 문헌으로 기록하려고 노력했는데, 이들 중 다음에 나열하는 책들에서 특히 더 많은 영향을 받았다. 조지프 헨릭의《호모 사피엔스, 그 성공의 비밀》, 스콧 페이지의《차이The Difference》와《다양성 보너스The Diversity Bonus》, 밀로 존스와 필리페 실버잔의《카산드라 구성하기》, 토드 로즈의《평균의 종말》, 존 크라카우어의《희박한 공기 속으로》, 마이클 스미스의《스테이션 X의 비밀》, 애너리 색스니언의《지역적 이점》, 캐슬린 홀 제이미슨과 조지프 캐펠라의《에코체임버》, 애덤 갤린스키와 모리스 슈바이처의《관계를 깨뜨리지 않고 원하는 것을 얻는 기술》, 크리아도 페레스의《보이지 않는 여자들》, 앤서니 킹과 아이버 크루의《영국 정부의 실수The Blunders of Our Governments》, 캐스 선스타인의〈슈피겔〉기고문,《인사이드 9.11 Inside 9/11》,《인포토피아Infotopia》, 조너선 하이트Jonathan Haidt의《바른 마음》, 아이리스 보닛의《제대로 작동하는 것》, 애덤 그랜트의《기브앤테이크》, 레이 달리오의《원칙》, 프랜시스 후쿠야마Francis Fukuyama의《정치 질서의 기원The Origins of Political Order》, 맷 리들리의《이성적 낙관주의자》, 캐스 선스타인과 리드 헤이스티의《와이저》, 에릭 브리뇰프슨과 앤드루 매커피의 《제2의 기계시대》, 조나 레러Jonah Lehrer의 《이매진》, 리 톰프슨의 《창의적 모의Creative Conspiracy》, 케빈 러랜드의 《다윈의 미완성 교향곡 Darwin's Unfinished Symphony》, 필립 테틀록과 댄 가드너Dan Gardner의 《슈퍼 예측, 그들은 어떻게 미래를 보았는가》, 앨릭스 페틀런드Alex Petland의 《사회 물리학Social Physics》, 제프리 웨스트Geoffrey West의 《스케일》, 사티 아 나델라의 《히트 리프레시》, 리처드 니스벳의 《생각의 지도》, 대니 얼 데닛Daniel Dennett의 《박테리아에서 바흐까지 왕복From Bactetia to Bach and Back》, 칼 포퍼의 《과학적 발견의 논리The Logic of Scientific Discovery》.

또 이 책을 위해 인터뷰에 응하거나 다른 방식으로 도움을 준 많은 사람들에게도 감사의 말을 전한다. 여기에는 밀로 존스와 제프리 웨 스트, 캐럴 드웩, 조너선 슐츠, 두만 바라미라드, 아니타 울리, 러셀 레 인, 사티아 나델라, 매슈 스티븐슨, 마이클 스미스, 리 톰프슨, 야야 파 누지, 올레 피터스, 앨릭스 아다무, 크레이그 나이트, 에란 시걸, 제러 미 모그포드, 그리고 올드 뱅크 호텔의 훌륭한 직원들이 포함된다. 스 튜어트 겐트는 2장에 도표를 사용하는 아이디어에 대한 영감을 줬다. 5장은 뛰어난 철학자 C. 티 응우옌과 심리학자 앤절라 밴스의 연구와 엘리 새슬로의 저서 《증오에서 깨어나다》에서 큰 영향을 받았다.

무엇보다도 나의 아내 캐시와 아이들 에비와 테디에게, 그리고 부 모님 아바스 사이드와 딜리스 사이드에게 감사의 마음을 전하고 싶 다. 모두 다 최고다.

저작권에 대한 감사의 글

후주

---

1 집단적 맹목

1. 무사위가 비행 아카데미에 등록한 정확한 날짜는 정보 출처에 따라 조금씩 다르다. 우리는 감찰관실Office of the Inspector General(https://oig.justice.gov/special/s0606 / chapter4.htm)의 참고 자료를 사용했다.

2. 보다 자세한 배경은 http://edition.cnn.com/2006/US/03/02/moussaoui.school/ index.html and http://edition.cnn.com/2006/US/03/02/moussaoui.school/index. html 참조.

3. R. D. 하워드Howard와 R. L. 소여Sawyer(편집자),《테러리즘과 반테러리즘: 새로운 안보에 대한 이해Terrorism and Counterterrorism: Understanding the New Security》(McGraw Hill, 2011)에 실린 브루스 호프먼Bruce Hoffman, '현대 테러리스트 마인드셋The Modern Terrorist Mindset'. 또한 밀로 존스, 필리페 실버잔,《카산드라 구성하기: 1947-2001 CIA의 정보 실패 재구성Constructing Cassandra: Constructing Casandra: Reframing Intelligence Failure at CIA 1947-2001》(Stanford Security Studies, 2013) 참조.

4. 《9.11 테러 진상조사위원회 보고서: 미국에 대한 테러 공격에 관한 국가위원회 최종 보고서The 9/11 Commission Report: Final Report of the National Commission on Terrorist Attacks Upon the United States》(W.W. Norton, 2004) 참조.

5. '무시된 알카에다에 관한 러시아 파일Russian Files on Al Qaeda Ignored', 〈제인의 정보 다이제스트Jane's Intelligence Digest〉, 2001년 10월 5일.

6. https://www.researchgate.net/publication/223213727_I_ Knew_It_Would_ Happen_Remembered_Probabilities_of_Once-Future_Things

7. 맬컴 글래드웰Malcolm Gladwell, '결론 도출: 정보 개혁의 패러독스Connecting the Dots: The Paradoxes of Intelligence Reform', 〈뉴요커New Yorker〉, 2003년 3월 10일.

8. 에이미 B. 지거트,《맹목적인 스파이 활동: CIA와 FBI, 그리고 9.11의 기원Spying

Blind: The CIA, the FBI, and the Origins of 9/11 》(Princeton University Press, 2009).

9. 익명의 정보원과 저자의 인터뷰.

10. 밀로 존스, 필리페 실버잔,《카산드라 구성하기》.

11. https://www.tandfonline.com/doi/pdf/10.1080/08850600150501317?needAccess
=true

12. 저자의 인터뷰.

13. 로버트 게이츠,《어둠에서: 다섯 명의 대통령과 그들이 냉전에서 승리한 방법에
관한 궁극적인 내부자 스토리From the Shadows: The Ultimate Insider's Story of Five President and
How They Won the Cold War 》(Simon & Schuster, 2008).

14. 밀로 존스, 필리페 실버잔,《카산드라 구성하기》.

15. 밀로 존스, 필리페 실버잔,《카산드라 구성하기》.

16. https://www.youtube.com/watch?v=SbgNSk95Vkk

17. http://reasoninglab.psych.ucla.edu/KH%20pdfs/Gick-Holyoak%281980%29
Analogical%20Problem%20Solving.pdf" 참조.

18. http://reasoninglab.psych.ucla.edu/KH%20pdfs/Gick-Holyoak%281980%29
Analogical%20Problem%20Solving.pdf"

19. 레니 에도로지,《내가 인종에 관해 백인들과 더 이상 이야기하지 않는 이유Why I'm
No Longer Talking to White People About Race 》(Bloomsbury, 2017).

20. 스파버Sparber, '인종 다양성과 총생산성Racial Diversity and Aggregate Productivity'; 플로
리다와 게이츠Florida and Gates, '기술과 포용력: 첨단기술 성장에 대한 다양성의 중
요성Technology and Tolerance: The Importance of Diversity to High-Tech Growth',《도시 정책 연구
Research in Urban Policy》, 9:199-219, 2003년 12월.

21. 프랑스 기업의 경우, 자본수익률 차이가 크지 않았다.

22. 필립 셰넌Philip Shenon,《진상조사위원회: 9.11 조사에 대한 검열받지 않은 역사The
Commission: The Uncensored History of the 9/11 Investigation 》(Twelve, 2008)에 인용됐다.

23. 《9.11 테러 진상조사위원회 보고서》.

24. 저자의 인터뷰.

25. 마이클 슈어Michael Scheuer,《우리 적의 시각으로 본 오사마 빈 라덴, 급진적 이슬
람과 미국의 미래Through Our Enemies' Eyes: Osama bin Laden, Radical Islam, and the Future of

America》(Potomac Books, 2003).

26. 밀로 존스, 필리페 실버잔,《카산드라 구성하기》.

27. 《9.11 음모의 내부 조직The Cell: Inside the 9/11 Plot》(Hyperion, 2002)의 공동 저자 존 밀러John Miller와 동료들도 아주 절제된 표현으로 같은 주장을 한다. 즉 CIA가 "(전략) 중동 지역을 휩쓸고 있는 이슬람 근본주의자의 개혁운동의 폭과 세력을 계속 간과하거나 최소한 과소평가했다"라고 주장한다.

28. 알카에다를 모니터링하는 구체적 임무를 부여받은 한 부대는 버지니아 북부에 있는 시설로 쫓겨나듯 옮겨 갔고 부대 책임자는 하찮은 존재로 취급받았다.

29. 필러가 핵과 세균, 화학무기를 사용하는 공격을 언급했지만, 존스와 실버잔의 주장대로 필러는 "'대규모 테러'가 재래식 방법으로 달성될 수 있다는 가능성을 인식하지 못했다."《카산드라 구성하기》와 폴 필러의《테러와 미국 외교정책 Terrorism and U.S. Foreign Policy》(Brookings Institution Press, 2003) 참조.

30. 다른 정보 출처들도 공격 당시 빈 라덴이 파키스탄에 있었다는 사실을 확인했다.

31. 9.11 테러범들의 시간대별 행동들은 대부분 〈슈피겔〉과《9.11 테러의 내막: 실제로 일어났던 일Inside 9-11: What Really Happened》(St. Martin's Press, 2002), 로런스 라이트,《문명전쟁: 알카에다에서 9.11까지The Looming Tower: Al Qaeda's Road to 9/11》(Penguin, 2007) (하정임 옮김, 바른, 2009)에서 인용됐다.

32. 《9.11 테러 진상조사위원회 보고서》.

33. 의견 일치를 너무 강조하고 반대 의견에는 충분히 그러지 못했다. 에이미 B. 지거트 교수는 저서《맹목적인 스파이 활동》에서 CIA의 구조적인 약점을 확인해준다. 학자들이 다른 다양한 염려들을 제기했고 CIA는 대략 인정했다.

34. 마크 S. 와이너,《씨족 집단의 통치 규칙The Rule of the Clan》(Farrar, Straus and Giroux, 2013).

35. 마크 S. 와이너,《씨족 집단의 통치 규칙》.

36. 마크 S. 와이너,《씨족 집단의 통치 규칙》.

37. 마크 S. 와이너,《씨족 집단의 통치 규칙》.

38. 마크 S. 와이너,《씨족 집단의 통치 규칙》.

1. http://aris.ss.uci.edu/~lin/52.pdf 참조.

2. 앤서니 킹, 아이버 크루,《영국 정부의 실수The Blunders of Our Governments》(Oneworld, 2013).

3. 앤서니 킹, 아이버 크루,《영국 정부의 실수》.

4. https://www.linkedin.com/pulse/forget-culture-fit-your-team-needs-add-shane-snow

5. 제임스 서로위키James Surowiecki,《대중의 지혜The Wisdom of the Crowds: Why the Many Are Smarter Than the Few》(Abacus, 2005) (홍대운, 이창근 옮김, 랜덤하우스코리아, 2005).

6. https://www.researchgate.net/publication/232513627_The_Differential_Contributions_of_Majority_and_Minority_Influence

7. 스콧 페이지,《다양성 보너스: 위대한 팀이 지식 경제에서 성공하는 법The Diversity Bonus: How Great Teams Pay off in the Knowledge Economy》(Princeton University Press, 2017).

8. 스콧 페이지,《차이: 다양성의 힘이 보다 나은 집단과 기업, 학교, 사회를 창조하는 법 The Difference: How the Power of Diversity Creates Better Groups, Firms, Schools, Societies》(Princeton University Press, 2007).

9. https://www.sciencenews.org/blog/scicurious/women-sports-are-often-underrepresented-science

10. 마이클 스미스,《스테이션 X의 비밀: 블레츨리 파크의 암호해독자들이 전쟁 승리에 도움을 준 방식The Secrets of Station X: How the Bletchley Park Codebreakers Helped Win the War》(Biteback, 2011).

11. 마이클 스미스,《스테이션 X의 비밀》.

12. 로빈 데니스턴,《은밀한 30년, 1914~1944 A.G. 데니스턴의 신호 정보 분야 업적Thirty Secret Years, A.G. Denniston's Work in Signals Intelligence 1914-1944》(Polperro Heritage Press, 2007)

13. 마이클 스미스,《스테이션 X의 비밀》.

14. 싱클레어 맥케이Sinclair McKay,《블레츨리 파크의 은밀한 삶: 그곳에 있었던 남녀

요원들이 들려주는 전시 암호해독 센터의 역사The Secret Life of Bletchley Park: The History
of the Wartime Codebreaking Centre by the Men and Women Who Were There》(Aurum Press, 2010).

15. 마이클 스미스,《스테이션 X의 비밀》.

16. 마이클 스미스,《스테이션 X의 비밀》.

17. https://www.telegraph.co.uk/history/world-war-two/11151478/Could-you-gave-been-a-codebreaker-at-Bletchley-park.html

18. https://www.telegraph.co.uk/history/world-war-two/11151478/Could-you-gave-been-a-codebreaker-at-Bletchley-park.html

19. 마이클 스미스,《스테이션 X의 비밀》.

3   건설적인 반대

1. 존 크라카우어,《희박한 공기 속으로Into Thin Air: A Personal Account of the Mr. Everest Disaster》
(Macmillan, 1997) (김훈 옮김, 황금가지, 2007).

2. https://www.sheknows.com/entertainment/articles/1109945/interview-jan-arnold-rob-halls-wife-everest/

3. 존 크라카우어,《희박한 공기 속으로》.

4. 에드먼드 힐러리,《정상에서 본 경관The View from the Summit》(Transworld, 1999)

5. 이 수치는 1996년 에베레스트 탐험 당시에 해당한다.

6. 존 크라카우어,《희박한 공기 속으로》.

7. 존 크라카우어,《희박한 공기 속으로》.

8. https://www.thetimes.co.uk/article/everest-film-assassunates-my-character-says-climber-87frkp3j87z

9. https://www.researchgate.net/publication/297918722_Dominance_and_Prestige_Dual_Strategies_for_Navigating_Scocial_Hierarchies

10. 맬컴 글래드웰의 저서《아웃라이어Outliers: The Story of Success》(Allen Lane, 2008) (노정태 옮김, 김영사, 2009)에서 주장한 내용.

11. https://www.ncbi.nlm.nih.gov/pubmed/24507747

12. https://www.bbc.co.uk/news/health-33544778

13. https://www.bbc.co.uk/news/health-33544778

14. https://repub.eur.nl/pub/94633/

15. https://www.bbc.co.uk/news/business-39633499

16. https://www.kaushik.net/avinash/seven-steps-to-creating-a-data-driven-decision-making-culture/

17. 존 크라카우어,《희박한 공기 속으로》.

18. 데이비드 브레시어스의 다큐멘터리 영화 〈스톰 오버 에베레스트Storm Over Everest〉.

19. 존 크라카우어,《희박한 공기 속으로》.

20. 존 크라카우어,《희박한 공기 속으로》.

21. 데이비드 브레시어스, 〈스톰 오버 에베레스트〉.

22. 데이비드 브레시어스, 〈스톰 오버 에베레스트〉.

23. 데이비드 브레시어스, 〈스톰 오버 에베레스트〉.

24. 저자와의 대화.

25. 저자와의 대화. 아울러 리 톰프슨,《창의적 모의: 획기적인 협업의 새로운 규칙 Creative Conspiracy: The New Rules of breakthrough Collaboration》(Harvard Business Review Press, 2013) 참조. 톰프슨의 저서는 창의성부터 의사 결정까지 서로 다른 과제를 부여받은 일흔여덟 개 이상의 그룹을 대상으로 한 실험을 이끌었던 카네기멜런대학교 심리학자 아니타 울리Anita Woolley의 연구와 일치한다. 연구원들은 전체 IQ 지수가 가장 높은 팀들이 최고의 성과를 올릴 것으로 추정했다.

실제로는 다른 두 가지 요인이 IQ보다 더 중요한 것으로 드러났다. 멤버들의 발언 시간이 비슷한 팀들이 한두 명의 발언 시간이 지배적인 팀들보다 더 좋은 성과를 올렸다. 연구원들은 이를 '교대로 발언하는 방식'이라 부른다. 두 번째 요인은 사회적 지각력이었다. 즉 서로의 기분과 의미를 읽을 수 있는 멤버들이 많은 팀의 성과가 더 좋았다. 이들 팀에는 평균적으로 사회적 지능 수준이 높은 여성들이 더 많이 포함되는 경향을 보였다.

이 결과들은 매우 설득력이 있다. 한 사람이 압도하면, 다른 사람들의 통찰은 밀려난다. 사회적 지각력은 관점이 표현될 뿐만 아니라 이해될 수 있도록 하며 정보의 흐름에도 기여한다. 때로는 다른 사람들의 말을 들을 뿐만 아니라 그 의미를 이해하기 위해 정서지능을 동원하기도 한다. 아니타 울리는 이렇게 설명한다. "그룹에 매우 똑똑한 사람들이 있다고 해서 똑똑한 그룹을 만들 수 있는 건 아니다. (중략) 그 대신 집단지성을 이끌어낸 것은 그룹이 상호 작용하는 방식이었다. 효과적으로 상호 작용을 하는 그룹이 개별 멤버들의 역량을 뛰어넘었다."

26. 캐스 선스타인, 리드 헤이스티, 《와이저Wiser: Getting Beyond Groupthink to Make Groups Smarter》(Harvard Business Review Press, 2014) (이시은 옮김, 위즈덤하우스, 2015).

27. 애덤 갤린스키, 모리스 슈바이처, 《관계를 깨뜨리지 않고 원하는 것을 얻는 기술 Friend and Foe: When to Cooperate, When to Compete, and How to Succeed at Both》(Crown, 2015) (박준형 옮김, 토네이도, 2016).

28. https://journals.aom.ord/doi/10.5465/amboo.2017.313

29. 애덤 갤린스키, 모리스 슈바이처, 《관계를 깨뜨리지 않고 원하는 것을 얻는 기술》.

30. 조지프 헨릭, 《호모 사피엔스, 그 성공의 비밀The Secret of Our Success》(Princeton University Press, 2015) (주명진, 이병권 옮김, 뿌리와이파리, 2019)에서 인용됐다.

31. 이 독창적인 논문은 헨릭과 길화이트Gil-White가 썼다. https://www.ncbi.nih.gov/pubmed/11384884 참조.

32. 저자와의 대화.

33. https://static1.squarespace.com/static/56cf3dd4b6aa60904403973f/t/57beo776f7eoab26d736060e/1472071543508/dominance-and-prestige-dual-strategies-for-navigating-social-hierachies.pdf

34. 저자와의 대화.

35. https://creighton.pure.elsevier.com/en/publications/psychological-safety-a-meta-analytic-review-and-extension

36. https://rework.withgoogle.com/blog/five-keys-to-a-successful-google-team/

37. 저자와의 대화.

38. 저자와의 대화.

39. https://www.linkedin.com/pulse/beauty-amazons-6-pager-brad=porter

40. 저자와의 대화.

41. 애덤 그랜트, 《오리지널스Originals: How Non-Conformists Change the World》(W. H. Allen,

2017)(홍지수 옮김, 한국경제신문, 2020)에서 인용됐다.

42. https://www.pnas.org/content/112/5/1338

43. 애덤 갤런스키, 모리스 슈바이처, 《관계를 깨뜨리지 않고 원하는 것을 얻는 기술》.

44. 애덤 갤런스키, 모리스 슈바이처, 《관계를 깨뜨리지 않고 원하는 것을 얻는 기술》. 흥미로운 사실은 계급 서열 때문에 더 많은 사망자가 생기기도 했지만, 더 많은 등반가가 정상에 오를 수 있었다는 것이다. 왜 그럴까? 내가 수석 연구원 아니시치와 이야기했을 때, 그는 그것이 환경에 따라 다르다고 말했다. 지배는 주변 환경과 조건이 안정적이며 팀워크가 주로 조화와 속도와 관련 있을 때 제대로 작동한다. 하지만 주변 환경이 복잡하고 계속 변하면 지배는 서서히 위험으로 바뀐다. 아니시치는 말했다. "이때가 바로 리더들이 팀의 관점에 귀를 기울여야 할 순간입니다."

45. https://www.researchgate.net/publication/51169484_Differences_Between_Tight_Loose_Cultures_A_33-Nation_Study

46. 스티븐 세일즈Stephen Sales, '권위주의적 교회와 비권위주의적 교회의 개종 비율 결정 요인이 미치는 경제적 위협Economic Threat as a Determination of Conversion Rate in Authoritarian and Nonauthoritarian churches', 〈성격 및 사회 심리학 저널Journal of Personality and Social Psychology〉, 1972년 9월, 23(3), pp. 420-8.

47. https://www.independent.co.uk/news/obituaries/obituary-rob-hall-1348607.html

48. 홀이 마지막 말을 했을 때 해리스와 한센은 이미 사망했을 가능성이 크다. 존 크라카우어의 《희박한 공기 속으로》 참조.

---

4 혁신

1. 이언 모리스, 《왜 서양이 지배하는가Why the West Rules - For now: The Patterns of History and What They Reveal About the Future》(Profile, 2011)(최파일 옮김, 글항아리, 2013).

2. 에릭 브리뇰프슨, 앤드루 매커피, 《제2의 기계시대The Second Machine Age: Work, Progress, and Prosperity in a time of Brilliant Technologies》(W. W. Norton, 2014)(이한음 옮김,

청림출판, 2014).

3. 에릭 브리뇰프슨, 앤드루 매커피,《제2의 기계시대》.

4. 에릭 브리뇰프슨, 앤드루 매커피,《머신 플랫폼 크라우드Machine, Platform, Crowd: Harnessing Our Digital Future》(W. W. Norton, 2017) (이한음 옮김, 청림출판, 2018).

5. 쇼 리버모어, '산업 합병의 성공The Success of Industrial Mergers', 〈계간 경제학 저널 Quarterly Journal of Economics〉, Vol. 50, Issue 1, 1935년 11월, pp. 68-96.

6. https://www.researchgate.com/publication/24092915_The_Decline_of_ Dominant_Firms_1905-1929

7. https://abcnews.go.com/Travel/suitcase-wheels-turns-40-radical-idea-now-travel/ story?id/=11779469

8. 에릭 브리뇰프슨, 앤드루 매커피,《머신 플랫폼 크라우드》.

9. 맷 리들리,《이성적 낙관주의자The Rational Optimist: How Prosperity Evolves》(4th Estate, 2010) (조현욱 옮김, 김영사, 2010).

10. https://insight.kellogg.northwestern.edu/article/a_virtous_mix_allows_innovation- to_thrive

11. https://insight.kellogg.northwestern.edu/article/a_virtous_mix_allows_innovation- to_thrive

12. https://royalsocietypublishing.org/doi/full/10.1098/rsif.2015.0272

13. 스콧 페이지,《다양성 보너스》.

14. 에릭 브리뇰프슨, 앤드루 매커피,《제2의 기계시대》.

15. 에릭 브리뇰프슨, 앤드루 매커피,《제2의 기계시대》.

16. http://startupusa.org/fortune500/

17. https://pubs.aeaweb.org/doi/pdfplus/10.1257/jep.30.4.83

18. https://www.kauffman.org/what-we-do/resources/entrepreneurship-policy-digest/ the-economic-case-for-we;coming-immigrant-entrepreneurs

19. https://www.hbs.edu/faculty/Publication%20Files/17-011_da2c1cf4-a999-4159- ab95-457c783e3fff.pdf

20. https://www.kauffman.org/~/media/kauffman_org/resources/2015/ entreprenrership%20policy%20digest/september%202015/the_economic_case_

for_welcoming_immigrant_entrepreneurs_updated_september_2015.pdf

21. 에릭 브리놀프슨, 앤드루 매커피,《머신 플랫폼 크라우드》.

22. 에릭 데인Erik Dane, '전문성과 융통성 사이의 균형 재고Reconsidering the Trade-off Between Expertise and Flexibility', 〈미국 경영학회지Academy of Management Review〉, Vol. 35, No. 4, pp. 579-603.

23. https://www.sciencedirect.com/science/article/pii/S0883902616300052

24. https://www.apa.org/pubs/journals/releases/psp9651047.pdf

25. https://www.squawkpoint.com/wp-content/uploads/2017/01/Identification-of-scientists-making-long%E2%80%90term-high%E2%80%90impact-contributions-with-notes-on-their-methods-of-working,pdf

26. http//www.psychologytoday.com/files/attachment/1035/arts-foster-scientific-success.pdf

27. https://www.forbes.com/sites/catherinewines/2018/09/17/why-immigrants-are-natural-entrepreneurs/

28. https://blog.aboutamazon.co.uk/company-news/2018-letter-to-shareholders

29. https://www.weforum.org/agenda/2016/11/introducing-a-new-competition-to-crowdsource-a-more-inclusive-economy/

30. 맷 리들리,《이성적 낙관주의자》.

31. 스티븐 존슨,《탁월한 아이디어는 어디서 오는가Where Good Ideas Come From: The Seven Patterns of Innovation》(Allen Lane, 2010) (서영조 옮김, 한국경제신문, 2012).

32. 랜들 콜린스,《철학의 사회학: 지적 변화의 글로벌 이론The Sociology of Philosophies: Global Theory of Intellectual Change》(Belknap Press, 1998)

33. 랜들 콜린스,《철학의 사회학》.

34. https://royalsocietypublishing.org/doi/full/10.1098/rstb.2015.0192

35. 스티븐 존슨,《탁월한 아이디어는 어디서 오는가》.

36. https://royalsocietypublishing.org/doi/full/10.1098/rspb.2010.0452

37. 조지프 헨릭,《호모 사피엔스, 그 성공의 비밀》.

38. 조지프 헨릭,《호모 사피엔스, 그 성공의 비밀》.

39. 조지프 헨릭과 마이클 무수크리시나는 개인별 IQ의 차이는 집단 두뇌의 창발적

특성이라고 주장한다. '집단 두뇌에서의 혁신Innovation in the Collective Brain', 영국 〈왕립학회 자연과학 회보Philosophical Transactions of the Royal Society〉, 2016년 3월 19일 참조.

40. 조지프 헨릭, 《호모 사피엔스, 그 성공의 비밀》.

41. 애너리 색스니언, 《지역적 이점: 실리콘밸리와 128번 도로의 문화와 경쟁Regional Advantage: Culture and Competition in Silicon Valley and Route 128》(Harvard University Press, 1994).

42. 애너리 색스니언, 《지역적 이점》.

43. 글렌 리프킨, 조지 하라, 《최고의 창업기업가: 켄 올슨과 디지털 이큅먼트 코퍼레이션의 스토리The Ultimate Entrepreneur: The Story of Ken Olsen and Digital Equipment Corporation》(Contemporary Books, 1988).

44. 애너리 색스니언, 《지역적 이점》.

45. 애너리 색스니언, 《지역적 이점》.

46. 톰 울프Tom Wolfe, '로버트 노이스의 땜질: 실리콘밸리의 태양은 어떻게 떠올랐나 The Tinkerings of Robert Noyce: How the Sun Rose on the Silicon Valley', 〈에스콰이어Esquire〉, 1983년 12월.

47. 월터 아이작슨Walter Isaacson, 《이노베이터Innovators: How a Group of Inventors, Hackers, Geniuses and Geeks Created the Digital Revolution》(Simon & Shuster, 2014) (정영목, 신지영 옮김, 오픈하우스, 2015).

48. https://www.cnet.com/news/steve-wozniak-on-homebrew-coumputer-club/

49. 애너리 색스니언, 《지역적 이점》.

50. https://www.vox.com/2014/12/9/11633606/techs-lost-chapter-an-oral-history-of-bostons-rise-and-fall-part-one

51. 애너리 색스니언, 《지역적 이점》.

52. https://djcoregon.com/news/2012/06/19/building-20-what-made-it-so-special-and-why-it-will-probably-never-exist-again/

53. 또 다른 연구 분야는 네트워크 이론가들 스스로가 실행한 것이다. MIT의 샌디 펜틀런드Sandy Pentland가 실행한 한 유명한 연구는 금융 트레이더들을 위한 플랫폼, 이토로eToro를 분석했다. 사용자들은 다른 사람들의 거래와 포트폴리오, 과거 성과를 서로 볼 수 있고 자신의 수익을 향상시킬 것으로 생각하는 거래 아이디어

를 모방할 수도 있다. 펜틀런드와 동료들은 160만 사용자의 데이터를 수집해 그들 사이의 거래와 금융 수익에 관한 거의 모든 것을 추적했다.

이를 통해 네트워크에서 고립된 트레이더들의 성과가 형편없었다는 사실을 발견했다. 그 트레이더들은 "다른 사람들과 연결고리가 너무나 없었기 때문에 사회적 학습 기회를 거의 잡지 못했다." 하지만 연구원들은 다른 사람들과 아주 많이 연결된 트레이더들의 성과도 좋지 않았다는 것을 발견했다. 이유가 뭘까? 그들이 피드백 루프의 망 속에 있었던 탓에 똑같은 아이디어를 반복적으로 들었기 때문이었다. 즉 에코체임버에 갇힌 것이었다.

가장 좋은 성과를 낸 트레이더들은 자신이 속한 네트워크를 통해 단순히 재활용된 진부한 아이디어가 아니라 참신한 아이디어를 접했던 이들이었다. 실제로 펜틀런드는 네트워크구조를 미묘하게 개조하고 사람들이 에코체임버에서 벗어나도록 작은 인센티브를 제공해 전체 네트워크의 금융 수익을 향상할 수 있었다. 그는 이렇게 말했다. "아이디어 흐름을 줄여 보다 많은 다양성을 확보함으로써 우리는 소셜 네트워크를 최고의 상황으로 돌려놓고 평균 성과를 높였다."

54. 축구 분야의 재결합적 혁신에 관한 내용들은 내가 〈더 타임스〉에 쓴 칼럼에서도 볼 수 있다. https://www.thetimes.co.uk/article/why-english-footballs-reluctance-to-embrace-idea-sex-is-stopping-the-game-from-evolcing-gs75vb30v

55. 오언 슬롯Owen Slot,《재능 실험실: 잠재력을 세계 최고의 성공으로 바꿔놓는 법The Talent Lab: How to Turn Potential Into World-Beating Success》(Ebury, 2017).

56. 오언 슬롯,《재능 실험실》.

57. https://www/open.edu/openlearn/history-the-arts/history/history-science-technology-and-medicine/science-the-scottish-eblightment/content-section-3.1

58. https://www.open.edu/openlearn/ocw/mod/oucontent/view.php?id=1944&printable=1

---

5 에코체임버

1. https://usatoday30.usatoday.com/life/2001-07-16-kid-hate-sites.htm

2. https://www.splcenter.org/20140331/white-homicide-worldwide

3. http://nymag.com/intelligence/2019-04/ec-white-nationalist-says-they-got-tips-from-tucker-carlson.html

4. 엘리 새슬로,《증오에서 깨어나다: 과거 백인 민족주의자의 자각Rising Out of Hatred: The Awakening of a Former White Nationalist》(Doubleday, 2018) 참조. 아울러 https://iop. harvard.edu/forum/im-not-racist-examining-white-nationalist-efforts-normalize-hate https://www.youtube.com/watch?v=LMEG9jgNj5M 참조.

5. 앤절라 밴스 교수의 개인 서신으로 제공받은 데이터.

6. https://www.ncbi.nlm.nih.gov/pubmed/26828831

7. 밴스 교수의 2009년 측정 자료로 제공받은 데이터.

8. 저자와의 대화.

9. http://www.columbia.edu/~pi17/mixer.pdf

10. 엘리 프레이저Eli Praiser,《생각 조종자들The Filter Bubble: What the Internet is Hiding from You》(Viking, 2011) (이현숙, 이정태 옮김, 알키, 2011).

11. https://qz.com/302616/see-jow-red-tweeters-and-blue-tweeters-ignore-each-other-on-ferguson/

12. https://pdfs.semanticscholar.org/e05f/05f773c9fc3626fa20f9270e6cefd89950db.pdf, https://arxiv.org/abs/1903.00699

13. https://www.ncbi.nlm.nij.gov/pmc/articles/PMC6140520/

14. https://www.tandfonline.com/doi/pdf/10.1080/1369118X.2018.1428656

15. 캐슬린 홀 제이미슨, 조지프 캐펠라,《에코체임버: 러시 림보와 보수적인 언론기관Echo Chamber: Rush Limbaugh and the Conservative Media Establishment》(Oxford University Press Inc., 2010).

16. https://aeon.co/essays/why-its-as-hard-to-escape-an-echo-chamber-as-it-is-to-flee-a-cult

17. https://aeon.co/essays/why-its-as-hard-to-escape-an-echo-chamber-as-it-is-to-flee-a-cult

18. https://aeon.co/essays/why-its-as-hard-to-escape-an-echo-chamber-as-it-is-to-flee-a-cult

19. https://aeon.co/essays/why-its-as-hard-to-escape-an-echo-chamber-as-it-is-to-flee-a-

cult

20. 엘리 새슬로,《증오에서 깨어나다》.

21. 이 부분의 상세한 전기 내용 대부분은 엘리 새슬로,《증오에서 깨어나다》참조.

22. https://www.splcenter.org/sites/default/files/derek-black-letter-to-mark-potok-hatewatch.pdf

23. https://philpapers.org/rec/HINTFO-3

24. 존 로크,《인간지성론An Essay Concerning Human Understanding》(Clarendon Press, 1975) (추영현 옮김, 동서문화사, 2011).

6 평균의 개념을 넘어서

1. 직접 인터뷰에서 얻은 에란 시걸과 케런 시걸에 관한 자료. 아울러 에란 시걸, 에란 엘리나브Eran Elinav,《내 몸에 딱 맞는 맞춤식단혁명The Personalized Diet: The Revolutionary Plan to Help You Lose Weight, Prevent Disease and Feel Incredible》(Vermilion, 2017) (조영민 외 옮김, 아침사과, 2019) 참조.

2. 토드 로즈,《평균의 종말The End of Average: How to Succeed in a World that Values Sameness》(Penguin, 2017) (정미나 옮김, 21세기북스, 2018).

3. http://www.accident-report.com/Yearly/1950/5002.html

4. 토드 로즈,《평균의 종말》.

5. 토드 로즈,《평균의 종말》.

6. 토드 로즈,《평균의 종말》.

7. A. 브제스니에프스키Wrzesneiwski, J. M. 버그Berg, A. M. 그랜트Grant, J. 커코스키 Kurkoski, B. 벨레Welle, '업무(직장)에서의 이중 사고방식: 행복하게 장기적 이득을 성취하는 법Dual mindsets at work: Achieving long-term gains in happiness', 〈워킹 페이퍼Working paper〉 2017.

8. 애덤 그랜트,《오리지널스》.

9. 저자와의 대화.

10. 저자와의 대화.

11. https://www.ncbi.nlm.nih.gov/pubmed/26590418

12. 이 장의 상세한 내용은 에란 시걸을 비롯한 여러 사람들과의 인터뷰와 에란 시걸, 에란 엘리나브의《내 몸에 딱 맞는 맞춤식단혁명》에서 가져왔다.

13. 저자의 인터뷰.

14. 토드 로즈, 오기 오가스Ogi Ogas,《다크호스Dark Horse: Achieving Success Through the Pursuit of Fulfillment》(HarperOne, 2018) (정미나 옮김, 21세기북스, 2019).

15. 엘우드 커벌리,《공립학교 행정: 공공 교육의 조직과 운영의 근간을 이루는 근본 원칙에 관한 보고서Public School Administration: A Statement of the Fundamental Principles Underlying the Organization and Administration of Public Education》(2016).

16. https://www.edsurge.com/news/2018-07-31-6-key-principles-that-make-finnish-education-a-success

17. 캐럴라인 크리아도 페레스,《보이지 않는 여자들Invisible Women: Exposing Data Bias in a World Designed for Men》(Kindle edition, 2019) (황가한 옮김, 웅진지식하우스, 2020).

18. https://www. ncbi.nlm.nih.gov/pubmed/12495526

19. 토드 로즈,《평균의 종말》.

20. 저자의 인터뷰.

21. https://adobe99u.files.wordpress.com/2013/07/2010+jep+spece+experiments.pdf

22. 가장 최근 연구들 중 일부는 런던 킹스칼리지의 전염병학자 팀 스펙터Tim Spector가 이끌었다.

---

7 빅 픽처

---

1. 케빈 러랜드,《다윈의 미완성 교향곡: 문화는 어떻게 인간의 마음을 형성했나 Darwin's Unfinished Symphony: How Culture Made the Human Mind》(Princeton University Press, 2017).

2. 저자와의 인터뷰. 아울러 조지프 헨릭,《호모 사피엔스, 그 성공의 비밀》참조.

3. 케빈 러랜드,《다윈의 미완성 교향곡》.

4. 나는 인종주의의 이 측면을〈더 타임스〉칼럼(https://www.thetimes.co.uk/article/

black-players-helped-to-fight-racism-now-game-needs-them-in-positions-of-power-592jgc078)에서 논의했다.

5. 편견을 없애는 또 다른 방법은 채용 결정을 내리거나 최소한 후보자 명단을 추리는 데 알고리즘을 활용하는 것이다. 무엇보다도 기계는 종종 인간의 판단에 영향을 미치는 고정관념 형성의 지배를 받지 않는다. 적어도 이론상으로는 그렇다.

실제로는 캐시 오닐Cathy O'Neil이 저서《대량살상수학무기Weapons of Math Destruction》(Penguin, 2017) (김정혜 옮김, 흐름출판, 2017)에서 보여준 것처럼 알고리즘 자체도 사회 내에 존재하는 편견을 반영할 수 있다. 오닐은 주로 기술 산업계 일자리 지원자들의 적합성을 평가하기 위해 수백만 개의 데이터 포인트를 검토하는 길드Gild의 경우를 예로 든다. 직무를 잘 수행할 수 있을지 예측하는 한 요인은 컴퓨터프로그래머가 프로그래밍 공동체에 얼마나 잘 융화돼 있는지 보는 것이다. 팔로워가 많은 사람들이 더 높은 점수를 받고, 영향력 있는 프로그래머와 연줄이 닿는 사람도 그렇다.

하지만 그런 상호 관계를 찾는 동안 길드는 다른 패턴들도 발견한다. 예를 들면 일본 만화 사이트를 자주 방문하는 행동이 '훌륭한 프로그래머임을 예측하는 확실한 요인'인 것으로 드러났다. 겉으로 보기에 이는 최고의 프로그래머를 영입하려는 모든 기업에 유용한 정보인 것처럼 들린다.

하지만 이제 젠더에 관한 효과를 고려해보자. 여성은 평균적으로 전 세계 무급 돌봄 업무의 75퍼센트를 수행한다. 그러므로 재능이 뛰어난 여성 프로그래머는 평균적으로 일본 만화 같은 사이트에서 보낼 시간이 부족할 수 있다. 그리고 웹사이트의 콘텐츠가 여성 친화적이지 않다면 그런 사이트를 여성이 방문할 확률은 더욱 낮다. 오닐은 설명한다. "대부분의 기술 업계처럼 일본 만화 사이트가 남성들에 의해 지배되고 성차별주의적인 분위기라면, 업계 내 상당히 많은 여성들은 아마도 그런 사이트를 기피할 것이다."

이는 그런 사이트를 방문하지 않는 사람들의 상대 점수를 낮추는 알고리즘이 재능 있는 여성 프로그래머에 대한 불공정한 편견을 확고히 자리 잡게 할 것이라는 의미다. 캐럴라인 크리아도 페레스는 저서에 썼다. "길드는 여성을 차별하는 알고리즘을 만들 의도가 분명히 없었다. 길드는 인간의 편견을 없애려는 의도로 만들어졌다. 하지만 그런 편견들이 어떻게 작동하는지 모르고, 증거에 기초한 과정을 만들어낼 데이터를 수집하지 않고 거기에 시간을 할애하지 않으면, 오래된 부당함을 계속 맹목적으로 영속시킬 것이다. 그에 따라 여성들이 살아가는 방식이 온라인과 오프라인 모두에서 남성과 다르다는 것을 고려하지 않음으로써 길드의 프로그래머들은 무심코 여성들에 대한 감춰진 편견을 지닌 알고리즘을 만들어냈다."

6. https://hdr.org/2019/06/why-you-should-create-a-shadow-board-of-younger-employees

7. https://www.npr.org/2015/09/14/440215976/journalist-says-the-drone-strike-that-killed-awlaki-did-not-silence-him

에필로그 | 집단사고

1. 헌트는 자신이 보건부 장관으로 재임하는 동안 새로운 질병의 출현에 좀 더 잘 대처했어야 했다고 인정했다. 그럼에도 불구하고 여기서 그가 말하는 요점은 일단 팬데믹이 닥쳤을 때 앞서 내렸던 결정과 상관없이 개방성이 가장 중요했다는 것이다.

2. 코스텔로는 팬데믹 초기에 SAGE에 참여했던 스물세 명 중 열세 명이 행정 부서나 보건 또는 대민 업무 자문관으로 일하는 유급 정부 공무원이라는 점이 또 다른 문제였다고 지적했다. 이는 심리적 안전감을 훼손해 자신들의 상사에게 반박하는 일을 어렵게 만들었을 수 있다.

집단사고의 대표적 사례는 불행하게 끝난 1961년 쿠바 남부 피그스만 침공이며, 이는 시작할 때부터 결함이 있었던 계획이었다. 존 F. 케네디John F. Kennedy 대통령은 훗날 이렇게 기억했다. "당시 아마도 우리가 확보할 수 있는 가장 경험이 많고 똑똑한 사람들이라 할 수 있는 쉰여 명이 자리를 함께했다. 하지만 침공이 시작되고 5분이 지나자 우리 모두는 서로를 쳐다보며 물었다. '어떻게 우리가 그리 멍청할 수 있었을까?'"

다이버시티 파워

찾아보기

다이버시티 파워

다이버시티 파워

다이버시티 파워

옮긴이 **문직섭**

고려대학교 경영학과를 졸업하고 미국 오리건주립대학교에서 MBA 학위를 취득했다. (주)대우 미국 현지 법인에서 10여 년간 근무하며 미국과 세계 각국을 상대로 국제무역과 해외영업을 담당했고, 현재 한국 내 중소기업의 해외영업 총괄 임원으로 재직 중이다. 글밥아카데미를 수료한 후 바른번역 소속 번역가로 활동하고 있다. 옮긴 책으로 《슈퍼 파운더》《시장을 풀어낸 수학자》《세상에서 가장 쉬운 경영 수업》《타일러 코웬의 기업을 위한 변론》등이 있으며 〈하버드 비즈니스 리뷰〉 한국어판 번역에 참여했다.

다이버시티 파워

초판 1쇄 발행 2022년 9월 21일 **초판 4쇄 발행** 2023년 1월 17일

지은이 매슈 사이드
옮긴이 문직섭
펴낸이 이승현

출판2 본부장 박태근
W&G 팀장 류혜정
편집 남은경
디자인 윤정아

펴낸곳 ㈜위즈덤하우스 **출판등록** 2000년 5월 23일 제13-1071호
주소 서울특별시 마포구 양화로 19 합정오피스빌딩 17층
전화 02) 2179-5600 **홈페이지** www.wisdomhouse.co.kr

ISBN 979-11-6812-414-1 03320